교실 문을 두드리며

:면접부터 발령까지

한영준 이수현 서다은 김은별

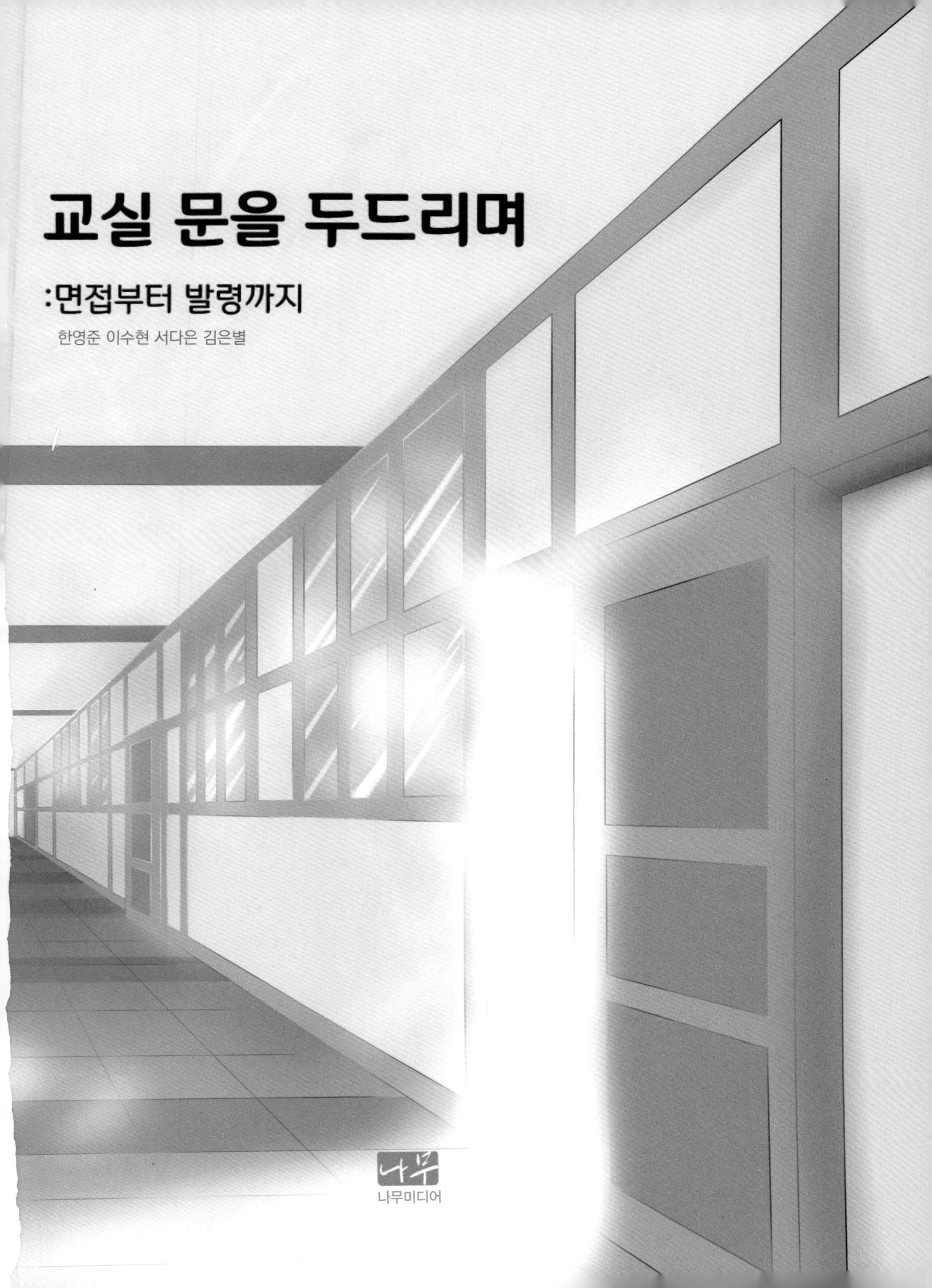

나무미디어

저자 약력

한영준

서울교육대학교 초등교육과 졸업. 2022학년도 서울 임용시험에 합격하였다. 현재 서울에서 초등 교사로 재직 중이며, 서울교육대학교 과학교육과 석사과정에 재학 중이다. 다음카페 '서울교대를 사랑하는 모임'에서 멘토 알파한으로 활동했으며, 『초등임고 러닝메이트』를 집필하였다.

서다은

서울교육대학교 초등교육과 졸업. 2025학년도 서울 임용시험에 합격하였다. 현재 서울에서 초등 교사로 재직 중이며, 서울교육대학교 과학교육과 석사과정에 재학 중이다.

이수현

서울교육대학교 초등교육과 졸업. 2025학년도 서울 임용시험에 합격하였다. 현재 서울에서 초등 교사로 재직 중이며, 서울교육대학교 과학교육과 석사과정에 재학 중이다.

김은별

서울교육대학교 초등교육과 졸업. 현재 서울대학교 과학교육과 석사과정에 재학 중이다.

들어가는 말

초등 임용고시를 준비하는 모든 예비 선생님들께

저희는 초등 임용고시에 합격해 여러분보다 조금 먼저 현장에 나온 교사들입니다. 저희도 교사가 되기까지의 과정이 쉽지 않았고, 때로는 막막하게 느껴지기도 했습니다. 그래서 같은 길을 걷고 있는 여러분의 마음을 누구보다 잘 이해하기에 그 막막함을 조금이나마 덜어드리고자 이 책을 쓰게 되었습니다.

이 책에는 초등 임용고시 2차 면접 합격을 위한 실전 팁과 예상 문제, 그리고 현직 교사의 눈으로 바라본 면접 피드백을 담아보았습니다. 임용고시 합격 후 3년 동안 약 100여 명의 예비 교사들을 대상으로 면접 및 수업 실연 피드백을 진행하면서 어떻게 하면 더 실질적인 도움을 드릴 수 있을지 끊임없이 고민해 왔습니다. 또한, 학교 현장에서 직접 경험하며 임용 준비 시기에는 미처 생각하지 못했던 부분들을 알게 되었고, 그 경험을 녹여내고자 했습니다. 물론 수업에 정답이란 없으며 이 책에 담은 내용도 어디까지나 일부 의견일 뿐이지만, 임용 1차 시험을 마친 뒤 인터넷 강의도 없고 2차 공부를 어떻게 해야 할지 막막한 분들께 작은 길잡이가 되길 바랍니다.

아울러, 이 책에는 여러분이 합격 후 발령받아 현장에 나왔을 때 도움이 될 만한 이야기와 질문들을 함께 담았습니다. 2월 초에 합격 발표가 난 후 빠르면 한 달 만에 교단에 서서 매일 아이들을 만나 수업하고 학급 운영을 해야 하는데, 정작 어떻게 해야 하는지 알려주는 사람이 거의 없습니다. 그렇다고 매번 동료 교사분들께 여쭤보기도 눈치가 보이죠. 그래서 이 책에서는 면접 준비 단계에서부터 미리 고민해두면 좋을 질문들을 함께 제시하여, 혼자 교직관을 정리하거나 동기들과 함께 스터디할 때 활용할 수 있도록 구성했습니다.

임용 1차 시험부터 최종 합격 후 발령까지는 어느덧 100일밖에 남지 않았습니다. 그 짧지만 긴 여정 동안 '정말 내가 교실 문을 열고 아이들 앞에 설 수 있을까?' 하는 막연한 불안감이 끊임없이 들죠. 하지만 지금껏 여러분은 그 누구보다 잘해왔고, 이제 마지막 관문만을 앞두고 있습니다. 이 책이 그 마지막 관문을 통과하는 길에 작은 용기와 힘이 되어주길 간절히 바랍니다.

들어가는 말 • 3

1부
2차 면접

1장 임용고시 2차 시험

2차 시험이란? • 9
2차 시험을 어떻게 준비해야 할까? • 20
생생한 서울 2차 시험 후기 모음 • 28

2장 심층 면접

심층 면접 심층 분석 & 10가지 레슨 • 39
시책, 어디에서부터 손대야 할까? • 52
심층 면접 예상 문제 & 문제 해설 • 57

3장 수업 실연

수업 실연 심층 분석 • 83
수업 실연 만점 노하우 • 98
수업 실연 예상 문제 & 문제 해설 • 120

2부
학교 현장

4장 삐약이 교사의 좌충우돌 신학기 준비

새로운 출발 • 151
발령부터 개학까지 • 155
개학 전 꼭 생각해 볼 11가지 • 171

5장 학교 현장 1년 미리 보기

신규 교사의 하루 미리 보기 • 191
담임 교사의 1년 미리 보기 • 198
신규 교사가 궁금해할 Q & A 모음 • 211

6장 나만의 학급을 운영하기 위한 질문

학습 지도 관련 질문 5가지 • 223
생활 지도 관련 질문 5가지 • 232
그밖에 생각해 볼 질문 5가지 • 238

1부

2차 면접

면접은 운에 의해 좌우된다고 말하는데
운은 노력이 기회를 만나는 순간 찾아오더라
고사실 문을 두드리는 그 순간, 운이 너에게 닿기를

1장

임용고시 2차 시험

2차 시험이란?

2차 시험을 어떻게 준비해야 할까

생생한 서울 2차 시험 후기 모음

지긋지긋한 기본이론과 머리 터질뻔한 총론, 다시 보기도 싫은 각론은 그만! 1차 시험은 잊어버리고 이제 2차 시험을 준비할 시간! 그런데 잠깐, 1차 시험은 준비할 수 있는 기간이 10개월이 넘었는데 2차는 두 달밖에 없다고? 게다가 지역별로 문제와 형식이 다른데 인터넷 강의도 없고 따로 알려주는 사람도 없는 이 시험, 도대체 어디서부터 어떻게 준비해야 하는 걸까?

2차 시험이란?

이제 막 임용고시 2차로 발을 내딛은 임고생들에게

초등 임용고시는 1차 시험과 2차 시험으로 나뉘어 진행돼. 1차 시험은 응시 지역과 무관하게 시험 문제와 진행 방식이 같고, 배점도 동일했지?

교직 논술 20점 + 교육과정 80점 + 내신 20점 + 지역 가산점 6점 = **126점** 만점
(단, 2025학년도 기준 강원 초등 임용 1차는 교육과정 문제없이 교직 논술 100점으로 계산)

하지만 2차 시험은 얘기가 달라. 응시 지역마다 면접 문제와 진행 방식, 배점이 전부 다르거든. 예를 들어, 2025학년도 서울시 면접시험은 과정안•심층 면접•수업 실연•영어 총 4가지 영역을 봤어. 반면, 경기도는 과정안이 없고 면접•수업 실연•영어 3가지 영역만 있었지. 대신, '자기성장소개서'를 별도로 써서 제출해야 했어. 또 교육청마다 추구하는 정책 방향이 다른 만큼, 면접 준비할 때 공부 방향도 다르지. 예를 들어 수업 실연만 봐도 시행하지 않는 지역은 없지만, 문제 유형과 출제 경향은 지역마다 달라서 본인이 응시한 지역의 특징에 맞춘 준비가 필요해.

그런데 막상 2차 시험을 준비하려고 하면, 어디서부터 손대야 할지 정말 막막하지? 이제 막 1차 시험 끝나고 지칠 대로 지친 상태에서, 두 달 후에 갑자기 면접이라니! 교사가 되기 위해서 반드시 거쳐야 하는 관문이란 건 알지만, 내가 해본 수업이라고는 고작 실습 때 몇 번 해본 게 전부인데, 이런 내가 두 달 후에 면접장에 들어가 말이나 제대로 할 수 있을까?

이러한 고민을 덜어주고자 이 책을 쓰게 되었어. 비록 이 책은 서울특별시교육청 2차 시험을 기준으로 작성되었고 2~3장에 수록된 심층 면접과 수업 실연 예상 문제도 서울 지역의 출제 경향에 맞게 구성했지만, 문제 스타일만 다를 뿐 결국 면접 준비 과정은 대부분 비슷비슷해. 그래서 다른 지역을 준비하는 수험생들이 읽어봐도 분명 도움이 될 거야. 특히 심층 면접과 수업 실연은 모든 지역에서 공통으로 시행되고, 배점도 높아서 이 두 영역을 중심으로 다뤘어. 또한, 4~5장에 담긴 학교 현장 관련 내용과 6장의 교직관 문항에는 교사가 되기 전 꼭 생각해보면 좋을 질문들을 넣어두었으니, 면접을 준비하면서 한 번은 고민해보길 바라. 그러면 천 리 길도 한 걸음부터라고 2차 시험이 어떻게 이뤄져 있는지부터 알아보자!

2차 시험 배점

2차 시험 역시 1차 시험과 마찬가지로 100점이 만점이야. 이에 1차 100점과 2차 100점을 합산한 총점 200점을 기준으로 등수가 매겨지고, 그중 1배수 인원만큼 최종 합격자로 선발되지. 이때 1차에서 1.5배수를 선발할 때 반영되었던 내신과 가산점은 최종 합격을 가릴 때 제외돼. 이를 보기 쉽게 그림으로 나타내면 다음과 같아.

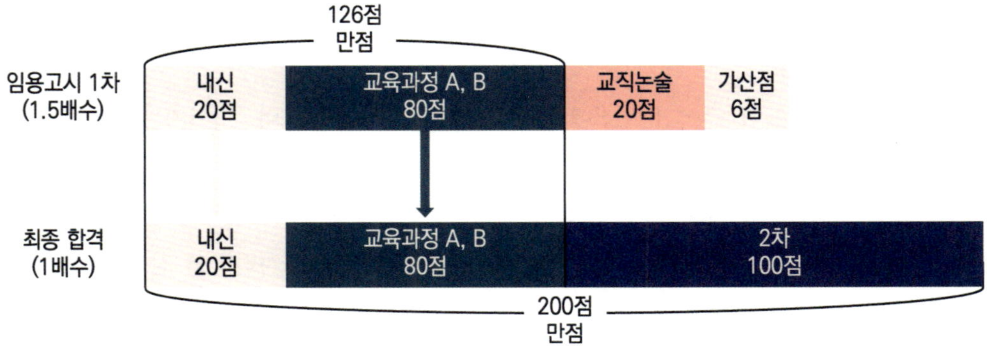

2차 시험 100점의 계산 방식은 응시 지역마다 조금씩 달라. 2025학년도 기준으로 보면, 서울시는 과정안 10점 + 심층 면접 40점 + 수업 실연 40점 + 영어 10점으로 총점 100점이지만 경기도는 면접 40점 + 수업 50점(수업 실연 25점 + 수업 나눔 25점) + 영어 10점으로 나뉘어 있어. 그리고 1차 시험은 문항별로 배점이 세세하게 공개되는데, 2차 시험은 영역별 점수 말고는 세부 기준이 공개된 적이 한 번도 없지. 그래서 조건을 하나 빼먹으면 몇 점 깎이는지, 어떻게 답변해야 만점을 받을 수 있는지 아무도 몰라. 심지어 합격자 발표 당일에 점수를 받아보고서도 내가 왜 이 점수를 받았는지 모르는 경우가 대부분인데, 이러한 불확실성은 1차 교직 논술보다 그 정도가 더 심하다고 볼 수 있어.

여기서 더 무서운 건, 최종 합격이 0.0X 점 차이로 갈리는 경우가 정말 많다는 거야. 1차 시험을 압도적으로 잘 봐서 0.3배수 안에 들었다면 비교적 안정적이겠지만, 1차 점수가 0.5배수에서 1.5배수 사이라면 2차에서 언제든 뒤집히거나 뒤집을 수 있어. 실제로 나도 2022학년도에 1차 약 0.6배수(약 120등)로 합격했는데, 2차에서 최종 0.2배수(약 40등)으로 올라갔거든? 이 말은 0.4배수 정도는 충분히 뒤집을 수 있다는 뜻이면서 동시에 그만큼 뒤집힐 수 있다는 경고이기도 해. 특히 선발 인원이 적고 1차 합격자들 간 점수 차가 작을수록 뒤집히는 비율이 높기에, 끝까지 긴장의 끈을 놓쳐서는 안 돼.

2차 시험 영역

2차 시험은 크게 심층 면접, 수업 실연, 영어로 나뉘고 응시 지역에 따라 과정안을 보는 곳도 있어. 여기서는 각 영역이 어떤 방식으로 진행되는지만 가볍게 안내하고, 심층 면접과 수업 실연에 대한 노하우는 각각 2, 3장에서 훨씬 자세히 풀어줄게!

교수•학습 과정안

과정안은 1시간 동안 주어진 조건에 맞춰 약안을 쓰는 시험이야. 답안지는 과정안 양식에 따라 A4나 B4 사이즈 2장이 주어지는데, 양식은 매년 조금씩 달라져. 과정안 시험은 타임어택이라 불릴 만큼 시간이 촉박해서, 정해진 시간 안에 조건에 맞게 쓰는 게 핵심이지. 이 시험은 팁이 따로 있다기보다 교직 논술처럼 처음엔 예시 답안을 필사하면서 감을 익히고, 점점 시간을 단축하면서 나만의 틀을 만들어 가면 돼. 솔직히 과정안은 배점도 비교적 작고 세분된 채점 기준이 공개된 적도 없어서 계속 연습해 보는 수밖에 없어.

심층 면접

심층 면접은 크게 구상형 문항과 즉답형 문항으로 나뉘어. 구상형 문항은 주어진 문제를 보고 구상 시간을 가진 뒤 면접실에서 답변하는 형태로 이뤄지고, 즉답형 문항은 면접실에서 문제를 보고 바로 답변하는 형식으로 이뤄져. 다만, 면접 문항 수와 구상 및 답변 시간은 지역마다 다르지. 다음은 2025학년도 기준 서울 심층 면접과 경기 면접을 비교한 자료야.

응시 지역	구상형 문항	즉답형 문항	구상 시간	답변 시간
서울	1	1	10분	구상형 5분 / 즉답형 5분
경기	3	2	15분	구상형 + 즉답형 5문항 15분

면접 문제는 교대 입시 문제와 결이 비슷한데, 조금 더 학교 현장과 직결된 내용을 물어본다고 생각하면 돼. 예컨대 2024 서울시 심층 면접 출제 범위는 '교사로서의 적성, 교직관, 인격 및 소양, 서울교육 주요 정책'이라 교사로서의 역량과 교직관, 교육정책에 대한 이해를 직간접적으로 묻는 문제 위주로 출제됐어. 처음 2차 시험을 준비할 때는 수업 실연보다는 면접의 진입장벽이 낮아 보여 그나마 할만하고 느끼는데, 공부하다 보면 심층 면접이 더 어렵게 느껴지는 순간이 와. 왜 그런지, 또 이를 어떻게 극복하면 좋을지는 2장에서 자세히 설명해줄게!

수업 실연

수업 실연은 2차 시험에서 수험생들이 가장 많은 시간을 투자하는 영역이야. 기본적으로는 정해진 시간 안에 수업을 구상한 뒤 면접관 앞에서 실연하게 돼. 또 응시 지역에 따라 수업 후 수업 관련 질문을 답하는 면접이 바로 이어지는 곳도 있는데, 서울은 '반성적 성찰,' 경기는 '수업 나눔'이라고 불러. 한편, 각 도 교육청이 아닌 평가원에서 출제하는 지역은 이러한 면접 없이 수업 실연만 평가해. 다음은 2025학년도 기준 서울과 경기 수업 실연을 비교한 자료야.

<table>
<tr><th>응시 지역</th><th>구상 시간</th><th>실연 시간</th><th>면접 문항</th><th>면접 문항 답변 시간</th></tr>
<tr><td>서울</td><td rowspan="2">20분</td><td rowspan="2">15분</td><td>1 (소문항 2~3개)</td><td>5분</td></tr>
<tr><td>경기</td><td>3</td><td>10분</td></tr>
</table>

수업 실연은 전체 100점 중 서울 40점, 경기 50점(수업 실연 25점 + 수업 나눔 25점)을 차지해. 배점이 큰 만큼 열심히 공부해야 하는데, 심층 면접과 달리 연습한 만큼 실력이 오르는 게 눈에 보이지. 게다가 선배 교사나 스터디원의 피드백을 받으면 훨씬 빠르게 성장할 수 있어. 이 부분은 정말 중요한 만큼 3장에서 훨씬 더 자세히 알려줄게!

영어

영어는 영어 수업 실연과 영어 면접으로 나뉘어. 형식은 수업 실연 및 심층 면접과 비슷하지만, 영어로 답해야 한다는 점이 다르지. 또 응시 지역에 따라 면접 문항이 구상형인 곳도 있고 즉답형인 곳도 있어. 서울은 구상실에서 수업 실연과 영어 면접 문항이 모두 주어져 10분 동안 모두 구상할 수 있지만, 경기는 구상 시간 동안 영어 수업 실연 문항만 구상할 수 있고, 면접은 즉답형으로 진행돼.

다음은 2025학년도 기준 서울과 경기 영어 수업 실연 및 영어 면접을 비교한 자료야.

응시 지역	구상 시간	영어 면접 유형	답변 시간
서울	10분	구상형 2문항	6분 영어 수업 실연, 4분 영어 면접
경기		즉답형 2문항	

영어 수업 실연은 나만의 만능틀을 만들어 반복 연습하고, 영어 면접은 기출문제 위주로 공부하는 게 최선이야. 영어는 배점이 작은 만큼 점수의 편차도 작고, 문제가 어려우면 다 같이 망해서 남들 하는 만큼만 준비하면 돼. 물론, '남들 하는 만큼' 하는 게 가장 어렵지만….

2차 시험 시간표

1차 시험은 반나절이면 끝나지만, 2차 시험은 2~3일에 걸쳐 진행돼. 그렇다고 2박 3일 동안 합숙하면서 면접을 보는 건 아니고, 아침 8시 20분까지 입실해서 그날 면접이 끝나면 바로 퇴실하는 방식이지. 2025학년도 기준으로 서울은 이틀 동안, 경기는 사흘 동안 시험이 진행됐어. 1차 시험은 전국이 동시에 같은 문제로 필기고사를 보지만, 2차는 면접이니까 고사실마다 한 명씩 들어가다 보니 시간이 오래 걸려서 그래.

2025학년도 서울 2차 시험 일정

<table>
<tr><th colspan="2">1일 차</th><th colspan="2">2일 차</th></tr>
<tr><td>7:20~8:20</td><td>입실</td><td>7:20~8:20</td><td>입실</td></tr>
<tr><td>8:20~9:00</td><td>합격자 서류 및
전자기기 제출
유의 사항 안내</td><td rowspan="2">8:20~9:00</td><td rowspan="2">전자기기 제출
유의 사항 안내 관리번호 추첨
인적 사항 기재</td></tr>
<tr><td>9:10~10:10</td><td>교수·학습 과정안 작성</td></tr>
<tr><td>10:20~11:20</td><td>점심시간</td><td rowspan="3">9:20~</td><td rowspan="3">수업 실연
영어 수업 실연
영어 면접
6번 이후 점심시간 (1시간)</td></tr>
<tr><td>11:20~12:00</td><td>관리번호 추첨
인적 사항 기재</td></tr>
<tr><td>12:00~</td><td>심층 면접</td></tr>
<tr><td colspan="2">퇴실 최대 16:00</td><td colspan="2">퇴실 최대 17:00</td></tr>
</table>

2025학년도 서울 2차 시험 일정

<table>
<tr><th colspan="2">1일 차</th><th colspan="2">2일 차</th><th colspan="2">3일차</th></tr>
<tr><td>7:30~8:30</td><td>입실</td><td>7:30~8:30</td><td>입실</td><td>7:30~8:30</td><td>입실</td></tr>
<tr><td>8:30~9:00</td><td>합격자 서류 및
전자기기 제출
유의 사항 안내
관리번호 추첨
인적 사항 기재</td><td>8:30~9:00</td><td>전자기기 제출
유의 사항 안내
관리번호 추첨
인적 사항 기재</td><td>8:30~9:00</td><td>전자기기 제출
유의 사항 안내
관리번호 추첨
인적 사항 기재</td></tr>
<tr><td>9:00~</td><td>심층 면접</td><td>9:00~</td><td>수업 실연</td><td>9:00~</td><td>영어 수업 실연
영어 면접</td></tr>
<tr><td>11:35~12:30</td><td>점심시간</td><td>12:35~13:15</td><td>점심시간</td><td colspan="2">(점심시간 없음)</td></tr>
<tr><td colspan="2">퇴실 최대 14:55</td><td colspan="2">퇴실 최대 16:50</td><td colspan="2">퇴실 최대 12:20</td></tr>
</table>

관리번호에 따라 결정되는 대기 시간

2차 시험은 수험번호 순서대로 면접을 보지 않고, 관리번호를 뽑아서 그 순서대로 진행돼. 이 번호는 면접을 시작하기 전에 대기실에서 추첨하는데, 2025학년도 기준 서울은 1~18번,

경기는 1~12번까지 있었어. 예를 들어 1번을 뽑으면 면접장에 제일 먼저 들어가고 10번을 뽑으면 열 번째로 들어가는 식이야. 그런데 이 관리번호는 매일 새로 뽑아, 그래서 1일 차에는 1번이었지만 2일 차에 17번이 될 수도 있고, 운이 좋으면 모두 앞번호가 나올 수도 있지. 이건 순전히 운에 의해 좌우되어 내가 할 수 있는 건 그저 원하는 번호가 나오게 해달라고 기도하는 것뿐이야….

관리번호는 곧 면접 순서라서, 대기실에서 얼마나 오래 기다려야 하는지가 여기서 갈려. 서울 2일 차 기준으로 1번을 뽑으면 수업 실연 + 영어까지 마치고 10시에 퇴실할 수 있지만, 마지막 번호를 뽑으면 저녁 5시까지 기다려야 해. (예전에 관리번호가 20번까지 있었을 땐 6시 넘어서 나오는 경우도 있었어.) 이때 대기 시간이 진짜 고역인데, 서울은 기다리는 동안 그 어떤 자료도 보지 못하고 그냥 가만히 앉아있거나 자야 해. 1차 시험처럼 쉬는 시간에 본인이 가져온 자료를 볼 수 있는 것도 아니고, 아침에 모든 자료를 가방에 넣어 수거한 뒤 퇴실 전까지 절대 못 꺼내. 심지어 점심시간에도 간식과 음료만 꺼낼 수 있고, 밥 먹는 데 30분 걸린다고 하면 나머지 30분 동안은 화장실 갔다 와서 그냥 또 기다리는 거지. 이건 마치 군대 훈련소에서 불침번 서는 것과 비슷한 느낌이랄까? 면접이 코앞이라 심장은 두근거리는데 시간은 안 가고, 빨리 면접 보고 집 가고 싶은 마음이 점점 커져만 가지.

경기는 관리번호가 12번까지라 조금은 나은 것처럼 보이지만, 구상 및 면접 시간이 서울보다 길어서 평균적인 대기 시간은 거의 비슷해. 게다가 서울은 시험을 이틀에 나눠서 보지만 경기는 사흘에 걸쳐서 치르는데, 보통 시험 시작 날짜가 같다 보니 서울 응시생들이 끝나고 쉴 때 경기 지역 응시생은 하루를 더 공부해야 한다는 부담감이 있어.

다른 지역도 서울 혹은 경기와 비슷한 방식으로 진행되지만, 구상 시간이나 면접 시간 등 세부적인 사항은 지역마다 다르니까 반드시 본인이 응시하는 지역의 2차 시험 계획 공고를 확인해야 해!

2차 시험 준비물

다음은 내가 2차 시험 당일 가방에 챙겨 간 물품 목록이야. 이 체크리스트를 참고해서 당일에 빠뜨리는 거 없이 잘 챙겨가길 바라.

2차 시험일 준비물 체크리스트		
☐ 수험표	☐ 검은색 펜	☐ 편한 신발, 구두
☐ 신분증	☐ 방한용품 (핫팩 등)	☐ 공부 자료
☐ 아날로그 시계	☐ 개인 상비약	☐ 화장품, 머리빗, 실핀
☐ 도시락, 간식	☐ 따뜻한 물 또는 차	☐ 긴장 완화제 (청심환, 인데놀 등)

수험표와 신분증

다른 건 몰라도 이 두 가지는 무조건 챙겨야 해. 수험표나 신분증이 없으면 시험 자체를 볼 수 없거든. 수험표는 원서 접수한 홈페이지에서 다운로드 후 출력하면 되고, 신분증은 주민등록증이나 운전면허증 중 하나를 준비하면 돼. 시험 전 감독관이 둘을 같이 확인하니까 투명 L자 파일에 같이 넣어두면 편해. 그리고 신분증은 과정안 작성할 때 자 대신 쓸 수 있으니 고사실 들어가면 곧바로 책상 위에 꺼내둬!

아날로그 시계

1차 시험은 시험장에 시계가 있고 종료 10분 전에 안내까지 해주지만, 2차 면접에서는 네가 직접 시계를 보면서 시간을 체크해야 해. 모든 평가실에는 타이머가 있지만 구상실에는 타이머가 놓여있을 때도 있고 없을 때도 있거든. 이건 매년 고사실마다 다르니까 구상실에 타이머가 없을 거라 생각하고 챙기는 게 안전해.

여기서 팁 하나! 평소 디지털시계로 연습하다가 시험 당일 갑자기 아날로그 시계를 보려면 어색하고, 자칫 실수할 수 있어. 나도 구상실에 들어가기 전에 시계를 12시에 맞춰놓고, 구상 시작할 때 버튼을 누르려 했는데, 긴장하는 바람에 실수로 버튼을 못 눌렀거든, 그 결과, 심층 면접 때 구상 시간을 제대로 배분하지 못했지. 그러니까 평소 연습할 때부터 아날로그 시계로 연습하는 습관을 꼭 들여 나와 같은 불상사를 겪지 않길 바라.

도시락, 간식

2차 시험은 점심시간이 따로 있고 내가 언제 면접을 볼지 모르니까 먹을 건 넉넉히 챙기는 게 좋아. 보통 샌드위치, 유부초밥, 빵, 과일, 초콜릿, 커피, 음료 등을 가져가는데 수능 도시락과 비슷하지. 만약 점심시간 전에 면접이 끝나면 그대로 챙겨서 나오면 되지만, 관리번호 끝 번호를 뽑아 오후 5~6시까지 기다려야 한다면 그때까지 공복으로 버티기는 정말 힘들 거야.

그러니 도시락은 먹었을 때 졸리지 않고, 속 편하면서도 든든한 거로 준비해 가길 바라.

검은색 펜

서울처럼 과정안 시험을 보는 지역은 검은색 펜 필수! 물론 고사장에서 나눠주긴 하지만, 평소에 쓰던 펜으로 훨씬 편하지. 나는 과정안 답안을 작성할 때 0.5mm 펜을 주로 썼는데, 여러 펜으로 연습해 보고 본인에게 가장 잘 맞는 걸 찾아봐!

핫팩 등 방한용품

2차 시험은 매년 1월 초•중순에 치러져. 2025학년도 기준 서울과 경기 2차 시험 날짜는 각각 1월 8~9일, 1월 8~10일이었지. 매년 이맘때쯤 시험을 보기 때문에, 방한용품으로 핫팩을 챙겨가길 추천해. 보통은 고사실에 난방이 잘 나오지만 실제로 시험 당일 난방 설비가 고장 난 사례도 있었고, 난방을 틀어도 추웠던 곳도 있다고 하더라. 또 시험장 오가는 길과 복도는 정말 추우니까 안 써도 좋으니 챙겨가길 추천해!

개인 상비약

개인 상비약은 소화제나 타이레놀, 비염약 등 각자 필요한 걸 챙겨가면 돼. 물론 상황실에 요청하면 주겠지만, 시험 당일의 변수를 최소화하려면 되도록 준비해 가는 게 좋아.

따뜻한 물이나 차

과정안을 제외한 모든 시험이 면접 형식으로 이뤄지기에 목 컨디션 관리에 특별히 신경을 써야 해. 특히 대기실은 히터 때문에 꽤 건조하니 물이나 차를 가져가면 좋아. 이건 점심시간 외에도 대기하면서 수시로 마실 수 있으니 꼭 챙겨가서 최상의 목 컨디션을 유지하길 바라.

일상 속 목 관리 루틴

첫째, 배 도라지즙, 꿀물, 따뜻한 물 자주 마시기.

둘째, 프로폴리스 스프레이 사용하기.

셋째. 가습기 생활화하기.

편한 신발, 구두

보통 면접 날엔 구두를 신지만, 대기실에서 장시간 구두를 신고 기다리면 발이 정말 아파. 그래서 아예 운동화를 따로 챙겨가서 대기할 때는 편하게 신고 있다가, 면접 직전에 구두로 갈아신는 경우가 많지. 그리고 구두에는 미리 '소리 방지 스티커'를 붙여두길 추천해. 면접 볼 때 구두 소리가 나면 은근히 신경 쓰이거든.

공부 자료

가져온 자료는 입실 시간까지만 볼 수 있고, 대기실에서 기다리는 동안은 절대 볼 수 없어. 그래서 자료를 많이 가져가봤자 소용없고, 차라리 평소 연습하면서 받았던 피드백 중 꼭 지켜야 하는 것만 한 페이지로 정리해서 가져가는 게 좋아, 아침에 그걸 보고는 차례가 되기 전까지 머릿속으로 계속 되뇌면 대기실에서 멍하니 앉아있는 것보다는 낫지. 아래는 내가 2일 차 때 들고 간 자료인데, 참고해서 너만의 체크리스트를 만들어 보길 바라!

수업 실연 체크리스트
□ 시간을 넘기지 않았는가?
□ 활동 설명이 짧고 명확한가?
□ 말이 너무 빠르진 않았는가?
□ 문제 조건을 모두 충족했는가?
□ 학습 문제를 틀리지 않고 외웠는가?
□ 과정중심평가를 자연스럽게 실연했는가?
□ 구상지를 최대한 보지 않으려 노력했는가?
□ 실연에서 준비물을 나눠준 후 잘 걷었는가?
□ 말문이 막혔을 때 당황한 티를 내지 않았는가?
□ 반성적 성찰 문항에서 빠뜨린 내용은 없었는가?
□ 질문한 후 학생의 답변을 기다리며 눈을 마주쳤는가?

화장품, 머리빗, 실핀, 립밤

대기실에서 장시간 기다리다 보면 머리가 헝클어지거나 화장이 금방 지워질 수도 있어. 그래서 보통 면접 직전에 화장실에 가서 거울을 보며 화장을 고치는데, 이때 화장품과 머리빗,

실핀 같은 걸 챙겨가면 좋아. 같은 맥락에서 크림이나 립밤도 가져가면 좋은데, 겨울이다 보니 대기실에 난방이 세게 틀어져 있는 경우가 꽤 많아서 생각보다 건조하거든.

물론 면접에서 제일 중요한 건 답변 내용과 태도지만, 면접관 입장에서는 교사로서의 전체적인 인상도 함께 보게 돼. 그래서 최대한 깔끔하고 단정하게 하고 면접장에 들어가는 게 좋지. 특히 교직이라는 집단이 전반적으로 보수적이고, 예의와 신뢰를 중시하기는 분위기란 걸 생각하면 면접 전에 내 상태를 한번 확인해 보면서 흐트러진 부분이 없는지 체크하는 건 필수야!

긴장 완화제 (청심환, 인데놀 등)

면접이나 시험에서 긴장을 많이 하는 수험생들은 불안을 가라앉히기 위해 청심환이나 인데놀과 같은 긴장 완화제를 복용하기도 해. 둘 다 긴장을 줄여주는 효과가 있지만, 인데놀은 병원에서 처방받아야만 살 수 있고, 청심환은 처방 없이 약국에서 바로 구매할 수 있다는 차이점이 있지. 다만 이런 약품들은 사람마다 반응이 달라서, 무턱대고 시험 당일에 처음 먹으면 부작용이 생길 수도 있어. 그래서 복용할 계획이 있다면 시험 전 연습할 때 미리 한두 번 복용해 보고, 효과가 언제쯤 나타나는지, 몸에 무리가 없는지 꼭 확인해 봐야 해. 또 면접 당일에는 관리번호 추첨 후에 자신이 몇 번째 순서인지 알 수 있으니까, 아침에 무작정 먹기보다는 순서를 확인한 뒤 시간에 맞춰 복용하는 게 더 안전하고 효과적이야. 예를 들어, 인데놀은 복용한 후 약 1시간 후부터 효과가 나타나니까, 면접 순서 최소 1시간 전에는 복용하는 것이 좋아!

2차 시험을 어떻게 준비해야 할까?

스터디 구성하기

1차 시험은 혼자 준비하는 사람도 많지만, 2차 시험은 되도록 스터디 구하는 걸 추천해. 물론 혼자 면접 영상 찍고 돌려보면서 개선점을 찾을 수는 있지만, 그것만으로는 다양한 관점을 반영하기 어렵고 시간도 훨씬 오래 걸려 비효율적이지. 보통 과정안 스터디는 교직 논술처럼 서로 작성한 과정안을 돌려가며 피드백을 주고받고, 면접도 번갈아 가면서 답변한 후 서로 피드백을 해주는 방식으로 이뤄져. 즉, 2차 시험을 준비하는 모든 영역에서 서로 간의 피드백이 필수적인 만큼 본격적으로 공부하기 전에 스터디부터 구하는 게 좋아.

그러면 2차 스터디는 어떻게 구성하면 좋을까?

같은 지역 응시생끼리 구성하자

2차 시험은 지역마다 추구하는 비전과 용어가 조금씩 달라. 예를 들어 서울시교육청에서는 '교원학습공동체'라 부르지만, 경기도교육청에서는 같은 용어를 '전문적학습공동체'라는 표현을 써. 또 진행 방식과 면접 스타일, 문제 수가 달라서 꼭 같은 지역 응시생끼리 스터디를 구성해야 하지. 심지어 평가원 공동 출제 지역이라 하더라도 영역별로 차이가 있을 수 있어 혼란을 줄이려면 같은 지역을 응시하는 사람들을 주변이나 커뮤니티에서 모아 구성하는 게 좋아.

한 스터디는 되도록 3명으로 구성하자

2차 스터디는 3명이 함께 하는 게 가장 이상적인데, 인원 구성이 애매하다면 4명까지는 괜찮아. 2차 시험 특성상 모든 영역에서 피드백을 주고받아야 하는 만큼 인원이 많아질수록 한 번씩 돌아가며 연습하는 데 걸리는 시간이 길어져. 그렇다고 2명이 하면 피드백이 단조로워져서 3명으로 구성하는 것이 가장 좋지. 특히 경기처럼 구상 시간과 면접 시간이 긴 지역은 3명이 딱 적당해!

인원수	2025학년도 서울 기준 수업 실연 1텀 돌릴 때 소요되는 시간
3명	구상 20분 + 수업 실연 및 반성적 성찰 60분 + 피드백 약 30분 = 약 110분
4명	구상 20분 + 수업 실연 및 반성적 성찰 80분 + 피드백 약 40분 = 약 140분

같은 고사실 사람끼리는 피하자

2차 고사실 배정은 1차 고사실 배정과 거의 똑같이 가. 1차에서 불합격한 사람의 번호만 빠지고, 그 빈자리를 다른 합격자가 채우는 방식이기에 그렇지. 예를 들면 다음과 같아

1차 시험 수험번호 배정			2차 시험 수험번호 배정			1차 불합격자 수험번호
고사실 A	고사실 B	고사실 C	고사실 A	고사실 B	고사실 C	
101~120	121~140	141~160	101~119 121	122~130 132~142	144~160	120, 131, 143

그래서 1차 때 같은 고사실이나 바로 옆 고사실이었던 사람은 2차에서도 같은 고사실일 가능성이 높은데, 이런 경우엔 스터디를 같이 안 하는 게 좋아. 왜냐고? 스터디를 하다 보면 서로의 수업 실연을 보면서 마음에 드는 구호나 발문을 가져다 쓰는 경우가 많아. 그러다 보면 수업에서 서로 비슷한 부분이 생기는데, 둘이 같은 평가실에서 면접을 보게 되면 평가관 입장에서는 각자의 특색있는 수업이 아닌 마치 모방한 수업처럼 느껴질 수 있어. 이러한 오해의 소지를 사전에 피하고자 같은 고사실일 가능성이 높은 사람과는 되도록 스터디하지 않는 게 좋지, 하지만 정말 친해서 꼭 같이하고 싶은 동기가 있다면 말리진 않는데, 그럴 땐 집중 구호나 주요 발문이 겹치지 않게 미리 조율해 두는 걸 추천해.

구성원 중 1차에서 불합격한 사람이 있다면 스터디를 새로 구성하자

1차 시험과 1차 합격 발표 사이에는 약 한 달 정도 간격이 있는데, 2차 준비 기간이 워낙 촉박하다 보니 합격 여부를 모르는 상태에서 2차 스터디를 구성하게 돼. 그런데 한 달 동안 열심히 준비하다가, 1차 합격 발표 후 뒤늦게 불합격한 스터디원이 있음을 알게 되는 경우가 종종 있지. 심지어 스터디원들에게 말하기 부끄럽고 미안해서 떨어졌다는 사실을 숨기고 계속 준비하려는 경우도 있는데, 하고 싶은 마음은 이해하지만 서로를 위해서라도 놓아주는 게 편해. 합격 여부에 따라 마음가짐과 준비 강도가 다르고, 혹시라도 마음이 바뀌어 나가버리면 그때 새로 스터디를 구성하기에는 늦거든. 실제로 스터디원 모두가 1차 합격하는 경우가 생각보다 적어서 발표 후 새로 스터디를 찾는 수요도 꽤 많아, 그러니 새로운 마음으로 재구성하길 추천해.

스터디원에게 1차 합격 여부 알리는 방법

스터디원끼리 1차 합격 여부를 알아야 스터디를 유지할지, 혹은 새로 구성할지 결정할 수 있는데, 막상 발표 당일에 합격 여부를 물어보기 조심스러워. 그래서 발표 전에 스터디 내에서 합격 여부를 어떻게 공유할지 서로 합의해두면 편해. 예를 들어 발표가 10시면 12시 전까지 말풍선 공감 리액션으로 표시한다거나, 프로필사진을 바꿔 간접적으로 알릴 수도 있지.

시기별 공부 내용 및 방법

1차 시험은 대부분 인터넷 강의 진도에 맞춰 공부했지? 하지만 2차 시험은 인터넷 강의도 마땅치 않고, 응시 지역마다 면접 유형도 달라서 어디서부터 시작해야 할지 막막해. 스터디 시작 시기, 빈도, 준비 방식 전부 스터디별로 알아서 정해야 하는데, 2차 준비는 처음이다 보니 뭘 어떻게 해야 할지 모르지. 그래서 여기서는 내가 1차 시험이 끝난 후부터 면접 전날까지 어떻게 공부했는지 시기별로 정리해봤어. 아래 내용을 바탕으로 너만의 계획을 세워보길 바라!

지금껏 달려온 나를 위한 휴식 타임

1차 시험이 끝나고 나서는 1~2주 정도 스터디만 구성해두고 푹 쉬었어. 물론 그 사이 학교

과제 제출이나 졸업논문 작성도 했지만, 1차 시험 준비할 때 비하면 훨씬 여유롭더라. 부족했던 잠도 좀 자고, 같이 고생했던 친구들과 여행도 다니면서 충전하는 시간을 가졌었지. 이 시기에 안 쉬면 2차 준비하는 동안 체력적으로 무리가 올 수 있으니 1차 시험 끝나자마자 바로 스터디 시작하는 건 비추!

그렇다고 완전히 손 놓고 있기는 좀 불안하지? 그래서 나는 유튜브에서 2차 시험 관련 영상을 찾아보며 어떻게 준비하면 좋을지 감을 잡았어. 또 먼저 합격한 선배 교사나 실습 때 만났던 선생님들께 조언을 구하기도 했지. 그런데 시험 끝나자마자 갑자기 연락드려서 물어보기도 죄송하고, 궁금한 게 생길 때마다 카톡 하는 것도 눈치 보이잖아? 그래서 이 시기에 딱 필요할 만한 내용만 모아 정리한 자료가 있었으면 좋겠다 싶었고, 그렇게 쓰게 된 게 바로 이 책이야. 지금 이 책을 읽고 있는 것만으로도 이미 남들보다 한발 앞서 있는 거니까, 꼭 끝까지 정독하길!

스터디 1주차 : 만점도 한 걸음부터

처음 스터디할 때는 과정안을 필사하고 영역별 모범답안을 소리 내 읽어보면서 감을 익혀야 해. 이때 중요한 건 단순히 교과서 읽듯이 읽는 게 아니라 시간을 재면서, 실제 면접 보듯 읽어야 한다는 거야. 그래야 면접에서의 시간 감각도 익히고, 빨리 적응할 수 있거든. 특히 처음 스터디원 앞에서 읽을 때는 누구나 어색하고 부끄러운데, 이걸 빨리 극복해야 다음 단계로 넘어갈 수 있어. 이때 스터디는 주 3회 정도가 적당하며, 우리는 월수금으로 했었어.

한편, 개인 공부 시간에는 교직관을 정리하고 시책 공부를 병행해야 해. 교직관은 교대 입시를 준비하면서 봤던 자료나 교대에서 했던 과제를 찾아보면서 정리할 수도 있고, 이 책의 4-3장과 6장에 있는 문제를 풀면서 공부할 수도 있어. 시책은 각 시•도 교육청별로 발표하는 교육정책 문서를 말하는데, 이걸 어떻게 효율적으로 공부해야 하는지 2-2장에서 자세히 설명해줄게.

스터디 2~3주차 : 나만의 만능틀을 만들자

모범답안을 읽으면서 면접 흐름이 익숙해졌다면, 이제는 나만의 만능틀을 만들어 외워야 해. 여기서 만능틀이란 수업 실연 단계마다 공통으로 사용하는 발문을 말하는데, 예를 들어 수업 분위기 형성 단계에서 쓰는 집중 구호나 평가 단계에서 활용하는 평가 방법이 해당하지. 이 만능틀은 자다가 일어나서도 술술 말할 수 있을 정도로 익숙하게 만들어야 해. 만능틀은 수업 실연과 영어 수업 실연 각각 따로 만들어 연습해야 하고, 서울처럼 과정안 시험을 보는 지역이라면 과정안도 만능틀도 필요하지.

만능틀이 익숙해지면 비로소 제대로 된 수업 실연을 할 수 있고, 이때부터 스터디원끼리 서로 피드백을 주고받으며 조금씩 수정•보완해나가면 돼. 처음 수업 실연을 해보면 시간이 오래 걸리고 피드백할 내용도 많아 하루에 한 텀씩 주 3~5회 스터디를 권장하며, 1차 발표 후에 주 4~6회로 늘리길 추천해.

그렇다면 이 시기에 심층 면접은 어떻게 준비해야 할까? 1주차 때와 마찬가지로 교직관을 정리하고 시책을 공부하면 돼. 문제는 이 시책이 정말 지루하고, 읽어도 눈에 잘 안 들어온다는 거야. 그래서 나는 아예 시책도 스터디로 했어. 스터디원끼리 분량을 나눠서 공부하고, 정해진 기간 안에 각자 맡은 부분에서 핵심 내용과 출제 가능성이 높은 포인트를 정리해와서 공유하는 방식이었지. 이렇게 하니 확실히 효율적이더라.

스터디 4~5주차 : 다양한 피드백을 받아보자

4~5주차가 되면 같은 스터디원끼리는 서로의 수업을 너무 많이 봐서 점점 피드백할 내용이 없어져, 그러면서 우리 스터디가 잘하고 있는 게 맞는지 불안해지기 시작하지. 이때는 크로스 스터디를 활용하거나, 아는 현직 선배 교사분께 도움을 요청해 피드백을 받는 게 좋아.

크로스 스터디는 같은 지역을 준비하는 두 스터디가 서로 합의해서 1~2명씩 바꿔가며 연습하는 방식이야. 이렇게 하면 전혀 다른 시각에서 새로운 피드백을 받을 수 있고, 다른 사람의 수업 방식을 보면서 내 수업을 개선할 아이디어도 얻을 수 있어. 나도 시험 전까지 3~4번 정도 했는데, 정말 얻는 게 많았기에 기회가 있다면 꼭 해보길 추천해.

한편, 현직 선생님들은 수업을 보는 눈 자체가 달라. 현장 경험이 많으신 만큼, 수험생끼리는 잘 보지 못하는 부분까지 꼼꼼하게 알려주시지. 나도 면접을 준비하는 당시에는 몰랐는데, 현장에 나와 후배들 수업 실연 피드백을 주다 보니 새롭게 보이는 부분들이 많더라고! 이 부분에 대한 구체적인 팁은 3-2장에서 더 자세히 풀어줄게.

시험 직전 : 실전처럼 연습하자

시험이 열흘 남은 시점부터는 완전히 실전 모드로 들어가야 해. 면접 당일에 입을 복장을 그대로 입고 연습해 보면서 옷차림에서 오는 불편함이나 동작 제약을 미리 확인해 보기도 하고, 구상 시간에 아날로그 시계로 시간 재보는 연습도 해보면 좋지. 시험 당일에 어떤 변수가 생길지 알 수 없으니, 변수를 최소화하기 위해 해볼 수 있는 건 다 해보는 게 좋아.

한편, 심층 면접 준비에 있어 매년 1월 초에 발표되는 신년사는 꼭 찾아봐야 해. 신년사는 한 해 동안의 교육정책 방향을 제시한다는 점에서 의미가 크고, 실제로 2022학년도 경기 면접 구상형 문항에 제시문으로 출제된 적도 있거든. 특히 교육감이 새로 바뀐 해에는 정책 기조가 크게 달라질 수 있으니 꼭 면접 전에 확인해보길 바라.

나는 시험 이틀 전까지는 평소처럼 스터디했고, 전날은 혼자 공부하면서 그동안 정리했던 내용을 차분하게 정리했어. 면접 동안 목 컨디션을 최상으로 유지하려면 최소 하루 이상 쉬는 게 좋고, 특히 고사장까지 거리가 먼 수험생들은 전날 미리 집 또는 숙소로 이동하는 게 안전해 전날은 스터디를 잘 하지 않지. 하루 스터디 안 한다고 실전 감각이 무너지지 않고 오히려 과도한 연습이 컨디션을 망칠 수 있으니 마무리는 가볍게!

다음 표는 위 내용을 주차별로 간략히 정리한 자료니, 참고해~

시기	공부 내용 및 방법
1차 시험 직후	• 1~2주 휴식 • 스터디 구성하기 • 책 & 영상을 통해 2차 시험 알아보기
1주차	• 주 3회 스터디 • 과정안 필사 및 모범 답안 읽기 • 교직관 정리 및 시책 공부 시작하기
2~3주차	• 주 3~5회 스터디 • 나만의 만능틀 만들기(과정안, 수업 실연, 영어 수업 실연) • 스터디에서 피드백 받은 내용을 바탕으로 수정•보완하기
4~5주차 (1차 발표 후)	• 주 4~6회 스터디 • 크로스 스터디 및 현직 선생님의 도움 받기 • 스터디에서 피드백 받은 내용을 바탕으로 수정•보완하기
시험 전	• 주 4~6회 실전처럼 연습하기 • 교직관, 시책 내용 및 신년사 최종 정리하기 • 시험 이틀 전까지 스터디하고, 전날은 각자 공부하기

2차 시험을 준비하는 수험생의 하루 스케줄

응시 지역 및 개인 성향에 따라 2차 시험 준비 방식과 하루 스케줄이 조금씩 다르지만, 여기서는 내가 서울 2차 시험을 준비했을 때, 스터디하는 날 기준 하루 스케줄을 소개할게.

9시 이전 : 뇌 깨우기

나는 2차 본스터디가 9시부터 있어서 7시쯤 일어났어. 기상해서 씻고 아침을 먹은 다음, 30분에서 1시간 정도 심층 면접에 대비해 나만의 교직관을 정리했지. 교직관 정리라고 해서 거창한 건 아니고 전날 밤에 교직 관련 문항을 3개씩 만들어두고, 다음 날 아침에 그걸 풀어보면서 하루를 시작한 거야. 이렇게 브레인스토밍하며 잠자던 뇌를 깨운 거지. 아래는 내가 만들었던 교직 관련 문항 예시인데, 이때 만들었던 문제는 6장에 많이 수록해두었으니 직접 풀어봐!

- 교원 연수를 통해 배워보고 싶은 것이 있다면?
- 담임 교사가 된다면 교실에서 어떤 걸 바꾸고 싶은가?
- '존중'이라는 인성 요소를 학급에서 실천하는 구체적인 방안은?
- 학창 시절에 했던 봉사활동 중, 현장에서 아이들과 함께 해보고 싶은 활동은?
- 5~6학년 학생들을 대상으로 한 학기 한 권 읽기를 한다면 어떤 책을 고를까?

9~10시 : 과정안 작성

2차 시험 준비 초반에는 9시에 강의실에 모이자마자 1시간 동안 과정안부터 썼어. 그런데 과정안 작성이 어느 정도 익숙해진 후로는 굳이 아침에 9시까지 모여서 쓰지 않고, 각자 집에서 편할 때 작성해서 단톡방에 올린 뒤 시간 날 때 서로 피드백을 주고받았지. 이렇게 하니까 무거운 과정안 문제집을 들고 다닐 필요도 없고, 10시부터 스터디를 시작해도 되니까 한결 여유로웠어. 대신, 과정안은 스터디 시작 전에 미리 작성해 올리는 걸 원칙으로 했지.

10~2시 : 본스터디

10시부터는 본격적으로 스터디를 시작했어. 서울 2차 기준 각 영역을 한 번씩 진행하는데 심층 면접 약 1시간, 수업 실연 1시간 30분, 영어 1시간으로 총 3시간 반 정도 걸려. 스터디

초반에는 면접이 익숙하지 않고 서로 피드백해줄 내용이 많다 보니 이보다 훨씬 더 오래 걸렸는데, 3주차쯤 되면 보통 3시간 반 안에 마무리돼. 점심은 수업 실연이 끝난 뒤 먹거나, 혹은 빨리 끝나는 날은 영어까지 하고 다 같이 먹으러 가기도 했어.

2~5시 : 시책 스터디 & 부족한 영역 메우기

2시부터는 시책 스터디를 30분에서 1시간 정도 진행한 후, 그날 스터디에서 부족하다고 느낀 영역을 추가로 한 텀 더 돌렸어. 2차 시험은 특성상 잘하는 영역을 더 개발하는 것보다도 부족한 영역을 메워 감점을 줄이는 게 훨씬 중요하니까! 물론 개인 공부 시간이 필요하거나 컨디션이 안 좋은 날은 바로 집으로 가서 쉴 때도 있었지.

5시 이후 : 피드백 정리 & 개인 공부

집에 돌아와서는 까먹기 전에 아침에 올렸던 과정안 피드백을 해줬어. 그다음에는 오늘 스터디에서 받았던 피드백 내용을 쭉 다시 보면서 정리했어. 또 스터디 때 촬영했던 면접 영상을 꼭 다시 봤어. 솔직히 내 면접 영상을 돌려보는 게 엄청 민망하지만, 2차 준비할 때는 이 과정이 꼭 필요해. 스터디원이 해주는 피드백도 물론 중요하지만, 나만의 수업을 만들려면 내가 직접 나를 객관적으로 바라보고 스스로 부족하다고 느낀 부분을 고치는 게 훨씬 중요하니까!

남는 시간에는 수업 만능틀을 수정해서 외우거나, 다음 시책 스터디 준비, 다음 날 아침에 풀 교직관 문항 만들기, 혹은 독서를 했어. 아침부터 스터디를 쭉 하고 집에 돌아오면 이미 지쳐 힘들지만, 그런데도 개인 공부 시간은 꼭 가져야 해. 수능 준비할 때도 학원만 왔다 갔다 하거나 인터넷 강의만 듣고 복습하지 않으면 수업 내용을 내 걸로 만들 수 없는 것처럼, 2차 시험도 마찬가지야. 비록 힘들지만, 내년에 또 임용고시를 준비할 수는 없다는 마음으로 하루 최소 1시간은 개인 공부 시간을 갖길 바라.

생생한 2차 시험 후기 모음

첫 번째 후기 : 중요한 건 꺾이지 않는 마음

1일 차

첫날엔 입실 시작 시각인 7시 20분이라 맞춰 가려고 했는데, 지하철이 예상보다 빨리 와서 5~10분 더 일찍 도착했어. 그런데 7시 20분이 되기 전에는 교문 앞에서 기다려야 하고, 정확히 7시 20분이 되니 들여보내 주더라. 물론 지각하는 것보다는 일찍 오는 게 낫지만, 한겨울에 교문 밖에서 덜덜 떨고 싶지 않다면 굳이 너무 일찍 가지는 말길 바라.

학교에 들어가 고사실로 가는데, 같은 층 옆 교실에 구상실과 면접실이 있었어. 심지어 교실 문이 열려 있어서 직접 들어가 볼 수도 있었는데, 덕분에 면접실에서 면접관과 거리는 어느 정도인지, 평가실 타이머는 잘 보이는지 미리 확인할 수 있었어. 그러고는 자리에 앉아서 챙겨 온 자료를 쭉 봤는데, 과정안과 심층 면접은 암기한다고 되는 게 아니고 가져간 자료도 별로 없어서 금방 보고는 가방에 넣어버리고 남은 시간 동안 떨리는 마음을 가라앉히는 데 집중했지.

8시 20분이 되니 감독관님들이 들어오셔서 전자기기를 수거하고 시험 방식이랑 유의 사항을 안내해 주셨는데, 그때부터 수능 1교시 시작하기 전처럼 긴장감이 확 올라오더라. 그렇게 긴장된 마음으로 기다리니 어느덧 9시 10분이 되었고 과정안 시험이 시작됐어. 과정안 시험은 1시간이 어떻게 지나갔는지 모를 정도로 정신없이 지나가 잘 기억이 나진 않아. 프로젝트 수업이라는 조건이 생소해서 순간 당황했지만, 막상 써보니 어렵지 않아서 55분 만에 쓰고, 남은 5분 동안 검토하면서 알아보지 못할 글씨가 없는지, 누락한 조건이 없는지 꼼꼼히 확인했지. 과정안 시험도 교직 논술과 마찬가지로 문제 조건을 충족하는 것이 가장 중요하니까, 시간이 남으면 꼭 조건을 다시 확인해보길 바라.

이후 10시 20분부터 이른 점심을 먹은 뒤 1일 차 관리번호를 뽑았어. 제발 앞번호가 나오길 기도했지만, 쪽지를 펴보니 17이 적혀있더라. 평소에도 뽑기 운이 안 좋아서 어느 정도 예상은 했었는데, 그때부터 3~4시간 동안 아무것도 안 하면서 버티는 건 생각보다 훨씬 힘들었어. 나보다 뒷번호였던 사람들은 관리번호대로 자리를 재배치하자마자 엎드려 잤고, 나도 1시간 넘게 잤지. 그러고도 1시간 반 넘게 남아 그때부터는 아침에 봤던 '심층 면접 체크리스트'를 머릿속으로 무한히 되뇌었어.

그렇게 1시간 반이 더 흘러 마침내 17번 차례가 되었고, 나는 모든 짐을 챙겨 복도에 두고 구상실로 들어갔지. 구상실에서는 긴장한 탓인지 구상을 제대로 끝내지도 못했는데 5분이 훅 지나가 있더라. 불안한 상태로 구상형 면접실에 최대한 차분히 답변을 시작했는데, 갈수록 평가관 표정이 점점 굳어지는 게 보여서 이때 멘탈이 확 무너졌어, 그 여파로 자신감을 상실한 채 즉답형 면접실에 들어갔는데, 다행히 그 평가관님께서는 밝게 웃어주셨고, 덕분에 어느 정도 만회해서 40점 만점에 2.48점밖에 안 깎일 수 있었던 것 같아. 이 경험을 토대로 강조하고 싶은 건, 평가관 표정에 절대 흔들리지 말라는 거야. 혹여 평가관이 인상을 찌푸리거나 눈을 마주치지 않아도 결코 네 답변이 이상해서가 아니니, 준비한 대로 차분히 답변을 이어 나가길 바라.

2일 차

둘째 날은 전날 이미 대기실•구상실•평가실을 모두 봤기에 굳이 일찍 갈 필요 없겠다 싶어 7시 50분쯤 도착했어, 자리에 앉아서는 8시 20분까지 영어 만능틀과 피드백 내용을 봤는데, 전날 저녁에 이미 무한 반복했던 내용이라 금방 질리더라. 그러면서도 한편으로는 오늘이 임용고시 마지막 날이라는 생각에 설레기도 했어.

8시 20분이 되니 전날과는 다른 감독관님이 들어오셔서 2일 차 시험 유의 사항을 알려주셨고, 곧바로 2일 차 관리번호를 추첨했어. 이번에는 꼭 앞번호를 뽑길 바랐지만 역시나… 내 손은 12번이 적힌 쪽지를 뽑았고, 그때부터 5시간이 넘는 기나긴 대기가 시작되었지. 8번 이후부터는 점심시간도 1시간 있고, 중간중간에 감독관 쉬는 시간도 있어서 예상보다 실제 대기시간이 더 길었어. 체감상 내 인생에서 가장 느리게 간 5시간이었는데, 14시가 넘어 결국 내 차례가 오긴 오더라.

내 차례가 되자 1일 차 때처럼 짐을 다 챙겨 복도에 두고 수업 실연 구상실로 들어갔어. 문제에서 다른 조건은 비교적 무난했는데, '2학년 대상 수업'이라는 부분이 좀 당황스러웠지. 1~2학년 학생들을 대상으로 실연하는 조건은 기출문제에서도 본 적이 없고 연습문제로도 거의 못 봤거든. 다행히 공부하면서 '저학년을 대상으로 실연하는 조건이 나온다면 어떤 발문을 써야 할까'하고 생각해본 적이 있어서 비교적 수월하게 할 수 있었지, 만약 아무 대비 없이 시험장에서 처음 마주했다면 꽤 힘들었을 거야.

그렇게 구상한 대로 면접실에 들어가 실연한 뒤 자리에 앉아 반성적 성찰 문제를 폈는데, 구상실에서 예상했던 문제가 그대로 나온 거야, 덕분에 생각할 시간을 가질 필요 없이 바로 답변을 시작했고, 나름 만족스럽게 끝냈는데도 시간이 30초가량 남더라. 그래서 이럴 때를 대비해 준비해 둔 멘트를 하니 딱 맞게 끝나더라.

수업 실연이 끝나자마자 영어 구상실에 들어갔는데, 자리에 앉자마자 심히 당황스러웠어. 심층 면접이랑 수업 실연은 문제지가 단면이라 여백이 넉넉해 구상지로 쓸 수 있었는데, 영어문제지는 양면이라 쓸 자리가 거의 없는 거야. 그래서 남은 빈칸에 어떻게든 적긴 했는데, 실연할 때 어차피 안 보일 것 같아서 면접실에 들어가서는 아예 구상지를 내려놓고 시작했어. 돌이켜 생각해보면 '내가 무슨 배짱으로 그랬나' 싶긴 한데, 아마 직전에 수업 실연을 잘 봤다는 생각 때문에 괜히 자신감이 붙었던 것 같아. 결과적으로 만점을 받았으니 다행이지만….

둘째 날 고사장을 나설 땐 후회 없이 내가 할 수 있는 건 다 했다는 생각이 들었고, 그게 그대로 점수로 이어져 수업 실연과 영어 모두 만점을 받을 수 있었던 것 같아. 이를 통해 확실히 느낀 건, 수업 실연은 현직 교사처럼 얼마나 유창하게 수업하는지를 평가하는 시험이 아니라는 거야. 그저 내가 준비한 나만의 수업을 후회 없이 보여주는 게 제일 중요함을 그제야 비로소 깨달았지.

그러니까 2차 시험을 준비할 때 유튜브에 있는 다른 현직 교사들의 실연 영상이나 동기들 하는 거 보면서 '나는 저렇게 못 하는데'하고 위축될 필요 전혀 없어. '저건 저 사람의 수업 스타일이고 나는 나만의 수업 스타일이 있는 거야. 내가 준비한 걸 그대로 보여주면 충분히 합격할 수 있으니까 믿고 해보자'라는 마음가짐만 있으면 너도 충분히 만점 받을 수 있으니까, 끝까지 포기하지 말고 도전해보길 바라!

두 번째 후기 : Ready, Get, Set, Go!

1일 차

첫날에는 아침 7시 30분쯤 고사장에 도착했어. 여러 가지 변수를 줄이고, 학교까지 조용하게 가고 싶어서 아침 일찍 택시를 타고 갔지. 학교에 도착해서 대기실을 찾아가는데, 학교 건물이 크기도 하고, 내 고사장이 제일 구석에 있어서 고사장을 찾아가는 데에 생각보다 꽤 오래 걸렸어. 시험 당일 어떤 일이 생길지 모르니, 만일을 대비해서 최대한 여유롭게 시간을 잡고 가는 걸 추천할게~

대기실에 도착해서 내 자리를 찾고, 바로 구상실과 면접실을 보러 갔어. 구상실과 면접실은 각각 대기실 옆에 나란히 있었지. 미리 구상실과 면접실에 들어가 분위기를 살피고, 면접관과 나의 거리가 어느 정도 되는지, 시계는 어떻게 생겼는지 등을 확인했어. 나 말고도 많은 분들이 구상실과 면접실 구경을 구경하더라고. 마음의 안정을 위해서 시험 시작 전, 꼭 면접실에 꼭 들어가 보기를 바라.

드디어 2차 시험의 첫 관문인 과정안! 문제지를 받자마자 차분하게 조건부터 파악했지. 1-2학년군이 과정안 대상 학년으로 나와서 생각보다 수업 내용은 간단하겠다고 생각했어. 또, 당시 핫했던 '탐구 질문'이 조건으로 나왔는데 '이게 수업 실연이 아니라 과정안에서 나온다고?' 라고 생각하며 반가운 마음이 들기도 했지. 과정안을 쓰다 보니 실전이어서 조금 더 신중하게 쓰게 되어 그런지, 평소보다 시간이 아슬아슬했어.

그리고 나는 첫날, 이튿날 모두 긴장하지 않기 위해 '인데놀'을 먹었어. 인데놀은 긴장, 떨림을 완화하기 위해 병원에서 처방받을 수 있는 약이야. 약 효과가 1~2시간 이내 나타나기 때문에, 혹여 면접 앞 순서로 뽑힐 것을 대비해서 첫날에는 과정안을 쓰고나서 바로 하나 복용했어. 만약 평소에 긴장이 심하다면, 시험 전 스터디나 멘토링을 할 때 시험 삼아 한번 인데놀을 처방받아 먹어보고, 자신과 잘 맞는다면 시험장에 가져가도 좋을 것 같아!

과정안을 무난하게 끝내고 주위를 둘러보니 다들 밥을 먹는 분위기였어. 아직 오전이라 배는 그렇게 고프지 않았지만, 이때 아니면 먹을 타이밍이 없을 것 같아서 챙겨온 유부초밥을 꺼냈지. 다른 사람들도 샌드위치나 유부초밥 등 간단히 먹을 것을 많이 챙겨왔고, 도시락이나 편의점 음식을 가져온 사람들도 있었어. 점심으로는 평소에 자신이 자주 먹던 메뉴나 속 편한 음식을 챙겨가길 바라~

밥을 먹고 나서 잠시 대기를 하다가 심층 면접 순서를 뽑았어. 아마 2차에서 가장 떨리면서 기대되는 순간 중 하나가 이때가 아닐까 싶어. 순서대로 앞으로 나와서 번호를 뽑는데, 나는 제발 뒷 순서만은 아니기를 빌었어. 기다리는 데 체력적으로 너무 힘들 것 같았거든. 앞 사람들이 15번, 16번, 17번과 같은 비교적 뒷번호를 뽑아가서, 나는 비교적 안심하며 번호표를 뽑았고, 다행히 내가 바라고 바랐던 관리번호 '5번'을 뽑을 수 있었어. 스터디에서 자주 사용했던 관리번호라서, '하늘은 역시 내 편이군.' 생각하고 심층 면접에 들어갔어.

심층 면접은 구상형, 즉답형 순으로 진행되었어. 먼저 구상형에서는 왠지 이번에 시책이 나올 것 같아서 전날 시책을 많이 보고 갔는데, 마침 예상대로 시책이 나와서 비교적 쉽게 답변을 구상할 수 있었어. 시책 스터디원이랑 함께 시책 챕터별로 키워드를 뽑아두고, 시책 답변 만능틀로 만들어 둔 게 큰 도움 되었던 것 같아. 이후 즉답형을 하러 다음 면접실에 들어갔어. 평소에도 즉답형에 약하다고 생각했지만(사실 누구나 즉답형에 약하겠지만….) 즉답형 첫 문제부터 학부모 전화 상담 시연 문제가 나와서 '헉!' 했어. 마음속으로 정말 많이 당황했지. 하지만 그 순간에도 시간은 흐르고 있었기 때문에, 당황함은 뒤로 하고 어떻게든 빠르게 답변을 구상했어. 평소 공부했던 상담 기법을 떠올리며 어색한 연기를 펼친 후… 첫 번째 답변을 무사히 마쳤어. 두 번째 문제는 가짓수를 채워야 하는 문제였는데, 답변에서 가짓수를 채우는 거에 초점을 맞추며 무난하게 답변한 것 같아.

2일 차

둘째 날에도 아침 일찍 학교에 도착했는데, 첫째 날과 달리 구상실과 대기실에 출입 금지 팻말이 붙어 있었어! 이날은 수업 실연, 영어 수업 실연, 영어 면접이 연달아 진행되기 때문에, 9시 전에 바로 관리번호를 뽑았어. 이번에는 행운의 7번이었지. 내 차례를 기다리는데, 마침 관리번호 6번과 7번 사이에 점심시간이 있었어. 그래서 나는 점심 직후에 면접실에 들어가게 된 거야. 그때 '면접관분들도 식사 후라 기분이 좋아서 점수를 잘 주시지 않을까?' 하고 최대한 긍정적으로 생각해 봤어.

점심을 먹고 수업 실연 구상실에 들어갔는데, 이번 수업 실연 차시는 6학년 국어와 실과 수업을 융합한 진로 탐색 관련 차시였어. 이번에도 구상실에 들어가 혼자 구상하는데, 수업 실연 구상 시간은 20분으로 구상 시간 중 가장 길지만 정말 빨리 가더라고~

실연실에 들어가니 면접관 세 분 모두 따뜻하게 맞아주셨어. 임용고시 2차 후기들을 읽어보면 '면접관들이 지루해 보였다, 면접관들이 졸았다.'라는 내용이 많아 걱정이 많았는데, 나는 1

일 차와 2일 차 모두 생각보다 면접관들이 따뜻한 눈빛으로 집중해주셔서 감사했어. 중간에 문제 조건에 포함된 인쇄, 영상, 인터넷 매체 활용 중 '인터넷 매체'를 빼먹을 뻔했는데, 중간에 다시 생각나서 다른 부분에 즉흥적으로 활용하기도 했어! 이렇게 2차에는 유연하게 대응하는 태도도 중요한 것 같아.

영어 수업 실연과 영어 면접으로는 비교적 무난한 문제가 나왔어. 특히 영어 면접은 전날 저녁에 연습했던 문제가 그대로 나와서 정말 신기했어. '좋은 수업이 무엇인지', 그리고 '좋은 수업을 위한 활동 두 가지를 말하라'는 질문이었는데, 나는 좋은 수업이란 학습 목표를 달성하는 수업이라고 답했고, 활동 두 가지는 평소 준비해 두었던 만능 활동 답변을 활용했어.

영어 수업 실연에서는 평소 연습했던 말하기 차시 활동에다 문제에서 요구하는 조건들(ex: 3 dollor → 3 dollars 오류 수정 등)을 추가해서 수업을 진행했어. 영어 면접에서 특징이 있다면 면접관들은 수업 실연이나 심층 면접 때보다 전반적으로 조금 더 젊으신 느낌이었어. 또 무엇보다 영어 수업 실연과 영어 면접은 감점 폭이 크지 않다는 걸 알고 있었기 때문에 크게 긴장하지 않고 차분하게 잘 볼 수 있었어!

그렇게 2차 시험을 마치고 나니 마음이 정말 후련했어. 1년 동안의 긴 여정이 끝났다는 생각에 설레기도 하고, 한편으로는 살짝 허무하기도 했지. 시험을 마친 뒤에는 포토이즘에 가서 사진도 찍고, 맛있는 저녁도 먹으면서 하루를 마무리했어.

이 글을 읽고 있는 누군가가 지금 2차를 준비하고 있다면, 끝까지 자신을 믿고 긍정적인 마음으로 준비했으면 해. 너라면 분명 합격할 거야. 파이팅!

시험 당일에 촬영한 면접실과 대기실 사진

세 번째 후기 : 같이 가는 길, 혼자 서는 순간

1일 차

나는 2차 시험 준비할 때 학교 기숙사에 살고 있었는데, 룸메이트 및 과동기와 시험장이 같아서 같이 택시를 타고 갔어! 7시 10분에 택시를 예약해두고 추운데 떨면서 택시 타러 나갔던 기억이 나. 같이 시험 치는 동기들이랑 같이 가니까 조금 덜 떨리고 안심되기도 하더라고. 만약 기숙사에 살고 있으면 친한 사람들과 함께 가는 것도 좋은 것 같아. 학교 건물이 1자로 긴 형태여서 다른 대기실과 구상실, 면접실을 지나쳐 내 대기실로 갔어. 과 동기랑은 면접실도 똑같아서 소곤소곤 말하다 보니 긴장도 조금 풀리더라. 대기실에 들어가서 수험번호순으로 정해진 자리에 앉고, 짐 정리하고 화장실 한 번 갔다 준비해온 자료를 조금 살펴보고 있으니 다른 사람들도 속속 도착하더라고.

첫날 1교시는 과정안 시험! 속으로 자주 하는 실수, 나만의 만능틀을 한 번 더 생각하면서 답안지, 시험지를 받고 풀기 시작했어. 1-2학년군 통합교과 문제가 나와서 낯설게 느껴지고 조금 당황했던 것 같아. 그래도 일단 시간 안에 빠르게 써야 하니까 당황은 접어두고 할 수 있는 만큼 최선을 다해 쓰고, 끝나니 조금 이른 시간에 점심시간이 있었지. 나는 기숙사생이어서 학교 근처에서 전날 사두었던 샌드위치를 들고 가서 먹었어. 먹고 나서는 작은 간식들 조금 까먹으면서 긴장도 좀 풀고, 화장도 좀 고치고 신발도 이제 구두로 갈아신고 면접을 준비했어.

점심시간이 끝나고 종이 친 후, 관리번호를 추첨했어. 나는 수험번호순으로는 자리가 뒤쪽이어서 관리번호를 끝에서 두 번째로 뽑았는데 11번으로 중간보다 조금 뒷번호를 뽑았어. 조금 긴장해서 너무 앞번호는 아니었으면 좋겠다고 생각하면서 뽑았는데(어차피 남은 번호도 11번과 다른 한 번호밖에 없었지만….) 그나마 둘 중에는 원하는 번호가 나와서 다행이었어. 번호 추첨이 끝나자 교실 앞문 쪽부터 1번으로 시작해서 자리 배치를 바꿔 앉았어. 앉아서 잠깐 화장도 고치고, 물도 마시고 긴장 풀려고 노력하면서 머릿속으로는 시책 내용을 계속 생각하고 있었지. 면접 중간중간에 면접관 쉬는 시간이 있어서, 그 시간 동안에는 긴장도 풀고, 가방에 가서 간식이나 파우치도 가지고 오고 했던 것 같아. 그러다 시간이 지나 점점 왼쪽에 앉아있던 사람들이 없어지고 내 차례가 다가왔지.

대기실에 들어가서 시계를 확인하고, 안내에 따라 문항지를 펼쳤더니 딱 어제! 룸메이트랑 같이 공부했던 시책 문항이 나왔어. 다행이다 생각하면서 열심히 구상지에 답할 내용을 정리해서 적고 시간이 다 되어서 면접실로 이동했어. 구상형은 무난하게 잘 답변한 것 같은 느낌이 든 채 즉답형을 펼쳤는데, 헉… 전화로 상담하는 걸 시연하는 문항이 있는 거야. 너무 당황해서 즉답 1번 문항 구상하는 데 시간을 평소보다 많이 썼던 것 같아. 어찌어찌 시연하고, 두 번째 즉답 문항을 보는데 시간이 너무 부족한 거야…. 정말 당황스러워서 딱 가짓수만 간신히 채우고, 시간 거의 다 되어서 문장만 마무리하고 인사하고 나왔던 것 같아. 괜히 싱숭생숭한 마음에 학교로 돌아오면서 좀 심란하더라. 그 와중에 시험장 교문을 나와 지하철역 가는 도중 사이비에 붙잡히기도 했어. 다른 친구들도 비슷한 경험을 많이 했더라…. 사이비 외에도 교직원 카드를 만들라는 등 교문에서 임고생을 붙잡는 사람들이 많은데, 카드는 나중에 합격하고 만들어도 전혀 늦지 않으니 2차 시험 마치고는 곧장 기숙사로 가는 게 상책이야. 기숙사에 도착해서는 최대한 푹 쉬고, 저녁 먹고 나서 수업 실연 문항, 영어 수업 실연/면접 문항 하나씩 구상만 해보고 일찍 잠에 들었어.

2일 차

2일 차도 전날과 똑같은 멤버로 택시를 타고 시험장으로 이동했어. 둘째 날은 고사실에서 시간이 더 오래 걸려서, 너무 오래 기다리지 않고 집에 가서 쉬고 싶었어. 그래서 최대한 빠른 번호를 뽑고 일찍 나오고 싶다는 마음으로 룸메이트 언니, 과 동기랑 서로 앞번호를 뽑을 수 있길 기원하면서 고사실에 들어갔지. 전날과 똑같이 수험번호순으로 앉고, 다 착석한 뒤에 관리번호를 뽑는데, 이튿날은 전날과 반대 순서로(첫날은 앞문 쪽 앞부터 뽑았는데, 이튿날은 창측 앞부터) 관리번호를 뽑더라고! 그래서 오…! 오늘은 내 손으로 관리번호를 결정하는구나 하면서 번호를 뽑았고, 뽑아보니 4번이라 엄청 다행이다 싶었어. 4번이면 점심 먹기 전에 집에 갈 수 있겠다~ 하면서 기분 좋게 짐을 옮기고 대기했지.

이후 내 차례가 되어 구상실에 들어가 수업 실연 문항을 펼쳤는데, 예상치 못한 실과 문항이 나왔지만 많이 연습한 대로 구상하고, 구상한 대로 수업 실연을 했어. 수업 실연할 때는 스터디할 때 많이 지적받던 표정과 텐션을 계속 유지하려고 노력했던 기억이 나. 실연과 반성적 성찰까지 마치고 영어 수업 실연을 하러 이동하는데, 전날보다는 잘 해낸 것 같아서 안심되기도 하고, 이것만 하면 집에 간다는 생각에 조금 들뜨는 기분이 들더라. 영어 수업 실연도 낯선 주제가 나왔지만…! 이것만 해내면 집에 간다는 생각에 마지막 남은 텐션까지 끌어올렸어.

영어 면접까지 마치고, 시험장을 나와서 룸메이트랑 동기들과 연락했는데 둘 다 1번, 2번을 뽑아서 벌써 카톡이 와있었어. 나도 스터디원들에게 연락 간단하게 남기고 집에 가서 두 발 뻗고 정말 마음 편히 쉬었어. 드디어 임용고시를 끝냈다고 생각하니 너무너무 후련하더라!

2장

심층 면접

수업 실연과 영어는 어디서부터 손대야 할지조차 모르겠고, 심층 면접이 그나마 나아 보이는데 이마저도 어디서부터 시작해야 할지 막막하지? 시책이라는 걸 공부한다고는 하는데 정작 내년도 시책은 아직 나오지도 않았고 올해 시책을 보니 100페이지가 넘네? 정말 이걸 다 외워야 할까? 누가 제발 아니라고 얘기해줘!

심층 면접 심층 분석 & 10가지 레슨

심층 면접 진행 방식

심층 면접은 크게 **구상형 문항**과 **즉답형 문항**으로 나뉘어. 문항이 어떤 형태로 출제되는지는 2~3장에 수록된 '심층 면접 예상 문제 & 문제 해설'을 보면 알 수 있으니 참고하면서 아래 내용을 읽어보면 머릿속에 잘 들어올 거야.

구상형 문항은 구상실에서 정해진 시간 동안 미리 답안을 준비한 뒤, 평가실에 들어가서 구상한 내용을 바탕으로 답변하는 방식이야. 이때 구상실에는 종이와 펜이 비치되어 있고, 작성한 종이는 평가실로 가져가서 답변할 때 볼 수 있어. **즉답형 문항**은 구상 시간 없이 평가실에서 문제를 보고 곧바로 답변하는 형식이야. 문제를 읽고 생각하는 시간이 면접 시간에 포함되고, 면접관 앞에서 긴장된 상태로 문제를 읽다 보니 문항은 비교적 짧지만, 압박감은 훨씬 더 크게 느껴지지.

기본적인 면접 절차는 비슷하지만, 응시 지역마다 평가실 구성, 구상 시간, 면접 시간 등이 조금씩 달라. 예를 들어, 서울은 구상형 문항을 평가실 1에서 답변한 뒤 평가실 2로 넘어가 즉답형 문항을 답변하지만, 경기는 한 평가실에서 15분 안에 구상형 세 문항과 즉답형 두 문항을 모두 답변해야 해서 알아서 시간을 적절히 배분해야 해. 또, 같은 지역이라도 매년 조금씩 바뀌어. 예컨대 서울의 즉답형 답변 시간은 2021학년도까지 6분이었지만 2022학년도부터는 5분으로 줄었어. 그래서 반드시 1차 합격 발표 당일에 교육청별로 올라오는 '제2차 시험 시행계획 공고'를 확인해 작년과 달라진 점이 없는지 직접 살펴봐야 하지.

2025학년도 서울, 경기 심층 면접 진행 순서

	구상실		평가실 1		평가실 2
서울	구상형 문항 1개 구상 시간 10분	⇨	구상형 문항 1개 답변 시간 5분	⇨	즉답형 문항 2개 답변 시간 5분
	구상실		평가실		
경기	구상형 문항 3개 구상 시간 15분	⇨	구상형 문항 3개 즉답형 문항 2개 답변 시간 15분		

심층 면접, 어떻게 공부할까?

면접은 범위가 방대하고 어떤 주제로 출제될지 아무도 몰라서 적중하는 게 거의 불가능해. 그 말은 우선 남들이 준비하는 만큼 최선을 다해서 해보되, 출제 가능성이 높은 내용을 달달 외우기보다 어떤 문제가 나오더라도 유연하게 대처할 수 있는 능력을 갖추는 방향으로 대비해야 한다는 거야. 그러면 어떻게 공부해야 이러한 능력을 갖출 수 있을까?

시책을 공부하자

서울시교육청에서 안내한 '2025학년도 제2차 시험 시험계획 공고'에 나온 '교직 적성 심층 면접' 출제 범위를 보면 '교사로서의 적성, 교직관, 인격 및 소양, 서울교육 주요 정책'이라고 나와 있어. 이중 '서울교육 주요 정책'에 해당하는 부분이 바로 '시책'으로, 출제 범위에도 대놓고 나와 있고 중요한 만큼 2차 시험을 준비하는 모든 수험생들 이 시책을 바탕으로 심층 면접을 대비해. 시책 관련해서는 해줄 말이 많아서, 다음 장(**2-2장**)에서 자세히 설명해줄게.

만능 답변을 준비하자

심층 면접 문제를 풀다 보면, 특정 상황에서 신규 교사가 할 수 있는 노력이나 교사로서 역량을 기르는 방안을 묻는 문항이 자주 출제돼. 이처럼 자주 출제되는 주제나 유형은 만능 답변을 미리 만들어 두면, 언제 어떤 문제가 나오더라도 응용해서 쓸 수 있지.

만능 답변으로 자주 쓰이는 문장으로는 다음과 같은 것들이 있어.

- 독서를 통해 교사로서의 역량을 기르겠다.
- 교원 연수에 참여하여 전문성을 높이겠다.
- 교원학습공동체에 참가하여 필요한 역량을 함양하겠다.
- 선배 교사에게 도움을 요청하고, 동료 교사와 협업하여 문제를 해결하겠다.

만능 답변을 활용하면 면접에서 아예 대답조차 못 하는 최악의 상황을 면할 수 있어, 하지만 모든 수험생이 비슷하게 답변하는 만큼, 높은 점수를 기대하기는 어려워. 그래서 만능 답변을 준비할 때는 **나만의 차별화된 포인트**를 꼭 추가해서 답변에 구체성을 높여야 해. 예를 들어 '교원 연수에 참여하여 전문성을 높이겠다'고 한다면, 구체적으로 어떤 연수에 참여할 계획인지, '교원학습공동체에 참여하겠다'라면 어떤 주제나 방식으로 운영할지 생각해 뒀다가 답변의 논거로 활용하면 훨씬 설득력 있고, 더 좋은 점수를 기대할 수 있겠지? (이 중 연수 및 교원학습공동체 운영 방식과 관련해서는 각각 **6-3장**의 **Q1. Q2**를 참고해~)

스터디를 적극적으로 활용하자!

일반적으로 심층 면접 스터디는 기출문제나 예상 문제를 토대로 돌아가며 답변한 후, 서로 피드백을 주고받는 방식으로 진행돼. 나는 한 번 스터디할 때 구상형은 한 문제씩 준비해 정해진 시간 동안 함께 구상했고, 즉답형 문항은 인원수에 맞춰 각자 하나씩 준비했어. 예를 들어, 3명인 스터디에서 한 텀을 돌릴 때 구상형 문항 1세트와 즉답형 문항 3세트를 준비했지. 이렇게 한 이유는 구상형 문항의 경우 다른 사람의 답변을 들어도 내가 이미 구상해둔 내용이 있으니 영향을 덜 받아. 하지만 즉답형 문항은 다른 사람의 답변을 들으면서 어떤 문제인지 대충 알게 되고, 그 순간 즉답형의 의미가 사라지기 때문이야.

아래 표는 2025학년도 기준, 각각 서울 3명과 경기 3명 스터디를 기준으로 한 심층 면접 진행 순서 예시야. (즉답형은 두 문항을 한 세트를 보고 Set 1, 2, 3으로 분류했어.)

서울 3인 기준 심층 면접 스터디 진행 순서

<table>
<tr><th>스터디원</th><th colspan="7">(약 70분 소요)</th></tr>
<tr><td>A</td><td rowspan="3">구상형
문항 구상
(10분)</td><td>구상형 문항
답변 (5분)
즉답형 Set 1
답변 (5분)</td><td>피드백
듣기
(10분)</td><td>B
피드백 작성</td><td>B
피드백
전달</td><td rowspan="2">C
피드백 작성</td><td rowspan="2">C
피드백
전달</td></tr>
<tr><td>B</td><td rowspan="2">A
피드백 작성</td><td rowspan="2">A
피드백
전달</td><td>구상형 문항
답변 (5분)
즉답형 Set 2
답변 (5분)</td><td>피드백
듣기
(10분)</td></tr>
<tr><td>C</td><td>B
피드백 작성</td><td>B
피드백
전달</td><td>구상형 문항
답변 (5분)
즉답형 Set 3
답변 (5분)</td><td>피드백
듣기
(10분)</td></tr>
</table>

경기 3인 기준 심층 면접 스터디 진행 순서

<table>
<tr><th>스터디원</th><th colspan="7">(약 90분 소요)</th></tr>
<tr><td>A</td><td rowspan="3">구상형
문항 구상
(15분)</td><td>구상형 문항,
즉답형 Set 1
함께 답변
(15분)</td><td>피드백
듣기
(10분)</td><td>B
피드백 작성</td><td>B
피드백
전달</td><td rowspan="2">C
피드백 작성</td><td rowspan="2">C
피드백
전달</td></tr>
<tr><td>B</td><td rowspan="2">A
피드백 작성</td><td rowspan="2">A
피드백
전달</td><td>구상형 문항,
즉답형 Set 2
함께 답변
(15분)</td><td>피드백
듣기
(10분)</td></tr>
<tr><td>C</td><td>B
피드백 작성</td><td>B
피드백
전달</td><td>구상형 문항,
즉답형 Set 3
함께 답변
(15분)</td><td>피드백
듣기
(10분)</td></tr>
</table>

나만의 교직관을 확립하자

임용고시는 내일 당장 교단에 서도 괜찮을 만큼 준비된 예비교사를 선발하는 시험이야. 1차 시험에서는 예비교사로서 학생들에게 가르칠 내용을 얼마나 잘 숙지하고 있는지 지적인 능력을 평가했다면, 심층 면접에서는 지원자가 평소 교직에 대해 얼마나 깊게 생각해 봤는지를 주로 본단 말이지. 그래서 면접을 준비할 때는 나만의 교직관을 확립하는 것이 정말 중요해. 그러면 교직관을 확립하려면 어떻게 하면 좋을까?

❶ 글이나 마인드맵으로 정리하기

평소 머릿속에만 있던 생각을 글로 써보면 교직관을 확립하는 데 큰 도움이 돼. 머리로는 알고 있지만 막상 말로 설명하라고 하면 어려울 수 있는데, 글로 써서 정리하다 보면 내가 어느 부분을 말하기 어려워하는지를 확인할 수 있지. 또한, 심층 면접을 준비하면서 교직관을 수정·보완할 때도 글로 기록해두면 훨씬 편해. 만약 글쓰기가 부담스러우면 마인드맵을 활용하는 것도 좋은 방법이야, 예를 들어 '협력,' '봉사,' '성장'과 같은 키워드를 중앙에 적고, 그와 관련된 경험이나 해당 키워드를 활용한 문제를 만들어 정리해보면서 대처 능력을 기를 수 있지.

❷ 교직 관련 책 읽기

심층 면접을 준비하면서 교직 관련 책을 읽는 것도 좋은 공부 방법이야. 찾아보면 현직 교사들이 직접 현장 경험을 담아 집필한 책이 여러 권 있는데, 읽으면서 내 생각을 간단히 메모해두면 나중에 면접 답변에 활용하기 좋지. 나는 읽었던 책 중, 선배 교사가 선물해준 권영애 선생님의『그 아이만의 단 한 사람』이 아직도 기억에 남아. 평소 책 읽기를 좋아한다면 1차 준비할 때 시간이 없어 못 읽었던 책들을 2차 준비하면서 많이 읽어보고, 책을 멀리했던 사람들도 이번 기회를 통해 책과 조금 더 가까워지는 계기가 되길 바라.

❸ 지금까지 내가 걸어온 길 돌이켜보기

면접 답변에서 나의 경험을 온전히 녹여내는 것만큼 설득력 있는 답변이 또 있을까? 그런데 1차 시험을 준비하면서 워낙 많은 자료를 머릿속에 쑤셔 넣다 보니 교대 입시를 준비하면서 했던 여러 활동이나 교대에서 실습 및 과제 하면서 쌓았던 경험을 많이 잊어버렸을 거야. 그래서 지금껏 내가 살면서 했던 활동을 차분히 되돌아보면서 면접에서 활용할 수 있는 경험을 추려두면 좋아. 찾아보면 내가 이런 걸 했나 싶은 자료들도 있고 추억이 새록새록 떠오르니 시험 전에 한 번쯤은 꼭 '추억 여행'을 떠나보길 바라.

❹ 교직관 문항 답변해보기

이 책의 곳곳에도 여러 교직관 문항이 수록돼 있어서, 이 문항들을 풀다 보면 생각의 폭이 넓어지고, 답변이 더 풍부해질 거야. 또한, 직접 문항을 만들어 답변까지 정리해보는 걸 강력히 추천해. 문항을 만드는 과정에서 출제자의 관점을 이해하고, 의도를 파악해볼 수 있기 때문이지. 아래는 내가 심층 면접을 준비하면서 만들었던 교직관 문항 예시들이야. 이런 식으로 매일 2~3개씩 질문을 직접 만든 뒤, 스스로 답변을 작성하면서 정리해보길 추천해.

교직관 문항 예시	
Q1	본인이 가장 존경하는 교육학자는 누구인가요?
Q2	교사로 나만의 장점(혹은 특기)는 무엇인가요?
Q3	교사로서 이루고 싶은 중·장기 목표는 무엇인가요?
Q4	'나는 [ ] 교사다'라는 문장에서 [ ]를 채워 넣는다면?
Q5	본인이 교사를 꿈꾸는데 가장 큰 영향을 준 인물은 누구인가요?
Q6	본인의 성장 과정에서 기억에 남는 갈등 해결 경험은 무엇인가요?
Q7	본인이 감명 깊게 읽은 책 한 권과 그 책이 본인에게 미친 영향은?
Q8	본인이 가진 좋은 습관 1가지와 나쁜 습관 1가지는 각각 무엇인가요?
Q9	교원 연수를 통해 특별히 배우고 싶거나, 전문성을 기르고 싶은 분야는?
Q10	특정 과목에 흥미를 못 느끼거나, 싫어하는 학생을 어떻게 지도할 것인가요?

자주 나오는 주제는 서론을 미리 준비해보자

심층 면접 문제를 많이 풀다 보면, 학교폭력, 4차 산업혁명, 인성 교육, 생태전환교육처럼 단골로 출제되거나 나올 가능성이 높은 주제들이 있어. 이런 주제는 서론을 3~4문장 정도로 미리 준비해 두면 구상실에서 구상 시간을 줄일 수 있지. 물론 상황에 맞춰 즉석에서 답변할 수도 있겠지만, 좋은 아이디어가 바로바로 떠오르지 않을 때도 있고, 준비할 때 해볼 수 있는 건 다 해보는 게 좋으니까. 아래는 내가 실제로 만들었던 주제별 서론 예시니까 참고해 봐!

주제	서론 예시
학교폭력	학교는 학생들이 집 다음으로 오래 있는 공간이자, 성장과 발달을 최우선 목표로 두는 공간입니다. 이런 학교에서 학교폭력이 발생하면, 피해 학생은 평생 지울 수 없는 상처를 안고 살아가게 됩니다. 따라서 학교는 학생들이 안전하게 성장할 수 있도록 보호할 의무가 있으며, 그 책임은 교원에게도 있습니다.
생태전환교육	18세기 영국에서 산업혁명이 시작된 이후 인류는 비약적인 발전을 거듭해왔지만, 그 이면에는 환경 파괴 외 자연 훼손이라는 부작용이 쌓여왔습니다. 그리고 지금, 그 결과가 부메랑으로 돌아와 인류를 위협하고 있습니다. 이에 우리는 인간과 자연이 공존하며 과학기술이 지속 가능하게 발전하는 방향을 모색해야 합니다. 이것이 최근 생태전환교육이 대두되는 이유이며, 초등학교 교육에서부터 필수적으로 이뤄져야 하는 이유입니다.

면접 시간이 남았을 때 할 수 있는 멘트를 생각해 두자

답변하다 보면 면접 시간을 정확히 맞추기가 쉽지 않아. 만약 시간이 1분 이상 남으면 '잠시 생각을 정리한 뒤 답변드리겠습니다'라고 말한 후 답변을 보충할 수 있지만, 20~30초 애매하게 남으면 말하다 끊길까 봐 불안하지. 그렇다고 답변 시간이 남았는데 면접을 그대로 끝내는 건 절대 좋은 선택이 아니야. 어떻게든 하나라도 더 답하려는 모습에서 간절함이 느껴지고, 면접관도 끝까지 노력하는 사람에게 마음이 더 갈 수밖에 없거든. 그래서 면접 시간이 조금 남았을 때 마지막으로 나를 어필할 수 있는 멘트를 준비해 가면 좋아. 이때는 주로 신규 교사로서의 포부나 어떤 교사가 되기 위해 노력하겠다는 다짐을 준비해 가면, 어떤 문제에서든 자연스럽게 연결할 수 있어. 물론, 준비한 멘트를 하려다가 답변 시간이 넘을 것 같다면 억지로 할 필요는 없지만, 하고 나면 후회 없이 답변했다는 생각이 들 거야.

현직 교사가 주는 Lesson 10가지

내가 임고생을 100명 넘게 피드백하면서 자주 해주었던 피드백을 모아봤어. 스터디원끼리 심층 면접 피드백을 주고받을 때 이러한 포인트를 중심으로 해주면 훨씬 효과적이겠지? 그러면 지금부터 레슨 들어간다!

Lesson 1 : 문제 정확히 읽기

심층 면접에서 가장 많이 하는 실수가 바로 '문제를 잘못 읽는 거'야. 특히 즉답형 문제에서 빨리 답해야 한다는 압박감 때문에 문제를 대충 읽다가 조건을 놓치는 경우가 정말 많아. 그래서 문제를 정확히 읽고 문제에서 요구하는 바에 따라 답변하는 게 무엇보다 중요해. 즉답형 문항은 문제당 30~40초 정도는 읽고 생각하는 시간을 가져도 되고, 최대 1분까지는 괜찮다고 봐. 오히려 빨리 답하려다 조건을 빼먹거나 말이 꼬이는 경우를 너무 많이 봐서, 꼭 연습할 때 문제를 천천히, 정확히 읽는 습관을 들이길 바라.

Lesson 2 : 서론, 본론, 결론을 모두 갖춰서 말하기

문제를 정확히 읽었다면, 답변은 서론, 본론, 결론의 구조를 갖춰야 해. 물론 점수의 핵심은 본론에 있지만, 구조가 갖춰져 있어야 답변이 안정적으로 들려. 가끔 즉답형에서 시간이 부족해 서론이나 결론을 어쩔 수 없이 생략해야 하는 경우가 있는데, 점수가 크게 감점되지는 않겠지만 답변을 제대로 못 했다는 생각에 합격 발표 직전까지 계속 불안하지.

서론에서는 내가 문제를 제대로 이해했다는 걸 보여주기 위해, 문제를 관통하는 핵심 키워드를 바탕으로 물어보는 바를 요약해주면 좋아. 여력이 된다면 왜 이 주제에 대한 논의가 필요한지도 덧붙여주면 답변이 훨씬 탄탄해지지. 단, 서론은 길어도 서너 문장, 시간으로는 20~30초 안에 끝내야 본론에 더 많은 시간을 할애할 수 있어. **결론**에서는 답변의 핵심 내용(논지에 해당하는 내용)을 한두 문장으로 깔끔하게 정리해주면 좋아. 실제로 스터디에서 면접관 역할을 해보면 뒤로 갈수록 집중력이 떨어져 핵심 논지를 놓치는 경우가 생기지. 이에 대비하여 결론에서 논지를 한 번 더 짚어주면 점수를 안정적으로 챙길 수 있어. 만약 결론까지 말하고도 시간이 남는다면? 이전 페이지에서 말했던 마무리 멘트를 덧붙여 자연스럽게 마무리하면 완벽한 답변이 될 거야.

Lesson 3 : 본론은 두괄식으로 말하기

면접 준비 초반에 피드백을 주다 보면, 두괄식으로 답변하기를 어려워하는 수험생이 꽤 많아. 두괄식 말하기란 논지를 먼저 말해 핵심 내용을 강조한 뒤, 그에 대한 논거를 덧붙이는 방식이야. 쉽게 말해 1차 시험의 교직 논술에서 사용했던 구조를 말로 바꾼 것뿐이지. 또한, 두괄식 답변을 할 때는 논지를 말하기 전에 '첫째', '둘째', '셋째'와 같은 표지를 사용해 논지를 명확히 구분해주는 게 좋아. 아래는 두괄식 답변 구성의 기본 예시야.

문제	~에서 신규 교사로 할 수 있는 역할 3가지를 제시하시오.	
본론 첫 문장	~한 상황에서 신규 교사로 할 수 있는 역할 3가지는 다음과 같습니다.	
역할 1	논지 1 **첫째**, ~가 있습니다.	논거 1 예를 들어~
역할 2	논지 2 **둘째**, ~가 있습니다.	논거 2 구체적으로~
역할 3	논지 3 **둘째**, ~가 있습니다.	논거 3 이를 위해~

그런데 문제에 따라 답변 순서를 조금 바꾸면 더 편해질 때도 있어. 다음과 같은 문제에서는 문제점 2가지를 차례로 말한 후 해결 방안 2가지를 이어서 제시하는 것보다 아래와 같이 문제점과 해결 방안을 하나의 세트로 묶어서 두괄식으로 답변하면 더 깔끔하지.

문제		~에 대한 문제점 2가지와 각각의 해결 방안을 제시하시오.
본론 첫 문장		~에 대한 문제점 2가지와 각각의 해결 방안은 다음과 같습니다.
논지 1	문제점 1	문제점으로는 **첫째**, ~가 있습니다.
	해결 방안 1	이 문제에 대한 해결 방안으로는 ~가 있습니다.
논지 2	문제점 2	**둘째**, ~가 있습니다.
	해결 방안 2	이 문제에 대한 해결 방안으로는 ~가 있습니다.

이렇게 두괄식으로 말하면 답변이 명확해지고, 면접관이 채점하기 훨씬 편해져. 실제로 면접 당일 평가실에서 서론을 지나 본론에서 '첫째'라고 얘기하는 순간, 면접관이 고개를 숙여 뭔가를 적는 모습을 볼 수 있을 거야. 심층 면접은 명확한 채점 기준에 따라 점수가 매겨지기 때문에, 두괄식으로 말하지 않으면 수험생이 조건을 어디서 어떻게 충족했는지 확인하기 어려워. 게다가 하루에 10명이 넘는 수험생을 평가하다 보면 뒤로 갈수록 집중력이 떨어지는데, 수험생이 답변 중에 '제가 지금부터 이 조건을 충족해보겠습니다'라는 언지를 주면 면접관 입장에서 훨씬 편하게 점수를 줄 수 있어.

Lesson 4 : 한 문장씩 짧게 끊어 말하기

Lesson 3와 같은 맥락에서, 문장이 길어질수록 듣는 사람의 피로도가 높아지고 화자가 무슨 말을 하는지 놓칠 가능성이 커져. 그래서 되도록 쉼표나 연결어를 많이 쓰지 않고, 각 문장을 짧게 끊어서 말하는 게 좋아. 특히 논지와 논거를 한 문장으로 이어서 말하지 말고, 끊어서 말해주면 명확히 구별되지.

또, 말끝을 흐리거나 추측성 어미(인 것 ~같습니다)를 습관적으로 쓰는 수험생도 많은데, 말끝을 명확히 끊고 단정적인 어미(~입니다)를 사용해주면 좋아. 두 습관 모두 답변에 확신이 부족하다는 인상을 줄 우려가 있지. 면접에서는 답변 내용 못지않게 태도도 중요한 만큼, 평소 이런 말투나 습관이 있다면 면접 때만이라도 고치길 바라.

Lesson 5 : 시선 처리 - 구상지와 문제지 자주 보지 않기

정말 많은 수험생이 공통으로 받았던 피드백이 바로 구상지와 문제지를 너무 자주 본다는 거야. 물론 구상형 문항에서는 구상지에 내용을 보며 답변해도 되지만, 보는 빈도가 잦으면 시선이 계속 아래로 향해 읽는 느낌을 줄 수 있거든. 나아가 즉답형 문항은 문제 외에는 아무것도 적혀 있지 않은데도 불안해서 계속 문제지를 보는 경우가 많아. 정 불안하다면 답변 중에 보지 말고, 차라리 생각할 시간을 더 가지는 걸 추천해.

그렇다면 면접에서 시선을 어디에 두는 게 좋을까? 가장 좋은 건 면접관의 눈을 마주치는 거야. 면접관이 세 명이라면 세 분의 눈을 번갈아 마주치면 돼. 만약 한 분이 계속 고개를 숙이고 있어 마주치기 힘들더라도 가능한 한 마주치려고 노력하면 좋아. 만약 면접관의 눈을 똑바로 바라보며 답변하는 게 부담스럽다면, 면접관의 인중을 바라보면 그나마 자연스러워 보이지. 간혹 답변할 때 허공을 응시하거나 초점이 어디에 가 있는지 모르겠는 경우도 봤는데, 스터디원이 그러면 서로 꼭 피드백을 줘야 해. 정작 본인은 잘 인식하지 못하는 경우가 많거든.

Lesson 6 : 인상 쓰지 않기

면접은 면접관과 지원자가 서로 얼굴을 마주 보며 하는 거라 그만큼 표정 관리도 중요해. 그런데 간혹 긴장한 나머지 인상을 쓰거나 표정에서부터 불안함이 확 드러나기도 하는데, 이건 연습을 통해 충분히 고칠 수 있어. 물론 웃는 표정을 연습해 면접 보는 동안 계속 유지하는 게 가장 좋지만, 이건 나도 잘 안되더라. 나아가 처음에는 웃으면서 시작해도 시간이 지나면서 점점 표정이 굳어지는 경우도 많아. 그래서 나는 이를 막으려고 매번 구상지에 스마일 표시를 크게 그려놨어. 답변 중 구상지를 볼 때마다 스마일 표시를 보고 다시 웃을 수 있도록!

Lesson 7 : 어깨 펴고 바른 자세로 앉기

면접은 지원자의 답변을 채점하는 동시에 태도도 함께 평가하는 자리야. 그만큼 자세 연습도 중요한데, 아래 항목들을 하나씩 체크해보면서 고쳐나가길 바라.

자세 연습 체크리스트
□ 제스처가 너무 과하지 않은가?
□ 몸을 앞뒤나 좌우로 흔들지 않는가?
□ 어깨를 웅크려 거북목 자세를 취하지 않는가?
□ 구상지를 볼 때 고개를 완전히 숙이지는 않았는가?
□ 손은 제자리에서 움직이지 않는가? (다리 위에 올려도 되지만, 가능하면 공수 자세 추천!)

특히 두 손을 모두 배꼽에 붙여 공수 자세를 유지하면 어깨와 가슴이 펴지면서 훨씬 당당해 보여. 반대로 어깨를 웅크리면 자신감이 없어 보이는데, 이건 수업 실연과 반성적 성찰에서도 마찬가지! 자세를 교정하고 싶다면 심층 면접 연습할 때 영상을 한두 번 촬영해는 걸 추천해. 찍은 걸 보면 내가 어떤 부분이 잘 안되는지 바로 알 수 있고, 문제를 파악했으면 다음 스터디 때 스터디원에게 '이 부분을 중점적으로 봐달라'고 부탁하면 서로에게 도움이 되지.

Lesson 8 : 말 천천히 또박또박하기

말을 빨리하다 보면 발음이 불명확해지고 불안해 보여. 면접 시간 5분은 생각보다 길어서, 시간은 충분하니까 오히려 천천히, 또박또박 말하는 연습을 꼭 해야 해. 특히 시간이 많이 남아 고민될수록 더더욱 그렇지.

내가 요즘 초등학생들을 가르치면서, 또 여러 수험생에게 피드백을 해주면서 알게 된 공통점이 있어. 바로 발표나 면접에서 말을 빠르게 하는 사람들 대부분이 평소에 유튜브나 넷플릭스, 인터넷 강의를 1.5배속이나 2배속으로 듣는다는 거야. 특히 1차 시험을 준비하면서 인터넷 강의를 들을 때 최소 1.5배속으로 듣는 수험생이 많지. 그 속도에 익숙해지다 보니, 나도 모르게 말할 때 그 템포를 따라가게 되더라. 하지만 면접에서는 무조건 1배속으로 말해야 해. 그래서 평소 말이 빠르다는 피드백을 받았다면, **면접 전까지는 영상을 무조건 1배속으로 보길 바라**. 처음에는 엄청 답답하게 느껴질 텐데, 사실 그게 정상적인 말하기 속도거든. 어떻게 이렇게 잘 아냐고? 나도 똑같았으니까!

Lesson 9 : 목소리는 크고 일정하게!

목소리가 원래 작고 얇으면 면접에서 조금만 떨려도 불안한 티가 확 나. 심지어 몇몇은 목소리가 떨리면서 울먹인다고 느끼게 하기도 해. 그래서 목소리는 되도록 크고 굵게 내는 게 좋아. 목소리가 크면 조금 불안정해도 크게 티가 나지 않거든. 그렇다고 처음에만 크게 시작했다가 갈수록 작아지면 그것도 안 좋으니 처음부터 끝까지 일정한 크기와 톤을 유지하는 연습을 꼭 하길 바라.

Lesson 10 : 어떤 문제가 나와도 끝까지 최선을 다하기

드디어 열 번째 레슨! 마지막이자 가장 중요한 레슨은, 어떤 문제가 나오더라도 자신감을 갖고 끝까지 최선을 다해야 한다는 거야. 간혹 스터디할 때 즉답형 문항으로 예상치 못한 주제가 나오거나 답변 중간에 말이 꼬이면 망했다면서 아예 놔버리는 경우가 있는데, 절대 그러지 마. 시험 당일에는 어떤 문제가 나올지, 어떤 상황이 벌어질지 아무도 모르니까 주어진 상황에서 끝까지 최선을 다해 답변하는 연습을 꼭 해둬야 해.

만약 시험 당일에 문제가 어렵게 느껴진다면, 그건 너만 그런 게 아닐 거야. 다른 수험생들도 마찬가지로 어렵게 느꼈을 거고, 어차피 면접은 상대평가잖아! 지금까지 최선을 다해 준비해왔다면 결국 시험 당일 수험생들의 실력은 대부분 비슷비슷해져서 너보다 특출나게 잘하는 사람은 잘 없을 거야. 하물며 현직 교사분들도 현장 경험은 더 많으시겠지만, 오히려 최근 시책 내용은 현역 수험생보다 잘 모르실 수 있지. 그러니까 '이 고사장에서 나보다 잘하는 사람은 없다'라는 마인드로 자신감 있게 임하길 바라.

수능에 비유하자면, 그 해가 물수능일지 불수능일지는 아무도 몰라. 평소 국어 시험에서 95점 아래로 받아본 적 없는 학생도, 수능 당일 1교시에 모르는 문제가 연달아 나오면 순간 망했다는 생각이 들지. 그런데 여기서 포기하고 고사장을 나가버리면 그해에는 절대 합격할 수 없어. 하지만 나의 지금까지 쌓아온 나의 노력을 믿고, '내가 이 정도로 어렵게 느낀다면 올해 1등급 커트라인은 70점대일 수도 있겠구나'라는 마인드로 끝까지 풀면 충분히 합격할 수 있어. 혹시 정말 그해 국어 시험이 역대 가장 어려운 시험이었을지는 아무도 모르는 일이니까!

2차 면접도 똑같아. 문제가 어려울수록 멘탈을 붙잡고 끝까지 최선을 다하는 사람이 결국 좋은 결과를 가져가더라. 시험 당일에 긴장한 나머지 문제가 눈에 잘 들어오지 않을 수도 있고, 생전 처음 보는 개념이 나와서 머리가 새하얘질 수도 있어. 그런데 흔히 '시험장에서 평소 실력의 70%만 보여줘도 합격한다'고 말하잖아? 나도 그 말에 동의해. 변수가 많은 시험일수록 중요한 건 끝까지 포기하지 않고, 주어진 상황에서 어떻게든 한 마디라도 더 이어 나가는 거야. 그 한마디가 결국 다른 지원자와의 차이를 만들고, 합격으로 인도해 주거든.

그런데도 말이 잘 안 나올 것 같다면 이렇게 생각해 봐. '여기서 답변을 이어가지 못하고 포기해버리면 내년에 또 기본이론과 각론을 외워야 한다.' 상상만 해도 끔찍하지? 이 무시무시한 생각이 너의 이성의 끈을 붙잡아줄 거야. 내년 겨울에 스터디룸에서 다시 면접을 준비하는 게 아니라, 발령 후 월급 받으면서 행복한 겨울방학을 보내고 싶다면…! **절대 포기하지 말고, 끝까지 최선을 다해 답하길 바라!**

시책, 어디서부터 손대야 할까?

시책이란?

심층 면접을 준비할 때 다들 '시책'이란 걸 공부하던데 '시책'이 뭘까?

시책이란 각 시도 교육청별로 매년 시행하는 교육정책을 의미해. 예를 들어, 2025년에 서울특별시교육청에서 발간한 시책은 '2025 서울교육 주요업무'라는 이름으로 발간되고, 경기도교육청에서 발간한 시책은 '경기교육 주요업무계획'으로 나오지. 이처럼 시책은 교육청별로 매년 새롭게 발간되며, 지역마다 내용이 달라. 이 시책에서 담긴 정책 방향이나 사용된 용어가 심층 면접 문제에 직접 출제되기도 하고, 구상형 및 즉답형 문항을 답변할 때 논지와 논거로 활용할 수 있어 공부하면 좋아. 임용고시 1차 교직 논술 공부할 때 교육학 개념이 논거를 풍부하게 해주는 것처럼, 시책도 2차 답변을 더 구체적이고 설득력 있게 만들어주지.

올해 시책은 언제 어디에서 확인할 수 있나요?

시책이 공개되는 시기는 매년 조금씩 달라지는데, 작년 기준 서울특별시교육청과 경기도교육청 모두 12월에 그 다음년도 시책이 발간되었어. 2025 서울교육 주요업무는 2024년 12월 31일에 나왔고, 2025 경기교육 주요업무계획은 2024년 12월 10일에 나왔지. 그런데 2025 서울교육 주요업무는 당해 1월 5일에 나왔던 것처럼 꼭 12월에 나오는 건 아니야. 결국, 2차 면접이 임박해서 발표되는 경우가 많아서, 처음부터 최신 시책만 기다리기보다는 이전 연도의 시책을 먼저 공부한 후, 새 시책이 나오면 비교해서 추가하거나 수정하는 방식으로 준비하는 게 효율적이야. 다행히 시책의 핵심 기조나 용어는 교육과정이나 정권이 바뀌지 않는 해마다 크게 달라지지 않거든. 서울특별시교육청과 경기도교육청 시책은 다음 경로를 통해 확인할 수 있으니까 참고해!

[서울시교육청 홈페이지] - [사전정보공표] - [주요업무 기본계획] - [2025 서울교육 주요업무]
[경기도교육청 홈페이지] - [경기교육정책] - [교육정책] - [2025 경기교육 주요업무계획]

100페이지가 넘는 시책, 이걸 어떻게 공부해야 할까?

그러면 시책을 공부하라고 했으니 다운로드해서 확인해볼까? 그런데 잠깐, 다운로드하려고 보니까 시책 분량이 100페이지가 넘는데 이게 맞아? 실제로 2025 서울교육 주요업무는 119페이지, 경기교육 주요업무계획은 무려 199페이지나 되는데 이 많은 내용을 다 외워야 하는 걸까? 도대체 어디서부터 어떻게 공부해야 할까?

결론부터 말하자면, 2차 면접에서는 1차 시험처럼 시책 내용에 빈칸을 뚫어 출제하거나. 혹은 개념을 직접 물어보는 방식으로 출제되지 않아. 따라서 총론처럼 문장 하나하나 달달 외울 필요는 없고, 방향성과 키워드 중심으로 파악하면 충분해. 또 시책에는 초등학교에 해당하는 내용뿐만 아니라 유치원과 중•고등학교, 특수학교에 관한 내용까지 같이 포함되어있는데, 이러한 내용을 모두 볼 필요는 없지. 예를 들어 2025 서울교육 주요업무에는 고교학점제나 유보통합 추진과 같은 내용도 수록되어 있는데, 이러한 내용이 초등 임용고시에 출제될 가능성은 매우 낮지. 그러니 초등 임용고시에 출제될만한 내용 위주로 공부하면 돼.

그렇다면 이 많은 시책 내용을 어떻게 공부해야 할까? 나는 핵심 타이틀과 교육청별 교육정책 방향 정도는 외우고, 다른 세부 내용은 내가 심층 면접의 답변에서 활용할 수 있을 것 같은 용어만 모아 스제트를 만들어 공부했어. 아무리 좋은 정책이더라도 면접 답변에서 활용하기 어려울 것 같으면 외워봤자 의미가 없거든. 아래는 내가 임용고시 2차를 준비하면서 만들었던 스제트의 일부니 참고해서 직접 나만의 스제트를 만들어봐!

2차 스제트 예시

문제		답
서울형 AI 윤리 교육	미래 교육의 가치 3가지	존엄(시민성), 포용(다양성) 공존(지속 가능성)
	인공지능 윤리 3대 원칙	인간의 존엄성, AI 사회의 공공선 공존을 위한 기술 합목적성
인성 교육 캠페인 매일 '만•나•다 습관' 운영		**만**나면 먼저 인사하기 **나**부터 고운 말 쓰기 **다**른 의견에 귀 기울이기
(초등) 생각을 키우는 교실		학생 스스로 질문하고 비판적으로 탐구하며 힘을 기르는 쓰기 중심 수업•평가 혁신 방안
초등예술하나		예술 활동 1개를 주 1회 1시간씩 하며 평생 예술친구 하나씩 만들기

키워드를 넣어 문제를 만들어보자

앞서 소개한 스제트도 방식도 좋지만, 내가 강력히 추천하는 공부법은 시책에서 관심 있는 키워드를 하나 정한 뒤, 그 키워드를 중심으로 질문을 만들고 답을 정리해보는 방법이야.

시책 키워드 질문	
Q1	해당 키워드의 의미는 무엇인가?
Q2	해당 키워드를 학급에서 어떻게 실현할 수 있는가?
Q3	해당 키워드를 학급에서 실현했을 때 기대되는 효과는 무엇인가?
Q4	해당 키워드를 학급에서 실현하기 위해 교사가 갖춰야 할 역량은 무엇인가?
Q5	해당 키워드를 학급에서 실현하기 위해 학생, 학부모, 동료 교사, 학교 및 지역 사회와 어떻게 협력할 것인가?

예를 들어 2025 서울교육 주요업무에 소개된 '삶을 가꾸는 인성 교육'을 키워드로 선택했다면 다음과 같이 5가지 질문을 만든 후, 답변을 정리할 수 있어.

삶을 가꾸는 인성 교육	
Q1	'삶을 가꾸는 인성 교육'이란 무엇인가?
Q2	'삶을 가꾸는 인성 교육'을 학급에서 어떻게 실현할 것인가?
Q3	'삶을 가꾸는 인성 교육'을 학급에서 실현했을 때 기대되는 효과는 무엇인가?
Q4	'삶을 가꾸는 인성 교육'을 학급에서 실현했을 때 학급에서 실현하기 위해 교사가 갖춰야 할 역량은 무엇인가?
Q5	'삶을 가꾸는 인성 교육'를 학급에서 실현하기 위해 학생, 학부모, 동료 교사, 학교 및 지역 사회와 어떻게 협력할 것인가?

키워드 중심으로 답변을 정리했을 때 좋은 점 3가지

첫째, 스터디하지 않고도 혼자 공부할 수 있다! 2차 면접을 준비하다 보면 하루에도 몇 시간씩 스터디원들과 피드백을 주고받게 돼. 그러다 보면 정작 혼자 공부할 시간이 부족하지. 그런데 심층 면접을 위해 또 다른 스터디를 병행하는 건 체력적으로도 부담스럽고, 스터디를 한다고 해도 뭘 어떻게 공부해야 할지 막막한 경우가 많아. 하지만 시책을 직접 읽어보면서 관심 있는 키워드를 중심으로 공부하다 보면 혼자서도 충분히 심층 면접을 대비할 수 있고, 내 교직관을 확립하는 데도 큰 도움이 돼. 게다가 내용을 그대로 외우는 게 아니라 이해 중심으로 정리하기 때문에 암기의 부담도 확 줄어든다는 이점도 챙길 수 있지.

둘째, 시책 내용을 면접 답변에 자연스럽게 녹여낼 수 있다! 심층 면접은 1차 시험과 달리 네가 내용을 얼마나 잘 외웠느냐를 평가하는 시험이 아니야. 대신, 네가 알고 있는 내용을 현장 상황에 얼마나 잘 적용할 수 있는지를 물어보는 시험이지. 그렇기 때문에 시책을 그냥 암기만 해서는 실전에서 활용하기 어려워. 면접장에서 시책을 활용한다는 건 답변의 논지와 논거에 시책 내용을 자연스럽게 녹여낸다는 뜻인데, 그러려면 단순 암기보다 시책 내용을 어떻게 적용할 수 있을지에 대한 고민이 꼭 필요해. 앞서 소개한 5가지 질문이 바로 이러한 고민에서 비롯된 거야. 결국 면접에서 물어보는 건 특정 상황에서 신규 교사로 어떻게 할 것인지니까 그에 대한 맞춤형 질문에 대비하다 보면 면접장에서도 자연스럽게 답변에 시책 내용을 녹여낼 수 있지.

셋째, 공부 범위를 꼭 시책에만 한정하지 않을 수 있어. 물론 시책에 중요한 키워드가 대부분 들어가 있지만, 각 키워드가 무엇을 의미하는지 혹은 현장에서 어떻게 적용되는지 그 예시까지 상세히 다루고 있진 않아. 예를 들어 2025 서울교육 주요업무의 2-3-2번에는 학교예술교육을 활성화하는 방안으로 '초등예술하나'를 운영한다고 언급되어있는데, 정작 '초등예술하나'가 무엇인지 명시되어있지는 않아. 하지만 학교예술교육은 심층 면접에 언제든 출제될 수 있는 주제인 만큼, 이와 관련된 면접 문제가 출제되었을 때 논거로 '초등예술하나'를 사용하고 싶다면 스스로 검색해서 알아본 후 나의 말로 정리해두는 것만으로도 큰 도움이 돼. 특히 본인의 1차 성적이 아슬아슬해서 2차에서 뒤집어야 하는 상황이라면 이런 작은 디테일에서 차별화를 만드는 것이 정말 중요해. 어차피 면접장에서 수험생들의 답변은 대부분 비슷비슷한데 거기서 내가 조금 더 깊게 아는 내용을 자세하게 답변하는 것만으로도 충분히 높은 점수를 노릴 수 있거든!

스터디를 활용하자

1장에서 소개했던 바와 같이 시책 공부는 스터디를 활용하면 훨씬 효율적으로 할 수 있어. 전문가 협동 학습 모형처럼 스터디원끼리 각자 분량을 나눠 공부한 뒤, 그중에서 시험에 출제될 가능성이 높거나 면접 답변에서 활용할 수 있는 핵심 내용이나 아이디어를 공유하는 거지. 시책 스터디는 짧게는 하루 30분, 길게는 하루 1시간 반 정도가 적당한데, 그 이상은 해도 머리에 잘 안 들어오더라.

한편, 시책 스터디는 앞에서 언급한 시책 키워드 질문을 서로 주고받으며 진행할 수도 있어. 이렇게 질문을 주고받다 보면 심층 면접에서 쓸 수 있는 답변할 소재도 많아지고, 교직에 대한 내 생각도 유연하게 확장할 수 있지. 게다가 스터디원의 경험이나 아이디어를 면접장에서 마치 내 것인 것처럼 활용해 답변할 수도 있는데, 고사실이 겹치지만 않는다면 문제없겠지?

참고로 시책 스터디는 꼭 본스터디에서 할 필요 없어. 시책만 따로 공부할 스터디를 구해도 좋은데, 보통 3~4명이 하는 본스터디와 달리 시책은 둘이서 하는 짝스터디로 공부하는 게 훨씬 편하거든. 1:1로 진행하면 질문과 답변을 주고받는 속도도 빠르고, 피드백도 훨씬 깊게 할 수 있으니까.

심층 면접 예상 문제 & 문제 해설

Set 1	구상형 문항	난이도 ★★☆☆☆

다음을 읽고 10분간 구상한 뒤, 질문에 답하시오.

> 생태전환교육은 기후 위기 시대를 살아가는 학생들이 인간 중심적 사고에서 벗어나, 인간과 자연이 공존할 수 있는 지속 가능한 삶의 방식을 고민하고 실천하게 하는 교육이다. 서울특별시교육청은 학생들의 생태 감수성을 높이기 위해 생태전환교육을 강조하고 있으며, 학교 현장에서도 이를 실현하기 위한 다양한 방안이 모색되고 있다. 그러나 여전히 교실에서는 북극 빙하가 녹아 생태계가 파괴되는 영상을 똑같이 틀어주는 데 그쳐, 교육 현장에서의 실질적인 변화가 부족하다는 지적이 제기되고 있다.

[질문]

가. 생태전환교육을 통해 학생들의 생태 감수성을 길러주는 것이 왜 중요한지 설명하시오.

나. 본인이 제시문에 해당하는 학급의 담임 교사라고 가정하고, 생태전환교육의 취지를 반영한 일일 교외 체험학습을 계획하시오.

[제시문]

- 대상 학년은 자유롭게 선택하며, 학급의 학생 수는 남녀 각 12명으로 총 24명이다.
- 체험학습 장소는 서울 및 근교 지역 중 한 곳을 선택하며, 교통편에 제약은 없다.
- 해당 장소에서 실행할 교육 활동 3가지를 포함한다.
- 체험학습 계획에 있어 지역사회와의 연계 요소가 포함되어야 한다.
- 체험학습 이후 학생들의 삶에 지속적인 영향을 줄 수 있는 방안을 포함한다.

Set 1	즉답형 문항 (1)	난이도 ★★☆☆☆

가톨릭대학교 의과대학 소아과학연구팀은 2021년 1월, 4세에서 14세 아동 226명을 대상으로 조사한 결과를 발표했다. 조사에 따르면 코로나-19 이전에는 아동의 과체중 비율이 9.3%, 비만 비율이 14.6%였으나, 코로나 이후 각각 12.8%, 18.6%로 유의미하게 증가한 것으로 나타났다. 이러한 아동 비만 문제를 해결하기 위해 교사와 학교, 교육청은 각각 어떤 노력을 기울일 수 있을지 주체별로 한 가지씩 말하시오.

Set 1	즉답형 문항 (2)	난이도 ★★★☆☆

다음은 5학년 담임을 맡은 신규 교사의 교단일지 중 일부이다. 교단일지에 담긴 신규 교사의 어려움을 바탕으로, 이를 해결할 수 있는 방안을 2가지 제시하시오.

> 이번 주는 학부모 상담 주간이다. 총 18명의 학부모님께서 신청해 주셨는데, 한 학생당 20분씩 상담하다 보니 하루에 5명에서 많게는 7명까지도 상담하게 된다. 6교시까지 있는 날이면 아이들이 14시 30분에 하교하는데, 그때부터 상담을 시작하더라도 16시가 넘어야 상담이 끝난다. 담임 교사로 수업 준비도 해야 하고 행정 업무도 많은데, 상담까지 병행하려니 정신적으로나 체력적으로 매우 힘들어 고민이다.

구상형 문항이 두 문항으로 나뉘어 있으면, 보통 첫 번째 문제는 면접자가 지문을 제대로 이해하고 있는지, 핵심 개념을 정확히 파악하고 있는지를 묻는 문항이 출제돼. 이런 문항에서는 창의적인 아이디어보다 안정적인 답변을 통해 점수를 확보해 두는 전략이 좋지. 반면, 두 번째 문제는 답변의 범위가 훨씬 열려 있는 만큼 조건을 충족하는 선에서 나만의 아이디어를 드러내는 것에 초점을 맞춰서 답변해야 해.

질문 [가]

생태전환교육과 생태감수성은 언제든 출제될 수 있는 주제야. 이 문항에서 생태전환교육의 정의는 지문에 직접 제시되어 있지만, 생태감수성의 의미는 명시되어 있지 않아서 답변할 때 생태감수성이 무엇인지 먼저 짚어주는 게 좋아. **생태 감수성**이란 '인간과 자연이 서로 연결되어 있다는 인식을 바탕으로 자연을 공감하고 배려하는 태도'를 말해. (굳이 이 정의를 그대로 외울 필요는 없고, 본인이 알고 있는 선에서 설명하면 충분해) 그리고 이에 대한 **중요성**을 설명하는 부분에서는 '생태감수성을 기를 때 학생들이 기후 위기 시대에 필요한 전인적 성장을 이루고, 동시에 공동체 의식을 함양할 수 있다는 식으로 논리적으로 풀어내면, 안정적인 점수를 받을 수 있지.

질문 [나]

이 문항에서는 각 조건을 어떻게 충족해야 하는지 하나씩 살펴볼게.

① 답변할 때 어떤 학년을 대상으로 했는지와 왜 그 학년을 선택했는지를 반드시 언급해야 해. 예를 들어 4학년 과학에서 식물의 한살이와 식물의 생활을 배우기 때문에 4학년을 선정했다고 하면 완벽히 충족할 수 있지.

② 체험 장소로는 한강공원이나 청계천, 또는 식물원을 많이 선택하는데 본인만의 타당한 이유만 있으면 어떤 장소든 괜찮아.

③ 교육 활동을 3가지 제시하는 부분에서 수험생들이 가장 많이 답한 활동 중 하나로 플로깅이 있었어. 물론 플로깅도 좋은 활동이지만, 이를 학생들의 삶과 유의미하게 연결하는 부분이 미흡한 경우가 많더라. 문제의 마지막 조건에서 '체험 이후 학생들의 삶에 지속적인 영향을 줄 수 있는 방안을 포함하라'고 했으니, 단순히 쓰레기 줍는 체험으로 끝내지 말고 확장 방안을 제시하는 게 좋아. 예를 들어 플로깅을 교내 캠페인 활동으로 발전시킨다거나, 담배꽁초 줍기 활동을 흡연 예방 교육이나 토양 오염 수업과 연계해 후속 활동을 이어가겠다고 답변하면 훨씬 더 의미 있고 차별화된 답변이 될 수 있지.

아동 비만 문제를 해결하기 위해서는 학교 체육교육을 활성화하는 동시에 건강한 식생활 교육이 같이 함께 이뤄져야 해. 이 문제를 처음 접하면 보통 체육수업만을 떠올리기 쉬운데, 실제로 코로나-19시기에 아동의 과체중 비율이 증가한 주요 원인으로 학교에서 급식을 제공하지 못해 아이들의 식습관이 무너진 것도 한몫하거든. 이에 2025 서울교육 주요업무에도 2-3-1 '학교체육교육 활성화'와 동시에 2-4-2 '친환경 학교 급식 추진'을 함께 강조하고 있으니, 두 측면 모두 고려하여 접근하면 좋아.

① 교사 차원

담임 교사는 실과나 체육 시간에 올바른 식생활과 신체 활동의 중요성을 지도하고, 실천 중심 활동을 운영할 수 있어. 구체적인 예로는 건강 간식 만들기 프로젝트나 체육 관련 동아리 운영, 줄넘기 급수제를 통해 학생들이 즐겁게 건강한 생활 습관을 기를 수 있도록 도와줄 수 있지.

② 학교 차원

학교는 학생들이 일상적으로 신체 활동을 할 수 있도록 교육 환경과 프로그램을 조성해야 해. 예를 들어 학교 스포츠 클럽 운영을 확대하거나 PAPS 4, 5등급 학생들을 대상으로 하는 체력 증진 프로그램을 운영하고, 걷기 등교 주간을 마련해 학생들이 정규 수업 시간 외에도 자연스럽게 활동할 수 있는 여건을 마련할 수 있지. 또한, 급식 식단 개선과 영양 교육 강화를 통해 학생들의 식습관 개선을 도모할 수 있어.

③ 교육청 차원

교육청 차원에서는 학교 현장에서 체계적으로 비만 예방 교육이 이뤄질 수 있도록 교육과정과 연계된 지침 및 예산을 지원할 수 있어. 구체적으로는 지역 보건소 및 전문 업체와 협력하여 정기 건강검진 및 피드백 시스템을 마련하고 이를 기반으로 한 지역 기반 건강 관리 프로그램을 운영함으로써 학생 맞춤형 건강 지원이 가능하도록 할 수 있지.

면접 문항에서 해결 방안을 2가지 제시하라고 요구한다면, 이는 단순히 해결책을 나열하라는 의미를 넘어 문제점이 2가지 존재하며 각각에 대한 해결책을 제시하라는 구조로 출제되는 경우가 많아. 이 문항도 잘 읽어보면 마지막 문장에서 두 가지 문제점이 제시되어 있으며, 이를 바탕으로 각 문제에 대응하는 해결 방안을 제시할 수 있도록 유도하고 있지.

즉답형 문항 2의 마지막 문장을 보자.

'담임 교사로 **① 수업 준비도 해야 하고 ② 행정 업무도 많은데**, 상담까지 병행하려니 정신적으로나 체력적으로 매우 힘들어 고민이다.'

① 첫 번째 문제점은 '수업 준비와 학부모 상담의 병행'에서 오는 어려움이야. 이 경우, 해결 방안으로는 상담 주간 이전에 수업 준비를 미리 해두거나, 동학년 교사와 협력하여 교과나 차시를 분담함으로써 준비 부담을 줄일 수 있어. 또한, 현실적으로 시간적 여유가 없다면 조금 더 일찍 출근하거나 퇴근 후 시간을 활용하는 방식도 가능한데, 이러한 방안은 면접에서 신규 교사의 성실성과 책임감을 드러낼 수 있다는 점에서 긍정적인 인상을 줄 수 있지.

② 두 번째 문제점은 '과도한 행정 업무로 인한 부담'이야. 이에 대해서는 업무의 우선순위를 설정해 중요한 일부터 처리하거나, 경험 많은 선배 교사의 조언을 받아 업무 효율을 높이는 방식으로 해결한다는 답변이 일반적이지. 물론 학부모 상담주간에는 선배 교사도 상담으로 바쁠 수 있지만, 즉답형 문항의 특성상 이러한 세부 상황까지 모두 고려해 답하기에는 무리가 있어. 또 학교나 교육청 차원에서의 제도적 지원도 하나의 방안이 될 수 있지만, 신규 교사가 주도적으로 실행하기 어려운 부분이라는 한계가 있지. 따라서 면접에서는 교사가 능동적으로 실천할 수 있는 방안을 중심으로 제시하는 것이 조금 더 바람직하지만, 정 생각이 안 나면 이런 답변도 유효하긴 해.

Set 2	구상형 문항	난이도 ★★★☆☆

다음 문제에 대해 10분간 구상 후 답변하시오.

다음 제시문 **(가)~(다)**를 바탕으로 학생들에게 주체적 사고를 길러주는 것이 중요한 이유를 설명하고, 담임 교사로서 교실에서 학생들의 주체적 사고를 길러주기 위해 실천할 수 있는 구체적인 방안을 3가지 제시하시오.

(가) 주체적 사고란 타인의 사고에 구애받지 않고, 자신이 중심이 되어 스스로 사고하는 것을 의미한다. 이에 2022 개정 교육과정에서는 '깊이 있는 학습, 교과 간 연계와 통합, 삶과 연계한 학습, 학습 과정에 대한 성찰'을 개발의 지향점으로 삼아, 학생들이 포용성과 창의성을 갖춘 주도적인 사람으로 성장하는 것을 목표로 하고 있다.

(나) 어른이 되는 과정은 크고 작은 선택과 결정의 연속이다. 아이는 부모가 결정해 주는 시기를 지나면 수많은 결정들을 해야 하고, 그러면서 인생을 배우게 된다. 이때 많은 경우 아이들은 고민 해결을 위해 다른 사람을 찾아가는데, 이는 남들이 하는 대로 하면 중간은 갈 것 같아 안심되기 때문이다. 하지만, 모든 문제를 타인이 해결해 줄 수는 없으며, 현명한 상담자라면 결국 마지막엔 '스스로 결정할 일'이라는 조언을 해줄 것이다.

- 도서 '자존감 수업' 중 -

(다) 현대 사회에서는 '햄릿 증후군'을 겪는 사람들이 늘고 있다. 햄릿 증후군은 셰익스피어의 희곡 『햄릿』에서 주인공이 결정하지 못하고 갈등하는 모습에서 착안한 신조어이다. 이는 "To be or not to be, that is the question."이라는 대사처럼 삶의 중요한 선택 앞에서 망설이고 주저하는 인간 심리를 상징한다. 즉, 선택을 앞두고도 자신의 판단을 내리지 못하는 심리적 상태를 의미한다.

Set 2	즉답형 문항 (1)	난이도 ★☆☆☆☆

2022 개정 교육과정은 4차 산업혁명으로 인한 사회적 변화에 대응하고 미래 교육으로의 대전환을 준비하는 것을 목표로 한다. 이때 미래사회는 어떠한 방향으로 변화할 것으로 예측하는지 말하고, 미래 교육으로의 대전환을 준비하기 위해 교사에게 필요한 역량을 두 가지 제시하시오.

Set 2	즉답형 문항 (2)	난이도 ★★★☆☆

다음은 명언이 교육 현장에 적용되는 사례를 하나 제시하고, 그로 인해 발생할 수 있는 부작용을 해소할 수 있는 방안 한 가지를 논하시오.

'교육은 양날의 칼과 같다. 제대로 다루지 못하면 위험한 용도로 쓰일 수 있다.'

Set 2 구상형 문항 해설

요즘 뉴스를 보면, 부모가 학생이 과잉보호한 나머지 학생이 주체적으로 사고하지 못하는 사례를 흔히 접할 수 있어. 이러한 현상은 학교에만 국한되지 않고 직장이나 군대에서도 나타나며 사회적으로 이슈가 되고 있지. 더불어 생성형 인공지능의 발달로 인해 아이들이 스스로 사고하기보다 AI에 판단을 맡기는 경향이 커지면서 이러한 문제가 더욱 가속화되고 있어. 이러한 맥락에서 면접 문제로 충분히 출제될 수 있다고 판단해 구상형 문항으로 만들어봤어.

① 주체적 사고를 길러주는 것이 중요한 이유

문제에서 제시문 **(가)~(다)**를 바탕으로 설명하라고 한 만큼 각 제시문에서 논지를 하나씩 찾으면 가장 좋지만, 꼭 그렇게 구성하지 않아도 괜찮아.

(가) 주체적 사고는 미래 사회에 요구되는 포용성과 창의적 문제 해결 능력을 기르는 토대가 된다.

(나) 주체적 사고를 통해 스스로 결정하고 결정에 대한 책임을 지는 경험이 아이의 자존감과 자기 효능감을 높여 준다.

(다) 햄릿 증후군과 같은 심리 상태가 지속되면 개인은 삶의 중요한 순간마다 결정을 미루거나 타인에게 의존하게 되고, 그 결과 스스로 인생의 방향을 주도하지 못하게 된다.

② 교실에서 실천할 수 있는 구체적인 사례 3가지

- 개방형 질문을 활용해 학생 스스로 사고 과정을 탐색하도록 유도한다.

- 국어 시간과 연계하여 학생들이 비판적 사고 역량을 함양할 수 있도록 토의•토론 수업을 운영한다.

- 학급 회의를 주기적으로 시행하여 교실 내 학생 자치 활동을 실현하고, 프로젝트 수업을 운영하여 학생 스스로 주제를 선택할 기회를 제공한다.

Set 2	즉답형 문항 (1) 해설

2016년 다보스 세계경제포럼에서 '4차 산업혁명'이라는 말이 처음 등장한 이후, 10년 동안 우리의 삶에 많은 변화가 있었어. 불과 10년 전까지만 해도 챗 GPT와 같은 생성형 인공지능을 모두가 사용하는 세상이 올 것이라고는 상상하지 못했고, 예술과 같은 인간 고유의 영역을 AI가 침범할 수 있으리라고 예상한 사람도 거의 없었지. 그런데 이 논리를 반대로 적용해 보면, 내가 가르칠 초등학생들이 10년 후 사회에 나올 때쯤 어떤 세상이 펼쳐질지 아무도 모른다는 거야. 이러한 상황에서 교사는 앞으로 아이들이 살아갈 미래에 어떤 변화가 예상되는지, 그리고 이에 대비해 어떤 교육을 제공할 수 있을지 반드시 고민해 봐야 하지.

① 변화의 방향성 예시

긍정적 변화	생명공학 기술의 발전에 따른 인류의 평균수명 증가 기술의 발전에 따른 새로운 일자리 창출 AI의 발전으로 편리한 삶 영위
부정적 변화	기후 위기에 따른 전 지구적 생태계 파괴 심화 디지털 정보 격차 심화에 따른 빈부격차 심화 기술의 발전에 따른 전통적 일자리 감소

② 교사에게 필요한 역량 예시

디지털 리터러시	디지털 기기를 이해하고 다루며, 정보를 비판적으로 분석하고 효과적으로 활용하는 역량
정서•관계 역량	AI가 대체하기 힘든 교사 고유의 역할
학습 민첩성	미래 사회의 변화와 새로운 지식을 빠르게 습득하고 현장에서 유연하게 적용할 수 있는 능력

Set 2　즉답형 문항 (2) 해설

시험에서 즉답형 문항으로 이런 문제가 출제되면 짧은 시간 안에 적절한 사례를 떠올릴 수 있는지에 따라 점수가 크게 갈릴 수 있어. 따라서 면접장에서 당황하지 않으려면 교육 관련 명언을 직접 검색해 정리한 뒤, 각 명언이 실제 면접 문제로 출제된다면 어떻게 출제될 수 있을지 미리 생각해 보면 좋아. (바로 다음 페이지에 교육 관련 명언을 20가지 넣어놨어.) 비록 내가 공부한 명언이 그해 시험에 출제되지 않더라도 출제 가능성을 가정하며 연습하는 과정에서 사고의 유연성을 기를 수 있기 때문이지.

예시 답안 ①

사례	교실에서 AI 챗봇을 활용해 수업을 진행함.
부작용	학생들이 AI 챗봇의 답변을 비판 없이 수용할 우려가 있으며, 장기적으로는 이에 의존해 스스로 사고하는 능력이 저하될 수 있음.
해소 방안	AI 챗봇의 답변을 검증·분석하는 활동을 수업에 포함해 비판적 사고를 기르고, AI 활용과 함께 토론·문제 해결 과제를 병행해 자율적 사고력을 유지하도록 함.

예시 답안 ②

사례	교사가 편향된 정치적 성향이나 특정 사상을 바탕으로 학생들을 가르침
부작용	학생들이 교사의 말을 그대로 믿고 편향된 시각을 갖게 될 수 우려가 있음.
해소 방안	수업에서는 객관적 사실만을 전달하거나, 양쪽 입장을 모두 제시한 뒤 토의·토론을 통해 학생들이 스스로 사고하고 판단할 수 있도록 구성함.

교육 관련 명언 20가지

"어린이는 어른의 아버지다." – 윌리엄 워즈워스

"훌륭한 교육은 질문으로 시작한다." – 소크라테스

"가르친다는 것은 두 번 배우는 것이다." – 조제프 주베르

"교육이 없는 재능은 광야 속의 보물과 같다." – 세네카

"교육의 뿌리는 쓰지만, 그 열매는 달다." – 아리스토텔레스

"어린이는 배우는 존재가 아니라 발견하는 존재다." – 피아제

"아이 한 명을 키우려면 온 마을이 필요하다." – 아프리카 속담

"교육은 삶을 준비하는 것이 아니라, 삶 그 자체이다." – 존 듀이

"학생들을 가르치려면 먼저 그들을 사랑해야 한다." – 막스 플랑크

"교육은 아이의 영혼을 불꽃으로 점화하는 것이다." – 플루타르코스

"아이들은 우리가 어떻게 행동하는지를 보고 배운다." – 제임스 볼드윈

"한 아이를 가르치는 것은 한 사회를 가르치는 것이다." – 유대인 격언

"교육의 목적은 빈 머리를 열린 머리로 바꾸는 것이다." – 말콤 포브스

"교육은 가장 강력한 무기다. 이것으로 세상을 바꿀 수 있다." – 넬슨 만델라

"좋은 교사는 촛불과 같다. 자신을 태워 학생들에게 빛을 준다." – 무스타파 케말 아타튀르크

"교사의 가장 큰 기술은 학생들이 배움의 즐거움을 느끼도록 하는 것이다." – 알베르트 아인슈타인

"교육의 목적은 단순히 지식을 전달하는 것이 아니라, 사람을 성장시키는 것이다." – 칸트

"교육은 아이들에게 무엇을 생각할지가 아니라, 어떻게 생각할지를 가르치는 것이다." – 마가렛 미드

"교사는 영원을 건드리는 사람이다. 그의 영향이 어디까지 미칠지는 아무도 모른다." – 헨리 애덤스

"훌륭한 교사는 희망을 불러일으키고, 상상력을 자극하며, 학습에 대한 사랑을 심어준다." – 브래드 헨리

Set 3	구상형 문항	난이도 ★★★★☆

다음 문제에 대해 10분간 구상 후 답변하시오.

다음은 5학년 담임 교사 A, B, C의 대화이다. 대화를 보고 물음에 답하시오.

> 교사 A: 서울시 교육정책에서는 학교 민주시민교육을 강화하고 학생 자치 역량을 강화하는 방향을 추구하는데, 이를 학급에서 실현하기에는 현실적인 어려움이 많은 것 같아요.
>
> 교사 B: 맞아요. 당장 저희 반에서도 학생들 중심으로 학급 회의를 열어 아이들끼리 의견을 모아도 학교나 교사가 수용해 줄 수 없는 경우가 많더라고요.
>
> 교사 C: 저희 반도 지난주 금요일에 학급 회의를 통해 자리를 어떻게 배정하면 좋겠냐는 토의 주제에 대해 '친한 아이들끼리 앉게 한다'가 과반수의 동의를 얻어 의견으로 채택되었지만, 특정 학생과 앉기 싫어하거나 친한 친구들끼리 앉았을 때 원활한 수업 진행이 안 될 정도로 장난을 치는 문제가 발생해 결국 다시 추첨제로 돌렸어요.
>
> 교사 B: 다들 비슷한 고민을 하고 계시는군요. 그러면 학급 내에서 민주시민교육을 강화하고 학생 자치 역량을 강화하려면 어떻게 하면 좋을까요?
>
> 교사 A: 우선 저는 신규 교사다 보니 제 역량이 다소 부족한 거 같아요. 학교 민주시민교육과 학생 자치 역량을 강화하는 방안에는 어떤 것이 있는지 생각해 보고, 교사 자신의 역량을 강화해야 할 것 같아요.
>
> 교사 C: 교사의 역량을 강화하는 것도 중요하지만, 이는 비단 신규 교사만의 문제는 아니라고 생각해요. 학교에서 발생한 어려움은 교사뿐만 아니라 학생, 학부모, 지역사회가 함께 협력하여 문제를 해결해나가는 것이 바람직하다고 생각합니다.

[질문]

가. 학교에서 민주시민교육과 학생 자치 역량의 중요성이 강조되는 이유를 설명하고, 이를 학급에서 실현할 수 있는 구체적인 교육 활동을 한 가지 제시하시오.

나. 위에서 제시한 교육 활동을 학급에서 운영할 때 예상되는 어려움을 설명하고, 이를 극복하는 방안을 2가지 설명하시오.

Set 3	즉답형 문항 (1)	난이도 ★★★★☆

실과 시간에 5학년 학생들을 대상으로 컴퓨터실에서 엔트리 프로그램을 활용한 코딩 수업을 진행하던 중, 학교 네트워크 오류로 인해 인터넷 사이트 접속이 불가능한 상황이 발생하였다. 이러한 상황에서 담임 교사로 어떻게 대처할 것인지 구체적으로 말하시오.

Set 3	즉답형 문항 (2)	난이도 ★★★☆☆

초등학교 5학년 학생이 글쓰기 과제를 수행하면서, 생성형 인공지능으로 검색한 내용을 그대로 복사하여 제출한 사실을 확인하였다. 이때, 담임 교사로 해당 학생을 어떻게 지도할 것인지 구체적으로 말하시오.

Set 3　　　　　　구상형 문항 해설

2020학년도 서울시 구상형 문항을 보면 교직 논술 문항처럼 교사들이 나눈 대화를 바탕으로 출제된 적이 있었어. 또 2025 서울교육 주요업무 3-1-2에 보면 민주시민교육을 활성화해서 학생 자치 역량을 강화하는 것을 핵심 과제로 두고 있는데, 이 둘을 결합해 출제한 문제야.

[질문 가]

우선, 문제에서 특정 용어가 강조되는 이유를 물어보는데 해당 용어의 의미가 문제에 제시되어있지 않다면, 용어의 의미를 간단하게나마 언급해주는 게 좋아. 비록 정확한 정의를 몰라도 **민주시민교육**은 '민주주의 사회의 구성원으로 필요한 자질과 역량을 기르는 교육,' **학생 자치 역량**은 '학생들이 학교 운영에 주체적으로 참여하는 역량' 정도로라도 말해주면 돼. 이어서 **중요성**이 강조되는 이유를 얘기할 땐, 앞서 말한 정의를 바탕으로 '자유민주주의 국가에서 학생들이 주체적으로 참여하고, 자기 행동에 책임지는 교육을 통해 민주시민으로 성장하는 발판을 마련할 수 있다'와 같이 답변하면 돼.

학급에서 실천할 수 있는 **교육 활동**으로는 문제에서 이미 제시된 학급 회의를 써도 되고, 시책에서 나온 '역지사지 공존형 토론수업'이나 본인이 알고 있는 활동을 언급해도 돼. 여러 활동이 떠오른다면 그중 본인이 자신있게 답변할 수 있는 활동을 고르면 되는데, 만약 본인의 점수가 간당간당하거나 뒤집어야 하는 상황이라면 조금 더 창의적인 답변을 준비해 모험해보는 전략을 쓸 수도 있지.

[질문 나]

문제 '나'에서는 활동 시 예상되는 어려움과 그에 대한 해결 방안을 2가지 제시하라고 했는데, 제시문 중 교사 A와 교사 C의 말에서 실마리를 찾을 수 있어. 교사 A는 교사의 역량 강화를, 교사 C는 학생, 학부모 및 지역사회가 함께 협력해야 한다고 언급했으니 각각의 측면에서 한 가지씩 총 2가지 해결 방안을 제시하면 돼. 이런 유형의 문제는 정해진 정답이 있는 게 아니라서 논리적이고 실현할 수 있는 내용이라면 여러 답변이 인정될 수 있지.

Set 3	즉답형 문항 (1) 해설

임용고시는 초등교사를 선발하는 시험인 만큼 면접관들은 내일 당장 교단에 설 수 있는 역량을 갖춘 교사를 원해. 그래서 학교 현장에서 실제로 일어날 법한 상황을 제시하고, 이에 어떻게 대처할 것인지 묻는 문항들이 출제되기도 하지. 이번 사례는 내가 실제로 겪었던 상황을 바탕으로 만든 문제야.

수업 도중 네트워크가 끊겼다면, 먼저 아이들을 진정시킨 뒤 침착하게 전산실이나 담당 부서에 연락해 문제의 원인을 파악하고, 이번 교시 안에 해결이 가능한지 확인해봐야 해. 금방 해결될 수 있는 문제라면 다행이지만, 1시간 이상 소요될 것으로 예상된다면 시간표를 조정해 다른 과목을 진행하거나 언플러그드 활동으로 대체하는 게 좋지. 현장 경험이 없는 경우 보통 '어떤 활동을 할 것인가'에 초점을 맞춰 답하는 편인데, 그보다 먼저 혼란스러운 교실을 신속히 수습하고 상황에 맞게 유연하게 대처하는 역량이 꼭 필요하기에 이를 알려 주고 싶었어.

Set 3	즉답형 문항 (2) 해설

생성형 인공지능을 통한 과제 해결은 초등학생부터 대학생까지 전 연령에서 사회적으로 떠오르는 문제야. 실제로 초등학교에서 자료 조사를 해오라고 하면, 일부 학생들이 Chat GPT 써도 되냐고 묻기도 하지. 물론 Chat GPT는 공식적으로 13세 미만 어린이의 사용을 금지하고 있지만, 실질적인 제재 효과는 거의 없는 상황이야.

이처럼 면접에서 문제 행동을 한 학생에 대한 지도 방안을 묻는 문제가 나왔다면, 해결책을 제시하기에 앞서 원인 분석을 먼저 언급해주는 것이 좋아. 무작정 학생을 혼내기보다는 과제의 난이도가 지나치게 어려워서 사용했는지, 과제를 할 시간이 부족해서 사용했는지 등 생성형 인공지능을 사용하게 된 배경을 파악하는 거야. 이렇게 원인을 분석하면 그에 맞춘 적절한 해결책을 제시할 수 있지. 예를 들어 과제가 어려웠다면 난이도를 조정해주고, 과제를 할 시간이 부족했다면 제출 기한을 연장해 다시 제출할 수 있도록 기회를 제공할 수 있어. 나아가 장기적으로는 정보윤리 교육을 통해 표절의 문제점을 인식시키고, 비판적 사고력을 기를 수 있는 활동을 병행하면 돼.

Set 4	구상형 문항	난이도 ★★★★★

다음 문제에 대해 10분간 구상 후 답변하시오.

2020년 9월, OECD는 당시 교육 현황을 진단하고 이를 토대로 20년 후 학교 교육의 방향과 트렌드를 예측한 보고서를 발간하였다. 보고서에서는 다음과 같은 네 가지 미래 학교 교육 시나리오를 제시하고 있다.

> 시나리오 1 (학교 교육의 확대)
>
> 전통적 학교의 틀은 유지하면서 정규교육에 대한 참여는 계속 확대되며 국제적 협업과 기술의 발전을 통해 개별화된 학습 지원이 확대될 것이다. 이에 따라 학교 시스템의 관료적 특성과 함께 학생, 교사 관계 및 학교 조직은 계속 유지되며, 공통 교육과정과 평가방식 역시 유지될 것이다.
>
> 시나리오 2 (교육의 아웃소싱)
>
> 사회 변화에 따라 전통적인 학교 시스템은 해체되며 디지털 기술의 발달에 따라 학습은 더 다양화, 민간화, 유연화될 것이다. 이에 따라 홈스쿨링, 온라인 학습 및 지역사회 기반 교육 등 다양한 형태의 교육이 학교 시스템을 대체할 수 있는 대안으로 등장할 것이다.
>
> 시나리오 3 (학습 허브로서의 학교)
>
> 학교라는 제도는 존속하나 다양성과 실험적인 교육 방법론이 시도되며, 지역사회와의 연결과 참여를 통해 학습의 형태가 끊임없이 변화할 것이다. 이에 따라 전문성을 기반으로 한 교사 및 네트워크가 작동하며, 교사는 학습자의 학습 요구와 지역사회의 변화하는 요구를 지원하는 역할을 할 것이다.
>
> 시나리오 4 (시·공간이 자유로운 학습)
>
> 교육은 언제 어디서나 이루어지며 정규교육과 비정규교육의 구분이 더 이상 유효하지 않을 것이다. 이에 따라 학교 제도가 해체되고 기술을 통한 개개인의 전문 학습자화에 따라 전문 교수 인력의 필요성이 사라질 것이다.

[질문]

가. 위 4가지 시나리오 중 대한민국의 미래 교육이 가장 가까워질 가능성이 높은 시나리오를 하나 선택하고, 그렇게 생각한 이유를 설명하시오.

나. (가)에서 선택한 시나리오가 현실화된다고 가정할 때, 교사의 역할은 어떻게 변화할 것인지 말하고, 그에 대비해 신규 교사로서 할 수 있는 노력 3가지를 제시하시오.

Set 4	즉답형 문항 (1)	난이도 ★★☆☆☆

다음은 어느 신규 교사의 교단일지 중 일부이다. 교단일지에 담긴 고민을 바탕으로, 이를 해결하기 위한 실천 가능한 방안 2가지를 제시하시오.

> 오늘 4학년 학생들과 뜀틀 수업을 하던 중, 한 학생이 착지 동작에서 손을 뒤로 잘못 짚는 사고가 발생했다. 다행히 병원에서는 큰 부상이 아니라고 하지만, 이번 달에만 안전사고가 벌써 세 번째다. 아무리 조심한다고 하더라도 교사가 모든 학생을 항상 지켜볼 수는 없고, 그렇다고 놀이시간이나 체육시간을 없앨 수도 없는 노릇인데 어떻게 해야 할지 고민이다.

Set 4	즉답형 문항 (2)	난이도 ★★☆☆☆

학생들이 미디어를 처음 접하는 시기가 점차 앞당겨지면서 초등학교 전학년에 걸쳐 사이버 폭력이 심각한 문제로 떠오르고 있다. 사이버 폭력을 예방하기 위한 구체적인 방안을 2가지 말하시오.

구상형 문제를 풀다 보면, 간혹 내 생각과 면접에서 좋은 점수를 받기 위한 답변 사이에 괴리가 생기는 경우가 있어. 예를 들어, 나는 '응보적 생활교육'이 필요하다고 생각하지만 면접 답변에서는 '회복적 생활교육'을 선호한다고 답하는 편이 훨씬 안정적일 수 있지. 또 1차 점수에 따라 답변 전략이 달라질 수 있어. 1차 점수가 높아 2차에서 평균 점수만 받아도 되는 수험생이면 안정적인 답변을 택하는 게 유리하지만, 2차에서 점수를 뒤집어야 하는 경우 창의적인 답변을 위해 모험을 걸어야 할 수도 있지. 이때 어떤 전략으로 구상할 것인지 생각해보라는 의미에서 이번 문항을 준비해봤어.

[질문 가]

시나리오 1은 가장 보수적인 접근이고 시나리오 4로 갈수록 혁신인데, 보통 시나리오 1, 2를 선택하는 경우가 많고, 시나리오 4를 선택하는 경우는 드물어. 하지만 혁신적인 만큼 답변이 창의적으로 나올 수 있지. 그래서 내가 면접에서 반전을 노린다면 시나리오 4를 선택해 모험을 해보는 것도 좋은 전략이야.

그렇지만 그보다 더 중요한 건, 내가 가장 잘 답변할 수 있는 시나리오를 선택하는 거야. 그러려면 솔직한 내 생각을 바탕으로 답을 구성해야 해. 예를 들어 시나리오 4가 점수에 유리할 것 같지만, 내 생각은 시나리오 1과 가깝다면, 시나리오 1을 밀고 가는 걸 추천해. 심층 면접에서는 답변의 구체성과 논리성을 중요하게 보기 때문에, 점수 욕심에 나의 생각과 다른 시나리오로 구상하다 보면 답변 중간에 논리가 꼬일 수 있어. 반대로, 두 시나리오를 모두 생각해 보면서 '왜 다른 시나리오대로 될 것 같지 않은지' 다각도로 분석하고, 그 근거를 바탕으로 예상 반박을 답변 속에 녹여낸다면, 안정적인 답변을 선택하면서도 점수를 뒤집을 수 있지.

[질문 나]

교사의 역할은 시나리오에 따라 교육과정 설계자, 학습 조력자, 상담자, 안내자 등 다양하게 나올 수 있어, 그리고 미래 사회 변화에 대비하기 위해 신규 교사로서 할 수 있는 노력에는 독서, 연수 참여, 교원학습공동체 참여 등이 있지. 제시문이 길고 [가]가 쉽지 않았던 만큼 [나]는 만능 답변으로도 충분히 대응할 수 있는 수준에서 출제했는데, 이처럼 구상형 문항은 시간을 잘 배분해 어느 문제에 더 힘을 줄 것인지 선택하는 연습도 필요해.

Set 4 즉답형 문항 (1) 해설

면접에서 해결 방안 2가지를 제시하라고 하면, 측면을 나누어 설명해주면 좋아. 이 문제에서는 안전사고 발생 원인에 따라 측면을 2가지로 나눌 수도 있고, '놀이시간 체육 시간을 없앨 수도 없는 노릇'이라는 부분을 통해 안전사고가 발생하는 공간에 따라 2가지로 나누어 제시할 수도 있어.

안전사고 발생 원인에 따른 해결 방안

<table>
<tr><td>원인 1</td><td>뜀틀 수업에서 손을 잘못 짚었다.</td></tr>
<tr><td rowspan="2">해결 방안</td><td>안전 수칙 교육을 반복 교육하여 생활화한다.</td></tr>
<tr><td>체육수업 전 준비운동을 통해 몸을 충분히 푼다.</td></tr>
<tr><td>원인 2</td><td>교사가 모든 상황에서 아이들을 지켜볼 수 없다.</td></tr>
<tr><td rowspan="2">해결 방안</td><td>학생들이 자주 이용하는 시설을 수시로 점검하여 사고 위험 요소를 최소화한다.</td></tr>
<tr><td>체육수업 시간에 벽 등지기 및 밀착통제를 통해 학생의 비과제 행동을 최소화한다.</td></tr>
</table>

안전사고가 빈번히 발생하는 공간별 해결 방안

<table>
<tr><td>놀이시간</td><td>교실, 복도, 화장실</td></tr>
<tr><td rowspan="2">해결 방안</td><td>교사의 순회 지도를 통해 사고를 미연에 방지한다.</td></tr>
<tr><td>학급 내 일인일역을 지정하여 교실 질서를 유지한다.</td></tr>
<tr><td>체육 시간</td><td>강당, 체육관, 운동장</td></tr>
<tr><td rowspan="2">해결 방안</td><td>체육수업 전 안전 관련 유의 사항을 반복 지도한다.</td></tr>
<tr><td>스포츠 강사와 협력하여 안전사고를 줄일 방안을 모색한다.</td></tr>
</table>

Set 4 즉답형 문항 (3) 해설

즉답형 문항은 문제를 읽고 그 자리에서 바로 답해야 하는 걸 출제자들도 알기에 불필요한 정보는 최대한, 빼고 꼭 필요한 정보만 넣어서 출제해. 그래서 즉답형 문항을 읽을 때는 빨리 읽기보다 정확하게 읽는 게 훨씬 중요해. 문제에서 무엇을 요구하는지, 왜 이 문장이 들어갔는지 고민하며 읽어야 하지. 물론 시험장에서 긴장하면 눈에 뵈는 게 없어지지만, 평소에 이런 연습을 해두어야 그나마 마음을 다잡을 수 있어.

예를 들어 이 문제에서 단순히 '사이버 폭력을 예방하기 위한 구체적인 방안을 2가지 말하시오'라고만 물어볼 수도 있었는데, 굳이 앞에 한 문장을 더 넣은 건 의도적이었어. 해당 문제가 초등학교 '전 학년'에 걸쳐 심각한 문제라는 걸 강조하고 싶어서였지. 정규 교육과정에서는 사이버 폭력을 4학년 도덕과 5~6학년 실과에서 본격적으로 다루지만, 요즘은 저학년 학생 중에도 스마트폰을 쓰는 경우가 많아 위험에 쉽게 노출돼. 이 부분을 캐치해서 저학년 학생들을 대상으로 창의적 체험활동 시간에 디지털 정보 윤리 교육을 해야 한다고 답할 수 있으면 Great! 꼭 이 답변이 아니더라도 아래와 같은 답변을 얘기하면 좋은 점수를 받을 수 있어. 물론, 본인만의 창의적인 답변이 있으면 그것 또한 높은 점수를 받을 수 있지.

예시 답안

① 칭찬 댓글 달기, 사이버 폭력 예방 캠페인과 같은 활동을 운영한다.

② 학부모 대상 연계 교육을 강화해 가정에서 부모와 학생이 함께 인터넷•스마트폰 규칙을 정하고 실천하도록 안내한다.

③ 사이버 폭력도 학교폭력의 일종이므로 학교폭력예방교육을 강화하고, 국어 시간과 연계하여 학생들이 바른 언어 습관을 기르도록 교육한다. (예: 교실에서 상호 존댓말 사용하기, 언어습관 실태 조사하기)

④ 사이버 경찰청 등 유관 기관과 협력하여 전문가 초청 강연을 기획한다.

⑤ 사이버 폭력의 실태를 생생하게 재현한 앱을 수업에 활용한다.

(단, 이 경우 피해 경험이 있는 학생의 트라우마에 대한 고려가 필요해)

Set 5	구상형 문항	난이도 ★★★★☆

다음 문제에 대해 10분간 구상 후 답변하시오.

2022 개정 교육과정의 주요 변화 중 하나는 '학교 자율시간'의 도입이다. 학교 자율시간이란 초·중학교 교육과정에서 교과 및 창의적 체험활동 시수의 20% 이내에서 학년별 최대 64시간까지 자유롭게 확보하여, 학교가 자율적으로 과목을 설계하고 수업을 운영할 수 있도록 한 시간이다. 이는 교사가 주도적으로 교육과정을 설계하고 실행하는 '교사 교육과정'을 실현할 수 있는 중요한 제도적 기반으로 여겨진다.

[질문]

가. 초등학교 현장에서 교사 교육과정을 구현하는 것이 필요한 이유를 설명하시오.

나. 본인이 제시문 속 학급의 담임 교사라고 가정 할 때, 한 학년 동안 학교 자율시간을 어떻게 운영할 것인지 계획을 세운다면 어떻게 할 것인지 구체적인 교육 활동 3가지를 포함하여 말하시오.

[제시문]

- 대상 학년은 3~6학년 중 본인이 선택하여 운영할 수 있으며,
- 한 학급의 학생 수는 24명(남 12, 여 12)이다.
- 학교 자율시간에는 교내에 존재하는 모든 공간 및 기자재를 사용할 수 있으며, 수업을 운영하는 데 있어 공간적, 금전적인 제약은 없다고 가정한다.
- 학교 자율시간은 1학기 30시간, 2학기 30시간으로 총 60시간이 주어지며,
  한 학기 안에서는 교사가 자율적으로 시간표를 편성하여 운영할 수 있다.
- 학교 자율시간을 통해 유의미한 교육이 이뤄지도록 하는 것을 목표로 한다.
- 학교 자율시간을 통해 학생들이 미래 사회에 발맞춰 주도적인 사람으로 성장할 기회를 제공하는 것을 목표로 한다.

Set 5	즉답형 문항 (1)	난이도 ★★☆☆☆

5학년 학생들을 대상으로 진로 교육 시간에 '미래에 되고 싶은 직업'을 발표해 보라는 활동을 하던 중, 세아라는 학생이 본인은 초등교사가 되고 싶다고 답변했다. 만약 본인이 해당 학급의 담임 교사라면, 세아에게 어떤 말을 해주고 싶은지 구체적으로 말하시오.

Set 5	즉답형 문항 (2)	난이도 ★☆☆☆☆

교권 침해 피해 교원 상담 건수를 연도별로 조사한 통계에 따르면, 2017년에는 3,498건이었으나 2021년에는 13,621건으로 4년간 약 3.9배 증가한 것으로 나타났다. 이처럼 교권 침해로 인한 문제가 날이 갈수록 심해지는 상황에서 교사로서 교권 회복을 위해 할 수 있는 노력 2가지를 구체적으로 제시하시오.

학교 자율시간은 2022 개정 교육과정에 새로 도입된 개념이라, 출제 가능성이 매우 높아. 만약 이 내용이 2차 시험에 출제된다면, 서울시 2021~2022학년도 심층 면접 구상형 문항 스타일로 나올 가능성이 크다고 판단해서 만들어봤어.

[질문 가]

이 문제에서는 교사 교육과정의 의미가 이미 제시되어 있으니, 문제에서 요구한 대로 필요한 이유만 설명해주면 돼. 교사 교육과정의 핵심은 '학급별 학생의 발달 수준, 흥미, 학습 요구가 다르기 때문에 학생 맞춤형 교육 실현하는 데 필요하다'는 거야. 이러한 맥락으로 답변하면 좋은 점수를 기대할 수 있지. 여기에 한 발 더 나가 교사가 교육과정을 재구성하는 과정에서 수업 전문성을 강화하고 현장 변화에 유연하게 대응하는 능력을 기를 수 있다'와 같이 교사의 역량에 초점을 맞춘 답변을 덧붙이면 답변에 차별성을 더할 수 있겠지?

[질문 나]

[나]에서는 제시문의 모든 조건이 답변에 반영되도록 계획을 세우면 돼. 제시문의 조건별로 답변에 포함해야 할 내용은 다음과 같아.

① 대상 학년과 해당 학년을 선택한 이유
② 수업 공간 및 필요한 기자재 설정
③ 1, 2학기 총 60시간 동안 실행할 구체적인 활동 3가지 이상
④ 해당 수업을 통해 기대되는 효과(교육적 의미)
⑤ 수업을 통해 미래 사회에 발맞춰 주도적인 사람으로 성장할 기회를 제공하는 구체적인 방안

위 조건만 포함되면 연극 수업, 환경 프로젝트 수업, 메이커 교육 등 어떤 주제를 선택하더라도 좋은 답변이 될 수 있어.

Set 5 즉답형 문항 (1) 해설

즉답형 문항으로는 지원자의 생각을 직접 묻는 문제도 자주 나와. 대표적으로 2021학년도 서울 2차 즉답형 문항으로 '두 문장 중 자신의 학생관을 반영한 문항을 1가지 선택하고, 그 이유를 본인의 경험과 관련지어 말하시오.'라는 문제가 나왔어. 이 문제에서는 기출문제와 달리 본인의 경험과 연결하라고 언급하지 않았지만, '내가 왜 교사가 되고 싶은지' 나의 생각과 경험을 자연스럽게 녹여내기에 더할 나위 없이 좋은 유형의 문항이지.

세아가 초등교사가 되고 싶다고 말하면 먼저 학생이 가볍게 한 말은 아닌지, 정말 진지하게 고민하고 한 건지는 파악해야 해. 초등학생 중에는 하루가 멀다고 꿈이 바뀌거나, 혹은 별생각 없이 말하는 경우도 많거든. 그런데 진짜로 꿈이 초등교사인 학생이라면, 그 꿈을 이루기 위해 어떤 노력을 해야 하는지, 초등교사의 장점으로는 뭐가 있는지 구체적으로 얘기해줄 수 있어. 또, 커리어넷 같은 진로 탐색 사이트를 추천해주거나, 나아가 창의적 체험활동 시간에 직접 '학생이 교사가 되어 수업해볼 기회'를 만들어 줄 수도 있지. 이러한 답변 속에 네 생각과 경험을 잘 녹여낸다면, 그보다 더 좋은 답변은 없겠지?

Set 5 즉답형 문항 (2) 해설

이 문제에서 교권 회복을 위해 교사로 할 수 있는 노력을 2가지 제시하라고 했는데, 여기서 2가지를 제시하라 건 교권 침해의 주체를 '학부모'와 '학생' 두 측면으로 나눠서 생각해보라는 취지야. 실제로 교권 침해의 주체는 학부모와 학생, 그리고 교직원 측면으로 나눌 수 있지만, 교직원으로 인한 교권 침해가 문제로 출제될 확률은 낮으니까.

학생이 교권을 침해하는 경우 대부분 교사를 존중하지 않는 태도에서 비롯돼. 특히 서울의 일부 지역처럼 학구열이 센 동네는 교사의 역량을 무시하는 학생들 때문에 문제가 되는 경우가 많은데, 이런 경우 꾸준한 독서 및 자기 계발, 자발적 연수 신청을 통해 교사 전문성을 향상해 교권을 회복한다는 답변을 할 수 있지.

반면, 학부모가 교권을 침해하는 경우는 대개 사회 전체의 인식 개선이나 제도적 시스템의 강화가 필요한 부분이라 교사 개인이 감당하기는 힘들어. 교사 개인의 차원에서 그나마 할 수 있는 건 학기 초 학부모 총회에서 자신의 교육 철학과 학급 운영 방침을 분명히 알리고, 평소에도 모든 학생을 공정하게 대하려는 태도를 보이는 거야. 이런 노력을 통해 학부모와 긍정적 라포를 쌓고 불필요한 오해를 줄여 교권 침해를 예방할 수 있지.

3장

수업 실연

수업 실연 심층 분석

수업 실연 만점 노하우

수업 실연 예상 문제 & 문제 해설

1차 시험은 시험 전 기출 문제와 모의고사를 통해 대략적인 점수를 예상해 볼 수 있는데, 수업 실연은 연습해도 실력이 느는 것 같지 않고 정량적인 비교가 어려워 더 불안하지? 기출문제를 보더라도 어떻게 해야 20분 안에 그 많은 조건을 다 충족하면서도 자연스러운 수업을 구상할 수 있는지 막막하기만 하고. 나는 그저 말하는 감자일 뿐이라고!

수업 실연 심층 분석

수업 실연 진행 방식

임용고시의 꽃이라 불리는 수업 실연! 수업 실연은 심층 면접과 함께 점수 비중이 큰 만큼 수험생들이 가장 열심히 준비하는 영역이자, 동시에 2차 시험을 처음 접하는 수험생들이 가장 막막하게 느끼는 영역이기도 해.

수업 실연은 실제 수업처럼 정해진 시간 안에 수업을 구상하고 실연하는 방식으로 진행돼. 교실에 학생들이 있지는 않지만 있다고 가정하고, 아이들의 반응을 예상하며 수업해야 하지. 문제 조건에 따라 도입부터 정리까지 전부 실연하는 경우도 있고, 도입이나 정리를 생략하고 본 차시만 보여주는 경우도 있어. 2025년 기준 서울과 경기 모두 실연 시간은 15분이었는데, 매년 조금씩 달라질 수 있으니 꼭 **1차 시험 결과 발표일에 각 교육청 홈페이지에 올라오는 당해 2차 시험 공고문을 확인**해서 변경된 사항이 있는지 꼭 확인하길 바라.

수업 실연이 끝나면 이어서 본인의 수업을 성찰하는 면접이 이어지기도 하는데, 교육청마다 반성적 성찰, 수업 나눔, 수업 설계역량 등으로 불려. 면접은 즉답형으로 진행되며 면접 시간과 문항 수는 지역마다 다르지. 예를 들어 2025년 기준 서울은 2문제를 5분 동안 답변했고, 경기는 3문제를 10분 동안 답변했어. 다음은 2025 서울시 초등 임용 2차 시험 시행 공고 및 2025 & 2026 초등 임용 경기도교육청 2차 시험 시행 공고야.

2025 초등 임용 서울시교육청 2차 시험 시행 공고

시험일자	시험과목	배 점		문항수		시험시간	비 고
		초등	유치원특수				
2025. 1. 8.(수)	교수·학습과정안작성	10점	15점	1문항		60분	-
	교직적성 심층면접	40점	40점	구상형	1문항	1인당 5분 이내	구상시간 10분
				즉답형	2문항	1인당 5분 이내	
2025. 1. 9.(목)	수업실연	40점	45점	수업실연	1문항	1인당 15분 이내	구상시간 20분
				반성적성찰질문(즉답형)	1문항	1인당 5분 이내	
	영어수업실연 및 영어면접	10점	-	영어수업실연	1문항	1인당 6분 이내	구상시간 10분
				영어면접	2문항	1인당 4분 이내	

2025 & 2026 초등 임용 경기도교육청 2차 시험 시행 공고

출제 기관 변경

시험과목	2025학년도(기존)	2026학년도(변경)
수업실연	경기도교육청	(수업설계역량) 경기도교육청 자체출제 (수업실연) 한국교육과정평가원 위탁출제

※ 교직적성심층면접, 영어(초등:면접·수업실연) 경기도교육청 자체 출제(변경 없음)

시험 문항 및 시간 변경

선발분야	2025학년도(기존)						2026학년도(변경)					
	시험과목		문항수	배점	시간		시험과목	문항수		배점	시간	
					구상	평가					구상	평가
초등	수업능력평가	수업실연	구상형(1)	25점	25분	15분	수업실연	수업설계역량	구상형(1)	50점	20분	5분
								수업실연	구상형(1)			15분
		수업나눔	즉답형(3)	25점	-	10분	폐지					
유치원·특수(유·초)	수업능력평가	수업실연	구상형(1)	30점	25분	15분	수업실연	수업설계역량	구상형(1)	60점	20분	5분
								수업실연	구상형(1)			15분
		수업나눔	즉답형(3)	30점	-	10분	폐지					

시험 운영 변경

구분	2025학년도(기존)	2026학년도(변경)
시험운영	구상시간 25분, 수업실연 실시 후 수업나눔(즉답형 3문항) 답변	구상시간 20분, 수업설계역량(5분) 답변 후 수업실연(15분) 실시

수업 실연 문제 조건 분석

수업 실연 문제를 보면 여러 조건이 쭉 나열돼 있고, 그 조건들을 빠짐없이 충족하면서 실연해야 해. 문제마다 조건이 조금씩 다르긴 하지만, 대체로 다음과 같은 조건을 줘.

학년, 학기, 과목, 단원, 실연 단계, 실연 시간, 본시 학습 목표,
차시별 계획, 학생 수, 교과서 내용, 학습 준비물, 특수한 조건

각 조건이 문제에 어떤 식으로 나오는지는 3-3장의 수업 실연 예상 문제를 보면 감이 올 거야. 그렇다면, 이제 각 조건을 수업 실연에서 어떻게 충족해야 하는지 하나씩 살펴보자!

학년, 학기, 과목, 단원

어떤 수업이든 '학년, 학기, 과목, 단원'이 제시되어야 수업을 구성할 수 있겠지? 간혹 과목이나 단원이 따로 주어지지 않거나 프로젝트 수업처럼 교과 간 융합 형태로 문제가 나오기도 하지만, 어떤 방식으로든 조건은 주어져. 특히 경기도교육청은 수업 자체를 새롭게 구성하는 유형이 자주 출제되는 반면, 서울시교육청은 조건이 많고 까다롭게 나오는 편이지.

또 수업 실연에서는 반드시 대상 학년에 맞게 언어적·비언어적 표현을 조절해야 해. 같은 내용을 가르치더라도 저학년생에게는 더 쉬운 용어를 쓰고 말도 천천히 해야 하거든. 그렇다고 1학년부터 6학년까지 전부 따로 준비할 필요는 없어. 보통은 저학년과 고학년, 혹은 학년군 단위로만 나눠서 준비해도 충분해.

실연 단계

수업 실연은 문제 조건에 따라 도입·전개·정리 중 일부만 하라고 할 수도 있고, 전체를 다 실연하라고 할 수도 있어. 또 서울 같은 경우는 수업 실연을 시작하기 전에 수업자의 의도를 1~2분 정도 설명하라는 조건이 붙을 때도 있거든. 그러면 그 시간까지 포함해서 제한 시간 안에 보여줘야 하지. 그렇다면 도입, 전개, 정리 단계에서는 각각 어떤 활동을 하면 좋을까?

수업 실연의 흐름	
실연 전	인사, 수업자 의도 설명
도입	수업 분위기 형성, 전시 학습 상기, 자리 배치, 동기 유발, 학습 문제 제시, 활동 제시
전개	활동 구분 안내, 활동 소개, 준비물 배부 및 회수, 유의 사항 안내, 순회 지도, 발표
정리	학습 내용 정리, 평가, 차시 예고 및 인사
실연 후	반성적 성찰, 인사

보통 도입, 전개, 정리 단계에는 각각 정해진 활동들이 있어. 교대 실습 나갔을 때 봤던 수업 흐름이랑 거의 비슷한데, 수업 실연에서는 학생 활동 시간이 빠져 있다는 게 차이지. 그렇다고 해서 어떤 활동이 꼭 특정 단계에만 들어가야 하는 건 아니야. 예를 들어 평가는 꼭 정리 단계에서만 하는 게 아니라, 전개 단계에서 순회 지도하면서 자연스럽게 할 수도 있거든. 특히 문제 조건에 "전개까지만 실연하라"는 말과 함께 "과정중심평가를 해라"라는 조건이 나오면, 전개 단계에서 순회 지도하면서 평가하는 모습을 보여줘야 하지. 결국 큰 흐름은 지키되, 문제 조건과 상황에 맞게 유연하게 바꾸는 게 제일 중요해.

실연 시간

2차 수업 실연에서 시간은 진짜 생명이나 다름없어. 문제에서 도입-전개-정리 단계까지 다 실연하라고 했는데, 내가 도입이랑 전개까지만 하다가 타이머가 울리면 감독관이 바로 끊어버려. 그러면 정리 단계는 물론이고, 그 안에서 충족해야 했던 다른 조건들도 전부 날아가는 거지. 실제로 2022학년도 경기 시험에서는 도입부터 전개 중간까지만 15분을 줬던 반면, 서울은 수업 의도 설명 1분에 도입-전개-정리 전부를 10분 안에 다 해야 했어. 이렇게 실연 시간이 촉박하다 보니 단계별 시간 배분이 정말 필수야. 그래도 다행인 건 평가실에 타이머가 있어서 실연 중에도 시간이 얼마나 남았는지 쉽게 확인할 수 있으니까, 평소 연습할 때 타이머를 켜놓고 시간 조절하는 습관을 들이면 돼. 나는 서울 기준 15분짜리 실연을 준비할 때, 수업자 의도 설명부터 도입까지 약 4~5분, 전개 9~10분, 정리에 1분 정도를 썼어. 그런데 이건 어디까지나 내 기준이고, 지역마다 시간도 다르고 수업 스타일도 다르니까 직접 여러 번 해보면서 자기한테 맞는 시간 배분을 찾아야 해! 또 도입-전개-정리 중 일부만 실연하라고 했을 때는 어느 부분을 더 비중 있게 보여줄지, 활동과 발표 미러링은 몇 개 넣을 것인지에 따라 전략이 달라져. 그러니 여러 문제를 풀어보면서 유연하게 대처하는 능력을 기르길 바라.

본시 학습목표 및 차시별 계획

수업 관련 조건 중에서 제일 중요한 게 아마 본시 학습목표일 거야. 좋은 수업이란 결국 최대한 많은 학생이 학습목표에 도달할 수 있도록 구성한 수업이거든. 동시에 활동 내용이 이전 차시나 다음 차시 내용을 침범하면 안 되지. 그래서 문제에서 본시 학습목표뿐만 아니라 이전이나 다음 차시의 학습 내용을 같이 주거나, 아예 단원 전체 차시별 계획을 제시하는 경우도 있어. 이런 조건들은 도입 단계에서 전시 학습을 상기하거나, 수업 맨 마지막의 차시 예고를 통해 자연스럽게 충족할 수 있어.

학생 수

학생 수 조건은 보통 모둠을 구성하는 과정에서 자연스럽게 충족할 수 있어. 예를 들어 문제에 '2학년 24명 학생을 대상으로 실연하시오'라는 조건을 줬다면, 모둠 활동을 시작하기 전에 "이번 활동은 모둠으로 진행되니 4명씩 6 모둠으로 만드세요"와 같이 발문하면 되는 거지. 그런데 가끔 22명처럼 인원이 정확히 나눠떨어지지 않을 때가 있어. 이럴 땐 "4명씩 3 모둠, 5명씩 2 모둠으로 나누세요"처럼 모둠 인원을 조정해 언급해주면 돼. 또 준비물이나 학습지를 나눠줄 때 개수를 구체적으로 말해도 학생 수 조건을 충족할 수 있으니 참고해~

교과서 내용

본시 학습목표를 제시하는 것만으로는 어떤 내용으로 수업하는지 잘 모를 수 있잖아? 그래서 문제에서 통보 교과서 내용이나 장면, 그림을 직접 제시해줘. 그러면 그걸 참고해서 수업을 구성하되, 단순히 교과서에 있는 걸 그대로 따라 하기보다는 나만의 방식으로 활동을 재구성하는 게 좋아. 2차 수업 실연에서 교과서 따라 읽기나 교과서 활동을 그대로 따라 하는 수업을 의도하고 출제하지는 않았겠지? 그렇다고 국어 교과서의 문학 작품이나 수학의 핵심 개념을 전부 수정할 필요는 없어. 교과서의 핵심 내용을 기본으로 두고, 네 수업 스타일에 맞게 조금씩 변형해서 만들면 돼. 단, 어떤 식으로 재구성하든 결국 학생들이 학습목표에 도달할 수 있는 방향으로 구성해야 안정적으로 좋은 점수를 받을 수 있겠지?

학습 준비물

별도의 조건이 없거나 '필요한 기자재는 모두 사용할 수 있다'라는 조건이 나오면 어떤 교구를 써도 상관없어. 하지만 태블릿처럼 특정 준비물이 조건에 명시돼 있다면 그건 반드시 수업에 활용해야 해. 또 수업 실연은 실제로 아이들이 있다고 가정하고 하는 만큼 준비물을 나눠주고, 다 쓰면 다시 회수하는 과정까지 전부 보여줘야 해. 학생들이 실제로 있는 게 아니다 보니 자칫 의식하지 않으면 이 부분을 빼먹기 쉬우니까 꼭 주의해야 해!

특수한 조건

위 조건들 말고도 '특수 학생 지도 방안', '교사의 확산적 발문', '인성 요소를 길러줄 수 있는 방법'같은 추가 조건이 1~2개 정도 제시되기도 해, 이런 건 만능틀만으로는 대비하기 어려운 만큼 구상 시간에 '수업의 단계에서, 어떤 말과 활동으로' 녹여 넣을지 구체적으로 그려두는 게 핵심이야. 그렇다면 제한된 구상 시간 동안 구상지를 어떻게 작성해야 수업 실연을 잘 할 수 있을까? 구상지를 쓰는 Tip은 바로 다음 페이지에서 알려줄게!

수업 실연 구상 Tip

수업 실연 구상 시간은 응시 지역마다 조금씩 다른데, 2025년 기준 서울은 20분, 경기는 25분이 주어졌어. 다른 지역도 보통 20~25분 정도인데, 이 시간 안에 문제를 읽고 구상지를 활용해 빠르게 수업을 정리해야 하지.

심층 면접은 문제 유형이 워낙 다양해서 구상지를 자유롭게 쓰는 편이야. 그런데 수업 실연은 조건이 정해져 있고 흐름도 비슷하다 보니, 구상지를 어떻게 접어 쓸지 미리 정해두면 훨씬 편해. 나는 서울 기준으로 구상지를 가로, 세로 한 번씩 접어 4등분을 만든 다음, 각 칸에 다음과 같이 정리했어.

수업 실연 구상지 예시

학습목표 수업자 의도 1. 2. 3. 조건	활동 1 + 명칭 + 형태 1. 2. 3. 유의사항 순회지도 & 발표 & 평가	준비물 활동 시간
이전 차시 모둠 구성 동기유발 학습문제	활동 2 + 명칭 + 형태 1. 2. 3. 유의사항 순회지도 & 발표 & 평가	준비물 활동 시간 정리/평가 다음 차시

왼쪽 위

왼쪽 위에는 학습목표랑 문제에서 주어진 핵심 조건을 적었어. 수업 실연에서 다른 건 못 외우더라도 학습 문제만큼은 꼭 외워두는 게 좋아. 학습 문제를 몰라 구상지를 보고 읽는다는 건 그만큼 내가 이 수업을 형식적으로 하고 있다고 느끼게 하거든. 학습 문제는 문제에 제시된 학습목표를 살짝 형식만 바꿔주면 되니까, 일단 문제에 있는 걸 그대로 옮겨 적으면 돼. 그 다음 핵심 조건들은 일단 쭉 나열해놓고, 구상하면서 각 조건을 어디에 넣을지 고민하며 하나씩 지워나갔지. 이렇게 하면 빠트리지 않고 조건을 수업에 다 녹여낼 수 있으면서도 혹시 수업 도중에 놓친 게 생겨도 보고 만회할 수 있거든. 특히 학생들 순회 지도를 실연할 때 이 부분을 보면서 조건을 잘 충족하고 있는지 확인해보면 좋아.

또 서울 2차 수업 실연에는 수업 전 수업자의 의도를 설명하라는 조건이 자주 나와. 이건 내가 수업을 어떤 구조로 짰는지, 또 주어진 조건들을 수업 중 어떻게 충족할 건지 간단히 설명하는 과정이야. 보통 두괄식으로 3~4개 정도만 언급하는데, 개수만큼 번호를 매겨서 짧게 요점만 적어두는 게 좋아. 그래야 실제 실연할 때 순서대로 또렷하게 말할 수 있어.

왼쪽 아래

왼쪽 아래에는 도입 부분에 해당하는 구상 내용을 정리해뒀어. 도입은 보통 [수업 분위기 형성 → 전시 학습 상기 → 모둠 구성 → 동기 유발 → 학습 문제 제시 → 활동 안내] 순서로 진행되는데, 이 중 분위기 형성은 만능틀을 연습해두면 구상지를 굳이 보지 않아도 할 수 있고,

활동 안내는 단순히 활동 개수를 알려주는 거라 적을 필요가 크지 않더라고. 그래서 나는 전시 학습 상기를 할 때 필요한 이전 차시 내용, 학생 수 조건을 반영한 모둠 구성 방법, 동기 유발 아이디어, 학습 문제를 차례대로 적어뒀어. 특히 학습 문제는 혹시라도 까먹을까 해서 메모해두긴 했지만, 실연할 땐 반드시 외워서 자연스럽게 말하려고 노력했지.

오른쪽 위

오른쪽 위에는 활동 1에 해당하는 구상 내용을 적었어. 활동 1의 이름과 형태(개인, 짝, 혹은 모둠), 활동 순서에 따른 구체적인 방법, 필요한 준비물, 활동 시 유의할 점, 학생들에게 줄 활동 시간까지 전부 빠짐없이 적었지. 특히 활동을 구상할 때는 구체적이면서도 직관적으로 알 수 있게 단계별로 구성해야 수업 실연할 때 평가관이 어떤 활동인지 이해할 수 있지. 이건 다른 활동도도 마찬가지야.

그리고 활동을 구상한 뒤에는 순회 지도를 하면서 주어진 조건들을 어떻게 충족할지도 같이 생각해봤어. 예를 들어 특수 학생 지도 방안, 인성 요소 함양, 과정중심평가 같은 조건들이 주로 여기에 해당하는데, 이런 조건은 핵심 발문 중심으로 간단히 적어두면 좋아. 순회 지도 자체가 학생들 사이를 걸어 다니는 연기처럼 하면서 구상지를 자연스럽게 볼 수 있는 기회라서, 충분히 볼 수 있지. 하지만, 그렇다고 구상지에 너무 의존하다 보면 자연스러운 실연이 나오지 않으니 만약을 대비해 적어두되, 최대한 보지 않는 편이 좋아.

마지막으로, 활동이 끝나면 학생 발표를 들으며 교사가 미러링해주는 형식으로 진행되는 부분이 있어. 이때 학생의 예상 발화도 구상 시간에 미리 정리해뒀어. 그러면 실연할 때 훨씬 자연스럽게 이어갈 수 있지. 하지만 이 또한 마찬가지로 구상 시간에 한 번만 생각해두면 실연할 때 자연스럽게 나오는 만큼, 문장을 다 적지 말고 키워드 위주로만 적어두길 추천해.

오른쪽 아래

오른쪽 아래에는 활동 2 내용을 활동 1이랑 똑같은 방식으로 정리했어. 활동 명칭, 방법, 준비물, 유의 사항, 시간 같은 걸 빠짐없이 적고, 조건 충족을 위한 순회 지도 발문이나 예상 학생 발화도 같이 메모해뒀지. 그 아래에는 정리 단계 구상을 간단히 정리했어. 정리 단계는 보통 [학습 내용 정리 → 평가 → 차시 예고 → 인사] 순으로 이뤄지는데, 이중 차시 예고에 해당하는 후속 차시 내용 정도만 적으면 충분해. 나머지는 만능틀을 반복 연습하다 보면 자연스럽게 본인 스타일대로 실연할 수 있는 부분이라 크게 신경 쓰지 않아도 되거든. 그래도 혹시나 실연 단계를 건너뛰거나 조건을 놓칠 수 있으니, 실연할 학습 단계만큼은 순서대로 메모해두는 걸 추천해!

구상 시간 Tip

구상 시간이 20분이면, 그중 처음 4~5분은 문제를 꼼꼼하게 읽으면서 창의적인 아이디어를 떠올리는 데 써도 좋아. 특히 동기 유발이나 활동 구성 같은 부분은 나만의 차별화된 수업을 보여줄 수 있는 포인트라서 이 부분에 대한 생각을 충분히 해두는 게 필요하지. 다만 수업 아이디어만 붙잡고 10분 넘게 고민하다 보면 다른 조건을 챙길 시간이 모자라니까, 최대 8분까지만 정해두고 그때까지 나온 아이디어 중 가장 좋은 걸로 정리해서 가져가는 게 좋아

또한, 마지막 2~3분은 전체 조건을 다시 확인하면서 빼먹은 게 없는지 확인하고, 머릿속으로 수업을 시뮬레이션해보길 바라. 이 과정을 거치면서 부족한 부분을 미리 보완할 수 있는데, 이때 시간이 없다고 넘어간 다음 바로 수업 실연을 해버리면 그 미흡한 부분이 실연 때 그대로 드러나거든.

구상지에 지나치게 의존하지 말자

수업 실연을 처음 준비할 땐 구상지에 세세한 내용까지 다 적고, 실연할 때 계속 보면서 진행해도 괜찮아. 하지만 3~4주차쯤 되면 구상지를 보는 습관을 조금씩 줄이는 게 좋아. 특히 학습 문제 읽기, 순회 지도, 학생 발표 내용 미러링 같은 건 사실 구상 시간에 한 번만 생각해두면 실연할 때도 자연스럽게 떠올릴 수 있거든. 그런데도 자꾸 구상지를 보는 건 단순히 불안해서 구상지에 적은 뒤, '내가 여기에 적어놨으니까 안심된다'라는 생각을 하기 때문이야. 예를 들어 다문화 학생이 조건으로 나왔다면 구상 시간 동안 "활동 1에서는 동윤이 짝꿍 Kevin을 도와주고, 활동 2에서는 교사가 그 장면을 칭찬한다" 정도만 메모해둬도 실연할 때 자연스럽게 풀어낼 수 있어. 이를 굳이 구상지에 발문을 하나하나 다 적어놓지 않아도 되지.

그래서 시험이 가까워질수록 구상지도 간단하게 쓰는 연습을 해봐야 해. 나는 시험 직전에는 구상지 4면 중 한 면에 조건만 크게 적어두고, 나머지는 최대한 외워서 갔어. 학습 문제랑 수업 조건 정도만 키워드로 크게 써두고, 교사 발문이나 학생 발화 같은 건 문장 전체를 쓰는 대신 키워드 중심으로만 정리하는 거지. 구상지를 본다고 해서 감점되는 건 아니지만, 자꾸 눈길이 가면 수업 흐름이 어색해지는 건 사실이야. 게다가 구상지를 네 면 다 쓰면 중간에 종이를 펼쳐야 하는데, 그 순간 면접관들의 시선이 구상지에 가게 돼. 그러니 연습할 때부터 구상지 의존도를 줄이고, 최소한의 키워드만 수업이 매끄럽게 흘러가도록 훈련하는 걸 추천해!

수업 실연 공부 5단계

수업 실연은 무엇보다 일단 부딪혀보는 게 가장 중요해. 처음에는 어색하고 헛웃음만 나오지만, 하다 보면 실력이 금방 늘거든. 실제로 촬영해서 비교해보면 변화가 가장 두드러지게 나타나는 영역이 수업 실연이야. 하지만 처음 진입장벽이 높은 만큼 어떻게 시작해야 할 지 막막한데, 첫 단추를 어떻게 끼워야 할까?

1단계 : 만능틀을 만들자

갑자기 아무것도 모르는 상태에서 허공에다 대고 수업 실연을 해야 한다고 생각하면, 누구라도 막막할 수밖에 없어. 이때 필요한 게 '수업 실연 만능틀'로, 이걸 먼저 만들어야 비로소 실연을 도전해 볼 수 있을 거야. 만능틀이란 어떤 조건이 나오더라도 언제든지 적용할 수 있는 나만의 기본 수업 구조를 의미해. 여기에는 전시 학습 상기, 동기 유발, 집중 구호, 수업 약속, 자기 평가, 동료 평가, 순회 지도 방법 같은 요소가 포함되지. 만능틀이 있다면, 그 틀에 맞춰 수업을 진행할 수 있어서 심리적인 부담이 줄고 구상 시간도 훨씬 짧아지지.

나는 작년에 합격한 선배들이 공유한 만능틀과 모범답안을 읽어보며 여러 가지 틀을 비교해 본 뒤, 마음에 드는 부분을 골라서 내 스타일대로 수정했어. 만능틀은 자다가도 일어나서 바로 실연할 수 있을 만큼 연습해야 하는데, 이것만 있으면 면접장에서 아무 말도 못 하고 나오는 불상사는 막을 수 있지. 다음은 내가 2차 수업 실연 때 만들었던 만능틀 중 일부인데, 단계별 디테일은 다음 장에서 자세하게 알려줄게!

전시 학습 상기
자, 우리, 지난 OO 시간에 배운 내용을 떠올려볼까요? 잘 기억이 나지 않는 친구는 교과서를 보고 얘기해도 좋습니다. 발표해볼 친구 있나요? 시환이? 맞아요, 시환이가 말해준 것처럼 지난 시간에는 ~에 대해 배웠어요. 모두 잘 기억하고 있나요? 혹시 기억이 나지 않는 친구는 배움 공책을 잠깐 펴서 복습해보도록 해요. 어때요, 이제 조금 떠오르나요? 다들 고개를 끄덕이는 걸 보니 대부분 잘 기억하고 있군요.

활동 소개
지금부터 첫 번째 활동 시작하겠습니다. 활동 1의 문을 활짝! 첫 번째 활동에서는 ~ 이 활동은 {개인/짝/모둠} 활동으로 진행됩니다. 활동의 준비물은 OO입니다. 활동 방법은 첫째, ~ 합니다 / 둘째, ~ 나눕니다 / 셋째, ~ 정리합니다 (준비물로 스마트 패드를 사용한다면) 스마트 패드를 사용할 때는 필요한 정보만 검색하고, 필요한 정보를 다 검색했으면 꺼두기! 여러분 모두 잘 할 수 있죠? 활동 시간은 (   )분이면 괜찮을까요? 좋습니다, 그러면 시작해볼게요!

활동 마무리 & 발표
선생님을 보세요! 이제 활동을 멈추고, 지금까지 모둠별로 한 활동을 반 친구들과 같이 나눠보도록 하겠습니다. 오늘은 창의 모둠부터 릴레이 발표를 해보도록 할게요. 창의 모둠? 혹시 다른 모둠의 발표를 들으며 칭찬할 점이나 느낀 점 말해줄 친구 있나요? 융합 모둠의 예음이? 아, 예음이는 ~라 생각했군요. 아주 좋은 의견이에요. 이제 지금까지 배운 내용을 정리해보도록 하겠습니다.

자기 평가
마지막으로, 오늘 수업에서 내가 얼마나 열심히 참여했는지 스스로 점검해봅시다. 모두 한 손을 들어 손가락으로 표시해주면 됩니다. 내가 오늘 수업에 아주 열심히 참여했다고 생각하면 손가락 5개를, 조금 부족했다고 느끼면 그만큼만 펼쳐서 보여주면 됩니다. 준비됐나요? 하나, 둘, 셋! …. 여러분들 모두 수업에 열심히 참여했다고 생각하는군요! 선생님도 그렇게 생각한답니다.

2단계 : 스터디를 활용하자

심층 면접과 마찬가지로 수업 실연도 스터디에서 얻는 게 정말 많아. 혼자 준비하면 한계가 명확하지만, 스터디에서는 객관적인 피드백을 받고 다양한 아이디어를 공유할 수 있지. 수업 실연 스터디는, A, B, C가 돌아가면서 수업 실연을 하고, 그동안 나머지 사람들은 피드백을 메모해서 실연이 끝난 후 공유하는 방식으로 진행돼. 아래 표는 2025학년도 기준, 각각 서울 3명과 경기 3명 스터디를 기준으로 한 심층 면접 진행 순서 및 실제 스터디 및 멘토링 일정 예시야.

서울 3인 기준 심층 실연 스터디 진행 순서

<table>
<tr><th>스터디원</th><th colspan="7">(약 110분 소요)</th></tr>
<tr><td>A</td><td rowspan="3">수업 구상
(20분)</td><td>수업 실연
(15분)
반성적 성찰
(5분)</td><td>피드백
듣기
(10분)</td><td>B
피드백 작성</td><td>B
피드백
전달</td><td rowspan="2">C
피드백 작성</td><td rowspan="2">C
피드백
전달</td></tr>
<tr><td>B</td><td rowspan="2">A
피드백 작성</td><td rowspan="2">A
피드백
전달</td><td>수업 실연
(15분)
반성적 성찰
(5분)</td><td>피드백
듣기
(10분)</td></tr>
<tr><td>C</td><td>B
피드백 작성</td><td>B
피드백
전달</td><td>수업 실연
(15분)
반성적 성찰
(5분)</td><td>피드백
듣기
(10분)</td></tr>
</table>

경기 3인 기준 심층 실연 스터디 진행 순서

<table>
<tr><th>스터디원</th><th colspan="7">(약 130분 소요)</th></tr>
<tr><td>A</td><td rowspan="3">수업 구상
(25분)</td><td>수업 실연
(15분)
반성적 성찰
(10분)</td><td>피드백
듣기
(10분)</td><td>B
피드백 작성</td><td>B
피드백
전달</td><td rowspan="2">C
피드백 작성</td><td rowspan="2">C
피드백
전달</td></tr>
<tr><td>B</td><td rowspan="2">A
피드백 작성</td><td rowspan="2">A
피드백
전달</td><td>수업 실연
(15분)
반성적 성찰
(10분)</td><td>피드백
듣기
(10분)</td></tr>
<tr><td>C</td><td>B
피드백 작성</td><td>B
피드백
전달</td><td>수업 실연
(15분)
반성적 성찰
(10분)</td><td>피드백
듣기
(10분)</td></tr>
</table>

2025 임용고시 수업 실연 스터디 & 멘토링 일정 예시

11/3	11/4	11/5	11/6	11/7	11/8	11/9
				1차 시험		
11/10	11/11	11/12	11/13	11/14	11/15	11/16
11/17	11/18	11/19	11/20	11/21	11/22	11/23
			본스터디 회의		본스터디	
11/24	11/25	11/26	11/27	11/28	11/29	11/30
	본스터디		본스터디		본스터디	
12/1	12/2	12/3	12/4	12/5	12/6	12/7
	본스터디		본스터디		본스터디	
12/8	12/9	12/10	12/11	12/12	12/13	12/14
	본스터디	본스터디	본스터디	본스터디	본스터디	본스터디
12/15	12/16	12/17	12/18	12/19	12/20	12/21
	교대멘토링 본스터디 크로스	본스터디	본스터디 크로스	현직멘토링 본스터디	본스터디	본스터디
12/22	12/23	12/24	12/25	12/26	12/27	12/28
크로스	본스터디	크로스	본스터디	본스터디	현직멘토링 본스터디	크로스
12/29	12/30	12/31	1/1	1/2	1/3	1/4
	현직멘토링 본스터디	본스터디		본스터디	현직멘토링	본스터디
1/5	1/6	1/7	1/8	1/9	1/10	1/11
본스터디			**2차 시험 DAY 1**	**2차 시험 DAY 2**		

여기서 반성적 성찰이랑 수업 나눔은 즉답형으로 진행되다 보니, 위 순서대로라면 B랑 C는 면접 문항을 미리 알게 되잖아? 그래서 스터디할 때는 문항을 그대로 쓰는 대신, 조건을 참고해서 미리 비슷한 질문을 몇 개 더 만들어 두는 게 좋아. 그다음 무작위로 뽑아서 연습하면 실제 시험처럼 긴장감 있게 연습할 수 있지. 문제 조건을 활용하지 않더라도 "수업에서 잘된 점과 보완할 점은 뭐라고 생각하나요?", "이 수업을 비대면 상황에서 한다면 어떤 어려움이 생길까요?" 같은 질문들도 충분히 나올 수 있어. 반성적 성찰 문항은 대체로 문제를 보면 예상할 수 있는 범위 안에서 출제되고, 직접 만드는 것도 어렵지 않으니까 꼭 스터디원끼리 다양한 질문을 만들어 보길 추천해!

반성적 성찰 문항 예시 5가지	
Q1	본인의 수업에서 보완할 점을 찾고, 어떻게 보완했으면 좋겠는지 설명하시오.
Q2	본인의 수업이 실제로 학교 현장에서 이뤄졌다면 어떤 어려움이 있었을지 설명하시오.
Q3	본인의 수업에서 교육과정-수업-평가-기록의 일체화를 어떻게 실연하고자 하였는지 설명하시오.
Q4	본인의 수업을 학부모 공개 수업으로 구성한다면 어떤 점을 수정하여 진행할 것인지 설명하시오.
Q5	본인의 수업에서 학습목표에 도달하지 못한 학생을 대상으로 어떤 피드백을 제공할 것인지 설명하시오,

3단계 : 동영상을 촬영하자

수업 실연을 연습할 때는 본인 모습을 동영상으로 촬영한 후, 보는 과정이 꼭 필요해. 나는 노크하고 들어가 인사하는 순간부터 마지막에 퇴장하는 순간까지 전부 촬영했어. 막상 영상을 처음 보면 '내가 저런 모습이었다고?'하고 깜짝 놀라게 될 거야. 녹음된 내 목소리를 듣는 것도 어색하고 평소에는 전혀 의식하지 못했던 내 버릇이나 말투, 몸짓들이 그대로 보이거든. 물론 처음에는 오글거리고 부담스럽지만, 그런 습관을 고치기에는 동영상만큼 효과적인 방법이 없어. 또 촬영을 계속하다 보면, 처음과 비교했을 때 내가 얼마나 달라졌는지 확인하는 재미도 쏠쏠해. 이처럼 촬영하기 위해 스터디 전 휴대폰 용량을 넉넉히 확보해두고, 삼각대 하나쯤은 꼭 챙기길 추천해!

4단계 : 만능틀을 버리자

앞에서 만능틀을 만들라고 해놓고 인제 와서 버리라니, 무슨 말인가 싶을 거야. 수업 실연을 처음 준비할 때는 만능틀을 외워서 연습하는 게 정말 도움이 돼. 하지만 시간이 지나면 만능틀에만 의존하는 습관을 버려야 해. 시험장에서 어떤 조건이 나올지 모르는데 만능틀만 붙잡고 있으면 융통성이 떨어지고, 자칫하면 수업을 외워서 하는 느낌이 들 수 있거든. 실제로 최근 들어서는 만능틀을 무력화시키는 조건들이 자주 나오고 있어. 그래서 시험 1~2주 전부터는 만능틀을 기본으로 가져가되, 문제 조건에 맞게 바꿔보는 연습을 꼭 해봐야 당일에 당황하지 않을 수 있지.

5단계 : 남은 건 연습뿐!

심층 면접과 달리 수업 실연은 하면 할수록 실력이 늘어. 특히 아직 현장 경험이 없는 현역 수험생들은 한 달만 꾸준히 연습해도 눈에 띄게 달라져. 결국 남은 건 무한 반복 연습뿐이야. 어떤 조건이 나와도 유연하게 대처할 수 있을 만큼 연습을 해둬야 해. 나도 2차 시험 막바지에는 수업 실연할 때 떨림이 거의 사라지고, 발문이 로봇처럼 자동으로 나올 정도였어. 연습하면 할수록 수업 활동을 짜는 요령도 생기고, 구상 시간도 점점 줄어드니까 가능한 많은 문제를 경험해보길 권하고 싶어.

수업 실연 만점 노하우

사전 작업 : 자리 배치도 만들기

수업 실연을 준비할 때는 가상의 자리 배치를 미리 정해두는 게 좋아. 만약 첫 번째 활동에서 지윤이가 왼쪽에 있었는데, 다음 활동에서 갑자기 오른쪽에서 이름을 부른다면 보는 사람 입장에서 어색하게 느껴지겠지? 그래서 자리 배치를 고정해두면 순회 지도나 발표 미러링할 때 이름과 자리를 헷갈리지 않고 자연스럽게 실연할 수 있어.

자리 배치를 정했다면 조건 아동, 전시 학습을 상기할 학생, 발표할 학생 같은 역할과 모둠 이름까지 미리 정해두면 훨씬 수월해. 나는 수업 실연할 때마다 맨 앞에 앉은 정현이를 전시 학습 상기 담당 학생으로 정하고, 다문화 아동 조건이 나오면 늘 '제니'라는 이름을 썼어. 또 조건 아동은 카카오톡에 저장된 이름을 쭉 훑어보면서 부르기 편한 이름을 설정하면 좋은데, 주로 받침이 없는 이름이 부르기 쉽더라. 혹은 본인이 가르쳤던 과외돌이•과외순이의 이름을 쓰면 감정이입이 더 잘 되긴 하더라.

자리 배치 예시

사랑 모둠	
정현 (전시 학습)	하연
제니 (다문화)	도연

배려 모둠	
지현 (조건)	보람 (조건)
상지	예린

협력 모둠	
준성 (조건)	현수 (발표)
철상	수계

행복 모둠	
재민	우빈
주효 (칠판 글씨)	혜지 (발표)

나만의 자리 배치도 만들어보기

(　　　　) 모둠	

(　　　　) 모둠	

(　　　　) 모둠	

(　　　　) 모둠	

역할	학생 이름	
전시 학습 상기 학생		
칠판 글씨가 잘 보이는지 확인할 때 물어보는 학생		
활동 1 순회 지도 학생		
활동 2 순회 지도 학생		
학생 간 상호작용이 일어나는 조건(갈등, 협력 등)		
다문화 학생		
( ) 모둠 발표 학생		
( ) 모둠 발표 학생		

수업 실연 전, 누구보다 당당하게!

인사

모든 면접은 인사로 시작돼. 인사는 첫인상을 만드는 순간인 만큼, 짧지만 분명하고 자신감 있게 하는 게 중요하지. 먼저 문 앞에서 노크를 두 번 하고, 입실 허락을 받은 뒤 들어가 문 앞에서 가볍게 한 번 인사해. 이어서 면접관 앞에 서면 공수 자세를 취한 뒤, 당당하고 큰 목소리로 ”안녕하십니까, 관리번호 O번입니다.“라고 말하는 게 가장 무난하지.

만약 조금 더 임팩트를 주고 싶다면 앞에 짧은 부연 어구를 붙여도 좋아. 부연 어구는 필수는 아니지만, 자신만의 색을 드러내는 데 도움이 되거든. 나는 당시 서울특별시교육청 시책이었던 ”미래를 여는 협력 교육“을 넣어서, ”안녕하십니까, 미래를 여는 협력 교육을 이끌어갈 인재, 관리번호 O번입니다.“라고 인사했어.

수업자 의도 설명

인사를 마친 뒤 타 지역은 바로 수업 실연을 시작하지만, 서울 2차에서는 수업 실연 전 수업자 의도를 말하라는 조건이 자주 붙어. 수업자 의도에서는, 내가 실연할 수업의 주안점과, 이를 실현하기 위해 구상한 활동 또는 장치를 간단명료하게 소개하면 돼. 이때 활동과 장치는 제시된 조건과 연결해서 설명하면 효과적이야. 예를 들어 확산적 발문이 조건으로 나왔다면,

"생각 활짝 질문을 통해 학생들의 창의성이 신장되도록 했습니다."라고 말한 뒤, 실연할 때 그대로 보여주면 면접관이 "조건을 확실히 충족했구나."하고 확실히 느낄 수 있지. 또, 수업자 의도를 설명할 때는 "첫째, 둘째, 셋째"와 같은 표지어를 사용하면 구조가 뚜렷해져서 훨씬 듣기 편해. 마지막으로, 수업자 의도를 말할 때는 수업 실연에서의 밝은 톤과 달리, 신뢰감 있고 차분한 목소리로 말하는 게 안정적인 인상을 줄 수 있어. 그러다가 실연을 시작하면서 목소리 톤이 확 변하면 더욱 극적인 효과를 노릴 수 있지.

수업자 의도 설명 발문 예시

본 수업에 앞서 수업자 의도 먼저 말씀드리겠습니다. 제가 실연할 수업의 주안점은 ~ 입니다.

이를 달성하기 위해,

첫째, ~을 통해 조건 1 하도록 했습니다.

둘째, ~을 통해 조건 2 하도록 했습니다.

(생략 가능) 셋째, ~을 통해 조건 3 하도록 했습니다.

넷째, 다양한 주체의 과정중심평가 언급 or 확산적 발문 통한 창의성 신장 언급

학급 구호로 면접장 분위기 휘어잡기!

보통 수업 실연이 도입부터 시작된다고 하면, 먼저 학년과 학급을 부르고, 학급 구호를 외치며서 수업을 시작해. 학급 구호는 수업 실연의 첫인상이라 할 수 있는데… 모든 인간관계에서 첫인상이 중요하듯 수업 실연에서도 분위기 형성이 정말 중요해. 이때 차시의 주제와 잘 어울리는 구호를 준비하면 훨씬 센스 있어 보여.

나는 매번 수업 실연을 시작할 때 '배움을 실천해요, 사랑을 나눠요.'라는 구호를 썼어. 이 구호는 일반적인 수업뿐만 아니라, 프로젝트 수업이나 협력 중심 활동에도 자연스럽게 어울려. 프로젝트 수업의 핵심은 '실천'이고, 협력 학습에서는 '사랑과 나눔'이 중요하니까. 이렇게 자신만의 센스 있는 학급 구호를 만들어 사용하면, 본인만의 교육관과 수업 철학을 면접관에게 효과적으로 전달할 수 있지.

만약 나는 1차 시험을 잘 못 봐서 면접에서 뒤집어야 하는 상황이라면, 조금 더 창의적이고 재미있는 학급 구호를 준비해봐도 좋아. 이행시나 삼행시를 준비해도 좋고, 간단한 노래로 수업을 시작하면 면접관의 이목을 확 끌 수 있지. 예를 들어 컨셉이 '오리' 반이라면 다음과 같은 구호를 준비할 수 있지.

'**오**'늘도 한 걸음 더

'**리**'더로 성장하는 O학년 1반!

나아가 학급 구호를 할 때 그에 맞는 제스처를 함께 정해서 같이 하면 훨씬 역동적으로 보여, 예를 들어 '사랑을 나눠요'라는 부분에서 손으로 크게 하트를 그린 뒤, 손을 펼치는 동작을 보여주면 말과 행동이 자연스럽게 이어지지. 제스처를 할 때는 부끄럽더라도 동작을 최대한 크게 보여줘야 면접관이 한눈에 알아볼 수 있어. 만약 위에서 제시된 '오리' 구호를 한다면, 손가락 5개를 펴서 5를 나타낸 후 2개를 펼쳐 2를 보여주되, 5에서 2로 바뀔 때 손목을 돌려 변화를 확실히 보여주는 디테일을 추가해주면 컨셉을 확실히 보여줄 수 있지.

나만의 학급 구호 만들어보기

전시 학습 상기에서 디테일 찾기

전시 학습 상기는 이전 차시 학습 내용을 간단히 확인하는 단계야. 수업 실연에서는 문제지에 제시된 단원 흐름표를 참고해 약 30초 정도로 짧고 간결하게 하면 돼. 보통 전시 학습 상기는 모든 학생이 잘 기억하고 있다고 가정하는데, 만약 학생이 이전 차시 내용을 제대로 이해하지 못했다면 이번 차시 학습에 어려움을 겪을 수 있으니 그런 학생에게 적절한 지원이 필요해.

전시 학습 상기 방법

전시 학습 상기 단계에서 중요한 건, 교사가 직접 설명하기보다 학생들이 스스로 떠올리도록 유도하는 거야. 이렇게 하면 내 수업이 학생 중심으로 운영된다는 걸 자연스럽게 보여줄 수 있지. 내가 사용했던 전시 학습 상기 방법은 크게 3가지야.

- 한 명씩 지목하기 : '손을 번쩍 들고 있는 정현이?' → 이후 학생 답변 미러링
- 전체 참여 유도하기 : 모두가 말하고 싶어 할 때는 합창 발표 형식으로 진행
- 전시 학습 상기에 어려움을 겪는 학생 조건 : 배움 공책 확인, 보충 자료 제공

이 세 가지 방법을 적절히 활용해서 학생 중심 수업을 강조하면서, 조건도 채우고 수업 흐름을 자연스럽게 이어갈 수 있어.

현직 교사 Tip

첫째, "'발표해 볼 학생 있나요?'"라는 발문을 하기 전에 잠깐 기다려주면서, 학생들이 실제로 배움 공책을 펴서 찾아보는 듯한 시간을 주면 좋아. 학생들에게 물어보자마자 곧바로 발표시키면 다소 인위적인 느낌이 들거든.

둘째, 실제 수업에서 '지난 OO 시간에는'이라는 표현 대신 "'지난 시간에는'이라고만 말하면, 바로 직전 교시 내용을 떠올리는 학생들(특히 저학년 학생들)이 많아. 그런데 여기서는 직전 교시가 아니라, 특정 과목의 이전 차시 내용을 떠올리게 하는 거니까 과목명을 함께 언급해주는 게 좋아. 이렇게 하면 학생들의 혼란을 줄일 수 있지.

물론 "학생들이 실제로 없는 상황에서 굳이 이렇게까지 해야 할까?" 싶을 수도 있어. 하지만 아주 사소한 차이라도 이런 디테일이 현장감을 살려줘. 특히 면접관들이 주로 현장 경험이 많으신 선생님들로 배정되다 보니 그분들 눈에는 이런 부분 하나하나 다 보이지.

전시 학습 상기 발문 예시
본격적인 수업에 앞서, 지난 OO 시간에 배운 내용을 떠올려 볼까요?
잘 기억이 나지 않는 학생은 배움 공책을 보고 이야기해도 좋습니다.
(잠시 기다린 뒤) 발표해 볼 학생 있나요?
(왼쪽 뒤편을 가리키면서) 손을 번쩍 들고 있는 정현이?
그렇죠! 정현이가 말해준 것처럼 지난 OO 시간에는 ~을 배웠어요.
모두 잘 기억하고 있나요? 다들 고개를 끄덕이는 걸 보니 잘 기억하고 있네요.

나만의 발문 만들어보기

동기 유발은 수업 목표와 연관되게 창의적으로!

동기 유발은 학생들이 "왜 이걸 배워야 하는지"를 알게 하고, 흥미를 가지도록 만드는 단계야. 쉽게 말해, 수업 시작 전 학생들이 관심을 갖고 적극적으로 참여할 수 있도록 분위기를 여는 과정이지. 화려한 동기 유발로 면접관의 이목을 끄는 것도 좋지만, 무엇보다 가장 중요한 건 **수업 목표와의 관련성**이라고 할 수 있어.

동기 유발 방법

동기 유발은 차시 주제별로 적절하게 활용할 수 있도록 여러 가지 방법을 준비해두는 게 좋아. 예를 들어, 나는 사진, 영상, 학생들의 일기, 고민 편지 등을 다 생각해뒀어. 이때 포인트는 학생들의 실제 삶과 연결된 동기 유발을 활용하면 플러스가 된다는 거야. 또 어떤 차시에서는 1인 역할극이나 노래를 실연하기도 했는데, 부끄럽더라도 창의적인 동기 유발을 준비할수록 차별화된 수업을 보여줄 수 있지.

동기 유발 자료를 제시한 후에는 "여러분의 호기심 질문이 오늘 배울 내용과 관련이 깊습니다~"처럼 학생 발화를 미러링해서 학습 문제나 탐구 질문을 도출하면, 자연스럽게 학생 중심 수업임을 드러낼 수 있어. 사실 이 부분은 호불호가 다소 갈리는데, 현장에서 아이들의 질문을 통해 학습 문제를 유도하는 게 거의 불가능하거든. 그래서 이건 원하는 사람만 챙겨가길 바라.

현직 교사 Tip

첫째, 동기 유발은 본인의 상황에 따라 전략을 다르게 세울 수 있어. 1차에서 점수가 높아 2차에서 무난하게만 해도 합격할 수 있다면, 고민 편지처럼 일반적인 방법을 써도 충분해. 하지만 점수를 뒤집어야 하는 상황이라면, 동기 유발만큼 차별화된 수업을 보여줄 수 있는 단계도 없어. 단, 아무리 창의적인 활동이라도 학습목표와 연결되지 않으면 좋은 동기 유발이라 할 수 없겠지?

둘째, 동기 유발을 꼭 해당 과목에 국한되어 생각하지 않아도 돼. 예를 들어 수학에서 '분모가 다른 두 분수 비교하기' 차시라면 대부분 수학 관련 예시를 떠올리지만, 나는 실제 수업에서 축구 선수 손흥민과 김민재를 예로 들었어. 손흥민이 1년 동안 30골을 넣고, 김민재는 1골밖에 못 넣었다면 손흥민이 무조건 더 좋은 선수일까? 그렇게 말할 수 없을 거야. 손흥민은 공격수고, 김민재는 수비수라서 기준이 다르거든. 이처럼 분수의 크기를 비교할 때도 기준을 같게 해야 의미가 있다는 걸 연결해 설명하면 학생들의 흥미를 유발할 수 있는데. 이런 식으로 꼭 수학이 아니더라도 학습목표와 자연스럽게 연결된다면 충분히 좋은 동기 유발이 될 수 있어.

학습 문제 제시

학습 문제 제시 단계에서는 칠판이나 화면에 학습 문제가 제시되어 있다고 가정하고, 학생들과 함께 읽는 듯이 실감 나게 실연하는 것이 포인트야.

현직 교사 Tip

첫째, 학습 문제를 읽을 때는 교실의 모든 학생이 글씨를 볼 수 있어야 하니까 맨 뒤에 앉은 학생에게 "잘 보이나요?" 하고 확인하는 발문을 넣어주면 좋아. 이때도 전시 학습 상기할 때처럼 특정 학생 이름을 고정해서 쓰면 훨씬 자연스러워.

둘째, 학생들과 함께 읽는 것처럼 실연할 때는 칠판에 적힌 문장을 손가락으로 짚으며 한 어절씩 읽는 시늉을 해주면 좋아. 실제 수업에서 따라 읽기를 시키면 아이들마다 속도가 다 다르기 때문에, 교사가 손으로 표시해줘야 학생들이 같은 속도로 맞춰 읽을 수 있거든.

셋째, 저학년일수록 더 천천히 읽어주는 게 좋아. 특히 1학년은 아직 한글을 배우는 단계라서 교사가 직접 읽어주는 게 낫고, 2학년도 읽기는 하지만 빠르게 따라 읽지는 못해. 그래서 나도 2022학년도 서울 2차 실연에서 2학년 국어 수업을 했을 때는 일부러 속도를 더 늦춰 읽었어.

학습 문제 제시 단계 발문 예시
자, 그러면 오늘의 학습 문제를 함께 해결해보도록 하겠습니다. 맨 뒤에 앉은 주효도 칠판에 적힌 학습 문제 잘 보이나요? 네, 좋습니다. 그럼 우리 모두 큰 목소리로 같이 읽어볼까요? 시작! (학습 문제 따라 읽기)

나만의 발문 만들어보기

수업 실연의 핵심, 활동 구성!

수업 실연에서 가장 중요한 건 뭐니 뭐니 해도 활동 구성이야. 활동은 단순히 재미있게 만드는 게 아니라, 학습 목표에 도달할 수 있도록 설계해야 하지. 아무리 화려한 활동이라도 수업 목표와 연결되지 않으면, 면접관 입장에서는 "이 활동이 꼭 필요한가?" 하고 고개를 갸웃할 거야. 그래서 활동을 구상할 때마다 늘 "이 활동이 수업 목표 달성에 필요한가?"라는 질문을 자신에게 던져보는 게 좋아.

또한, 활동 1 → 활동 2 → 활동 3이 자연스럽게 이어지도록 유기적인 흐름을 만드는 것도 중요해. 각각이 따로 노는 느낌이면 수업 전체의 완성도가 떨어져 보일 수 있거든.

다양한 학습 형태 구성

활동 형태도 되도록 균형 있게 구성해야 해. 모든 활동을 전체 활동으로만 하거나, 전부 짝 활동으로만 구성한다면 학생들이 금세 지루해하고 참여도가 떨어질 수 있지. 그래서 전체·모둠·짝 활동을 적절히 섞는 것이 좋아. 만약 짝 활동인데 학생 수가 홀수로 주어졌다면 '세모짝'을 만들면 되고, 모둠 활동에서는 3명으로 구성된 소규모 모둠을 추가하는 식으로 유연하게 대처할 수 있어.

활동 구상 Tip

그렇다면 구체적으로 활동을 어떻게 구상하면 좋을까? 활동 구상이 막막하다면 교생실습 때 했던 수업을 떠올려 보거나, 교과서·지도서의 차시 흐름을 참고하는 걸 추천해. 또 수업 실연을 여러 번 연습하다 보면 과목이나 주제별로 내가 자주 활용하는 활동 패턴이 생기기도 해. 예를 들어 프로젝트 수업에서는 조사→제작 발표의 흐름을 활용하거나, 대부분의 수업을 발표 혹은 공유로 마무리하는 식이지. 이런 경험과 패턴을 토대로 활동을 구성하면 안정적이면서도 나만의 색깔을 낼 수 있어. 또 브레인스토밍, 브레인라이팅, 패들렛 같은 '만능 활동'을 몇 개 준비해두면 어떤 문제에도 바로 적용할 수 있어서 든든하지.

활동 간 구분

도입과 전개 사이, 또 활동과 활동 사이를 구분해주는 멘트와 제스처를 넣어 수업의 단계를 확실히 구분해주면 면접관이 조건을 놓치지 않고 채점하는 데 도움을 줄 수 있어. 나는 네 박자에 맞춰 '사랑' '하는' '1' '반'을 외치고, 마지막에는 손 하트로 마무리한 뒤, '지금부터 첫 번째 활동을 시작하겠습니다. 첫 번째 활동은 ~입니다'라며 이어갔어. 이 부분은 사람마다 다 다르게 하니까 다른 사람들은 어떻게 하는지 보면서 본인에게 가장 잘 맞는 구호와 동작을 찾길 바라.

활동 안내

활동 안내는 졸고 있던 면접관도 금방 이해할 수 있게, 되도록 짧고 단순하게 해야 해. 예를 들어, "O 번째 활동은 ~입니다. / 이번 활동에서는 ~을 하겠습니다."라고 말한 후, '첫째, 둘째, 셋째'와 같은 표지어를 사용해서 세부 단계 설명을 하면 되지. 단, 활동 단계 설명은 3단계 이내로만 정리하는 게 좋아. 그 이상 넘어가면 활동이 너무 복잡하지 않은지, 같은 말을 반복하고 있는 건 아닌지 점검해 줄여야 좋지.

활동 안내가 끝나면 학생들에게 질문을 던지거나, 과목·각론의 핵심 요소를 짚어주는 것도 좋아. 예를 들어 과학 수업이라면 "실험 도구를 사용할 때 주의할 점은 무엇이었나요?", 국어라면 "매체를 사용해 조사할 때 주의할 점은 무엇이었나요?"와 같이 물어볼 수 있지. 그러면 면접관은 "이 수험생은 수업 이해도가 높구나"라고 생각하며 긍정적으로 볼 거야. 사실 2차에서 각론 지식을 직접 평가하지는 않지만, 이왕 1차 때 열심히 공부했던 내용이 기억난다면 면접에서도 활용하면 좋잖아?

이어서 활동 시간은 교사가 정해주되, 학생과 교사의 상호작용이 잘 드러나도록 '만약 시간이 더 필요할 것 같으면 오른손을 들어주세요'와 같은 발문을 추가해주면 좋아.

끝으로 활동 중 과정중심평가를 보여주려면, 순회 지도 직전에 평가 요소를 알려주는 게 좋아. 예를 들어, "선생님이 돌아다니면서 여러분이 태블릿으로 환경 오염 기사를 잘 찾고 있는지, 모둠원과 협력하고 있는지 살펴보겠습니다."라고 평가 유의점을 안내하면 어떤 측면에서 평가할 것인지 직접 드러낼 수 있지.

활동 안내 순서	
활동 구분	지금부터 첫 번째 활동을 시작하겠습니다. 첫 번째 활동은 ~입니다.
활동 형태	첫 번째 활동은 개인 → 짝 → 모둠으로 진행됩니다.
준비물	준비물 안내 및 배부
활동 순서	활동 방법은 다음과 같습니다. 첫째 ~ / 둘째 ~ / 셋째 ~
유의 사항 안내	(생략 가능)
각론 핵심 요소	(생략 가능)
활동 시간	교사와 학생 간 상호작용이 잘 드러나도록 발문 구성
과정중심평가	순회 지도 중 어떤 부분을 평가할 것인지를 중심으로 발문 구성

조건 아동을 어떻게 챙길까?

수업 실연에서 조건 충족은 기본 중의 기본이야. 모든 조건을 충족해야 최소한 평균 점수를 확보할 수 있다고 생각하면 돼. 따라서 조건 아동 처리는 매우 중요한 요소이지. 실연 조건으로 여러 유형의 학생들이 제시되는데, 학생 특성에 맞는 맞춤형 수업을 구상하면 돼.

예를 들어, 지난 시간 결석으로 이전 차시 내용을 모르는 학생이 있다면 보충 자료를 제공해 수업 참여를 돕는 방법이 있어. 이처럼 조건 아동 처리는 순회 지도를 하거나 학생의 발화를 미러링하면서, "내가 조건 아동을 신경 쓰고 있다"는 것을 드러내는 게 좋아.

그렇다면 조건 아동 처리는 어떻게 하면 좋을까? 사실 교실 현장에는 수업 실연에서 주어지는 조건 아동보다 훨씬 더 다양한 아이들이 있어. 그래서 그때그때 유연하게 대처하는 게 가장 좋지만, 수업 실연에는 그러면서 2차를 준비하는 동안 곧 만나게 될 실제 학생들이라고 생각하며 조건 아동을 바라보면 도움이 될 거야. 다음은 자주 출제되는 조건별 충족 방법 예시인데, 정답은 없으니 본인만의 방법을 찾아 꼭 정리해보길 바라.

	조건 아동별 충족 방법 예시
학습 부진 아동	순차적 질문, 보충 자료 제공, 또래 도우미 활용
ADHD 학생	집중할 수 있는 활동 부여, 특정 역할 부여
협력하지 않으려는 학생	협력 규칙 상기, 역할 분배
다른 학생과 갈등을 맺는 학생	나 대화법, 학급 규칙 상기
영재 학생	생각해 볼 만한 질문 제공, 심화 자료 제공, 또래 도우미 역할
다문화 학생	짝과 협력, 보조 도구 제공(번역기 등)
무기력한 학생	단계적 활동, 활동에 학생 선호도 반영
분노조절장애 학생	호흡법, 수신호 약속, 기분전환 활동 제시, 활동 난이도 조절
장기 결석으로 수업 진도를 놓친 학생	전시 학습 상기 강조, 친구의 도움, 보충 자료 제공
특수 학생	보조도구 제공(네이버 클로바 노트 등)

나만의 방법 만들어보기	
학습 부진 아동	
ADHD 학생	
협력하지 않으려는 학생	

다른 학생과 갈등을 빚는 학생	
영재 학생	
다문화 학생	
무기력한 학생	
분노조절장애 학생	
장기 결석으로 수업 진도를 놓친 학생	
특수 학생	

순회 지도 시 현직 교사 Tip

순회 지도할 때는 학생이 실제로 내 앞에 있는 것처럼 실연하면서 조건을 충족하는 게 중요해. 순회 지도를 하면서 충족할 수 있는 조건으로는 특수 아동 지도, 인성 요소 함양, 과정중심평가 같은 것들이 있어. 이때 조건을 채우면서도 실연을 더 생동감 있게 만들려면 다음 네 가지 TIP을 기억하면 좋아.

첫째, 순회 지도할 때는 교실을 넓게 활용하는 게 좋아. 나도 실제 수업할 때 학생들이 있다고 가정하고 교실 전체를 크게 움직였어. 동선은 큰 반원이나 알파벳 W 모양을 그리듯 움직이면 교실 구석구석까지 자연스럽게 둘러볼 수 있어. 또, 방향과 위치를 바꿔가며 균형 있게 피드백하는 것도 중요해. 예를 들어, 첫 순회는 왼쪽에서 오른쪽으로, 두 번째는 반대로 오른쪽에서 왼쪽으로 움직이면 균형 잡힌 순회가 가능해.

둘째, 학생과의 의사소통이 자연스럽게 보이도록 언어적·비언어적 표현을 곁들이는 게 좋아. 나는 고학년을 지도할 때는 허리를 숙였고, 저학년은 무릎을 꿇고 앉았어. 이는 학년별 책상 높이까지 고려한 디테일이었지. 무릎 꿇었다가 일어나는 과정도 시간이 걸려 여유 없을 땐 생략해도 괜찮지만, 웬만하면 허리는 숙이는 게 해주는 게 좋아. 또 학생에게 질문하고 답변을 미러링할 때는 실제로 학생이 대답하는 것처럼 잠깐 기다려준 뒤, 답변에 공감해주며 정말로 학생의 답변을 들어주는 것처럼 실감 나게 하면 현장감을 살릴 수 있어.

셋째, 순회 지도는 학생에게 곧바로 가지 말고 여유를 두는 게 좋아. 실제 수업에서도 교사가 활동시킨 뒤 잘하는지 못하는지 먼저 관찰하잖아? 수업 실연도 마찬가지야. 곧장 조건 아동에게 가지 말고, 잠시 관찰하는 시늉을 한 뒤 천천히 다가가는 게 좋아. 그 사이 구상지에 뭔가 쓰는 시늉을 하면 과정중심평가 조건도 충족할 수 있고, 동시에 구상지를 잠깐 확인해 놓친 조건이 없는지 체크할 수도 있으니 일석이조지!

넷째, 순회 지도하면서 학생을 칭찬할 때는 학생 중심으로 구체적으로 피드백을 주는 게 좋아. 간혹 수험생 중에는 "열심히 하는 모습이 보기 좋네요" 같은 발문을 쓰기도 하는데, 사실 학생들이 교사가 보기 좋으라고 열심히 하는 건 아니잖아? 그래서 나는 "~가 ~하는 모습, 선생님이 칭찬합니다"처럼 학생의 행동을 직접 짚어주고 칭찬하는 방식을 추천해. 이렇게 하면 학생이 중심이 되는 피드백이 돼서 훨씬 자연스럽고 진정성 있게 들려.

수업 약속을 만들자!

수업 약속은 교사와 학생이 함께 정한 "수업 시간에 지켜야 할 규칙"이야. 보통 수업 시작 전이나 활동 안내 때 제시하는데 이를 통해 수업이 흐트러지지 않고 학생들이 서로 존중하면서 적극적으로 참여할 수 있는 분위기를 만들 수 있어. 실제 현장에서도 학생들이 수업 약속을 잘 기억할 수 있도록 교실 게시판에 붙여두거나, 수업 때마다 반복해 상기시키곤 해.

특히 수업 실연에서 수업 약속을 학생들과 함께 상기하는 모습을 보여주면, 면접관들에게 수업이 체계적으로 운영되고 있다는 인상을 줄 수 있어. 또 수업 실연 상황에서는 내가 조건을 충족했다고 생각하더라도, 면접관이 놓치거나 다르게 판단할 수 있지. 이럴 땐 수업 약속 구호를 '조건 충족'을 티 내는 동시에, 수업 분위기를 정돈하는 효과까지 얻을 수 있지.

<table>
<tr><th colspan="2">수업 약속 예시</th></tr>
<tr><td>과학실 안전</td><td>자 : 자리에 앉아요
장 : 장난치지 않아요
맛 : 맛보지 않아요</td></tr>
<tr><td rowspan="2">디지털 기기
사용 규칙</td><td>사 : 사용할 때와
사 : 사용하지 않을 때를 구분해요
사 : 사용하고 나서는 제자리에 두어요</td></tr>
<tr><td>정 : 정보는 필요한 만큼
약 : 약속된 시간만큼
용 : 용도에 맞게</td></tr>
<tr><td rowspan="2">협력 & 인성</td><td>행 : 행동
감 : 감정
바 : 바라는 점</td></tr>
<tr><td>인 : 인정하기
사 : 사과하기
약 : 약속하기</td></tr>
</table>

나만의 수업 약속 만들어보기

다양한 주체로 만들어가는 과정중심평가

과정중심평가는 수업 실연의 단골손님으로, 수업과 동시에 학생의 학습 과정을 실시간으로 관찰•평가하며, 즉시 피드백까지 제공하는 평가야. 단순히 결과만 보는 기존의 결과중심평가와 달리, 학습 중간중간 학생이 어디에서 어려움을 겪는지, 어떤 부분을 잘 이해하고 있는지를 확인하고 그에 맞는 지원을 통해 모든 학생이 수업 시간 내에 학습 목표에 달성할 수 있도록 하는 것을 목표로 하지. 과정중심평가는 교사, 동료, 학생 등 다양한 주체가 참여할 때 더욱더 효과적이야.

과정중심평가의 피드백

수업 실연에서 과정중심평가는 평가 그 자체보다, 평가 후 **피드백**을 제공하는 것이 핵심이야. 평가만 하고 피드백을 제공하지 않는다면, 그건 앙꼬 없는 찐빵이나 마찬가지! 단순히 평가만 하고 넘어가면 학생의 학습 발전이 제한되지만, 피드백을 제공하면 학생은 본인이 부족한 부분을 확인하고 수정할 기회를 가질 수 있지. 이에 과정중심평가는 다음과 같은 흐름으로 이루어지면 좋아.

과정중심평가 흐름	
평가 실시	자기 평가, 동료 평가, 교사 평가 등
피드백 제공	학생이 이해할 수 있도록 즉시 안내
수정 및 개선 기회 제공	피드백 후 학생이 수정할 기회 확보
변화 확인	다음 순회 지도나 미러링에서 학생의 성장과 변화를 확인

그런데 수업 실연을 할 때는 학생들이 실제로 있는 게 아니다 보니 누가 얼마나 학습목표에 도달했는지 전혀 몰라. 그래서 과정중심평가가 문제 조건으로 나오면, 이는 반성적 성찰을 통해 조건을 보충할 수 있도록 나오지. 이때 수험생 중 열에 아홉은 "보충 활동지를 제공한다"라고 답해. 물론 틀린 답변은 아니지만, 만점을 받기에는 부족하지. 단순히 보충 활동지를 준다고 하면 학생 입장에서는 숙제로 느껴 부담될 수 있고, 그 활동지가 수업 시간에 풀었던 문제와 비슷한 수준이라면 사실 풀어올 가능성도 작아. 그러니까 학생의 현재 수준을 먼저 살펴보고, 그에 맞는 활동지를 제공한 다음, 다음 시간에 그 결과를 토대로 다시 피드백 방향을 잡아야 해. 이렇게 답변하면 같은 "보충 활동지를 제공한다"는 답변이라도 훨씬 구체적이고 설득력 있게 들리겠지?

주체별 과정중심평가

과정중심평가는 평가 주체에 따라 교사 평가, 동료 평가, 자기 평가로 나눌 수 있어. 수업실연에서 조건을 충족할 때는 보통 이 중 두 가지를 선택해 실연하는 게 좋아. 한 가지만 하면 면접관이 조건을 놓칠 수 있고, 세 가지를 모두 하기에는 시간이 부족할 수 있거든.

주체별 과정중심평가 예시	
교사 평가	체크리스트 작성
동료 평가	칭궁 동료 평가: 칭찬할 점, 궁금한 점) 표표표 평가: 칭찬할 점에는 별표, 궁금한 점에는 물음표, 새로운 점에는 느낌표)
자기 평가	성장 하트: 성장 하트 : 이번 활동에서 ~를 잘했다면 큰 하트를, 조금 더 노력이 필요하다면 작은 하트를 성장 새싹 : 이번 활동에서 ~를 잘했다면 큰 새싹을, 조금 더 노력이 필요하다면 작은 새싹을 손가락 평가 : 손가락으로 1~5점 점수를 표시

나만의 과정중심평가 만들어보기	
교사 평가	
동료 평가	
자기 평가	

수업 정리

수업 정리 단계가 되면, 이제 수업 실연이 거의 끝나간다는 사실에 후련함을 느낄 거야.

학습 내용 정리

우선 학습 내용 정리 단계에서는, '이제, 이번 시간에 배운 내용을 정리해보겠습니다.'와 같은 말로, 정리 단계의 시작을 알리면 돼. 이 단계에서도 학생들이 이번 차시에서 배운 내용을 스스로 말하도록 유도하는 게 핵심이지. 학습 내용을 정리할 때는, '이번 시간에 무엇을 배웠나요?', 혹은 '이번 시간에 배운 내용은 무엇인가요?'와 같은 질문을 던져 학생들이 답하게 하고, 그 답변을 미러링하면서 학생들이 이번 차시에서 배운 내용을 잘 이해하고 있음을 보여줄 수 있어. 또한, 꼭 기억해야 할 핵심 개념이 있다면, 간단한 퀴즈로 확인해도 좋지.

만약, 활동이 생각보다 일찍 끝나서 시간이 많이 남았다면, '배느실 정리'를 활용해봐! 배느실은 '배운 점, 느낀 점, 실생활에서 실천할 점'의 앞 글자를 따서 만든 수업 정리 방법이야. 학생들에게 '이번 시간에 배운 점은 무엇인가요?', '이번 시간에 ~ 활동하며 느낀 점은 무엇인가요?'와 같이 질문하고, 답변을 미러링하면서 마무리하면 3단계로 배운 내용을 정리하고 실천까지 연결할 수 있어.

차시 예고

차시 예고는, 전시 학습 상기와 마찬가지로 문제에 주어진 단원 흐름표의 다음 차시 내용을 참고해서 '다음 시간에는 ~를 배우겠습니다.' 혹은 '다음 시간에는 ~를 하겠습니다.'처럼 간단하게 안내하면 돼. 또 학생의 질문이나 느낀 점을 차시 예고와 연결하면, 학습 목표 달성이 다음 차시 흥미로 자연스럽게 이어진다는 인상을 줄 수 있는데, 이거까지 고려하기는 쉽지 않지.

인사

수업 실연이 끝나면 "이상입니다."라고 말해 실연 종료를 알리면 돼. 그러면 긴장감 넘치던 수업 실연이 끝나고, 이어서 자리에 앉아 반성적 성찰 문항을 보고 답변하면 돼. 만약 수업 성찰이 없는 지역이라면 그대로 퇴실하면 수업 실연 끝!

수업 실연에서 비언어적 표현

수업 실연은 심층 면접보다 비언어적 표현에 더 많이 신경 써야 돼. 심층 면접은 한 톤으로 차분하게 답변하면 되지만, 수업 실연은 학생들 앞에서 실제 수업을 하는 것처럼 시연해야 하니까 자세, 목소리 톤, 말의 속도, 목소리 크기를 상황에 따라 달리 가져가야 하니 그만큼 고려할 사항이 많지.

기본자세

수업 실연의 기본자세는 한 손에 구상지를 들고, 나머지 손은 팔꿈치를 몸에 자연스럽게 붙이면 돼. 다만, 구상지를 들지 않은 손을 공수 자세로 두면 너무 경직되어 보일 수 있으니 피하는 게 좋아. 어깨는 곧게 펴고 바른 자세를 유지하는 거 기본! 또 구상지를 너무 높게 들고 있으면 구상지를 보고 읽는 것 같다고 느끼게 하니 필요할 때만 잠깐 들고 평소에는 의식적으로 배꼽에 붙여두는 연습을 하는 게 좋아.

시선 처리

수업 실연에서는 학생이 있다고 가정하니까, 면접관을 똑바로 응시하거나 눈을 마주치는 건 좋지 않아. 왜냐하면 면접관은 학생이 아니니까! 대신 시선은 면접관 뒤쪽이나 면접관과 나 사이의 공간을 바라보는 게 자연스러워. 단, 수업자 의도 설명이나 활동 안내 단계에서는 면접관의 눈을 마주쳐도 괜찮아. 또, 시선을 한 곳에만 두지 말고 실제 학생들을 둘러본다는 느낌으로 이곳저곳 옮기는 게 좋아. 만약 시선 처리가 어렵게 느껴진다면 기준점이 되는 세 곳을 정해두고, 그곳을 번갈아 바라보는 방법도 추천해.

말의 속도

말은 실제로 생각하는 것보다 조금 더 천천히 하는 게 좋아. 직접 영상을 촬영해보면 예상보다 훨씬 빨리 말하고 있음을 알게 될 거야. 실제 수업 실연에 들어오는 면접관은 대체로 연령대가 높으시니, 빠르게 말하기보다는 조금 집중이 덜해도 알아들을 수 있을 정도로 친절한 속도로 말해야 해. 또한, 저학년 대상으로 실연하는 조건이 나오면 의도적으로 더욱 천천히 말해야 조건을 충족할 수 있지. 만약 천천히 말해서 실연 시간이 부족하다면, 내 수업 실연에서 불필요한 부분이 무엇인지 확인하고 과감히 덜어내는 걸 추천해.

목소리 크기

수업 실연에서는 처음부터 끝까지 같은 톤으로 말하기보다 상황에 따라 목소리의 강약을 조절하는 게 훨씬 전문적으로 보여. 강조해야 할 부분은 크게, 차분해야 할 부분은 작게 말하는 식으로 변화를 주는 거지. 예를 들어 학급 내 '목소리 온도'를 정해두고, 모둠 활동에서 토의할 때는 '소곤소곤 1번 목소리', 학급 구호를 외칠 때는 '크고 우렁찬 3번 목소리'로 하자고 안내한 뒤 그대로 실연하면 돼. 이렇게 목소리 크기에 변화를 주면 수업이 훨씬 생동감 넘치고 현장감 있게 느껴질 거야.

수업 후 면접 Tip

수업 실연 후 이어지는 면접 문항은 심층 면접의 즉답형 문항과 별반 다를 게 없어. 기본적으로 서론-본론-결론의 구조를 갖추는 게 좋지만, 시간이 부족하다면 서론을 생략하고 바로 본론으로 들어가도 괜찮아. 그리고 즉답형 문항인 만큼 문제를 읽고 생각할 시간이 필요한데,

한 문제당 약 20~30초 정도 고민하는 게 가장 이상적이지. 예를 들어 서울의 반성적 성찰 문항은 2~3문제를 5분 동안 답해야 하니까, 문제당 답변 시간이 1분 30초~2분 정도 주어지거든. 이 경우 30초 동안 구상하고 1분~1분 30초 동안 답변하면 충분해. 반면 경기는 수업 나눔 시간이 더 길기 때문에 조금 더 여유 있게 생각해도 돼.

또한 심층 면접과 달리, 수업 실연 후 문항은 어느 정도 예측이 가능해서 생각보다 빠르게 답변을 구상할 수 있어. 실제로 나도 2022학년도 서울 2차에서 받은 반성적 성찰 문항 두 개가 모두 예상 범위 안이었기에, 거의 구상 시간을 쓰지 않고 답변할 수 있었어.

문제별 답변 시간은 상황에 따라 조절하면 돼. 자신 있는 문항은 조금 더 길게, 부족하다고 느껴지는 문항은 짧게 답하되, 어느 정도 균형은 맞춰주는 게 좋아. 예를 들어 5분 안에 2문항을 답해야 한다면 각각 2분/3분 정도로, 3문항이라면 1분 30초/1분 30초/2분 혹은 1분/2분/2분 정도로 나누는 게 무난해.

결국 수업 실연 후 면접 대비의 핵심은 기출 기반 연습이야. 이에 응시 지역의 기출문제를 중심으로 다양한 문항을 풀어보면서, 수업 실연 조건의 어떤 부분에서 문항이 출제됐는지 분석해보길 바라.

수업 실연 예상 문제 & 문제 해설

Set 1	수업 실연	난이도 ★★☆☆☆

다음 내용을 참고하여 20분간 수업을 구상한 후 실연하시오.

(1) 학년, 학기, 과목, 단원
2학년 1학기 수학, 덧셈과 뺄셈

(2) 성취 기준
[2수01-07] 덧셈과 뺄셈의 관계를 이해한다.

(3) 다음의 조건에 따라 실연하시오.

1. 본시 학습의 성취 기준과 관련하여 수업자의 의도를 말하시오. (1분 이내)
2. 도입-전개-정리까지 15분 이내에 실연하시오.
3. 2학년 학생 23명을 대상으로 실연하시오.
4. 학생들의 실생활과 관련된 소재를 활용하여 동기 유발을 실연하시오.
5. 선행학습으로 수업 전부터 학습목표에 이미 도달해 수업에 흥미를 느끼지 못하는 영재 아동이 한 명 있다고 가정하시오.
6. 과정 중심 평가의 방법과 내용을 구체적으로 실연하시오.
7. 학생의 언어적, 비언어적 반응이 있다고 가정하고 실연하시오.
8. 판서는 모두 되어있고 필요한 기자재는 자유롭게 사용할 수 있다고 가정하시오.

(4) 교과서 활동 구성

· 덧셈식을 뺄셈식으로 나타내보기
· 뺄셈식을 덧셈식으로 나타내보기
· 덧셈식은 뺄셈식으로, 뺄셈식은 덧셈식으로 나타내보기

(5) 주요 학습 내용 및 활동

차시	주요 학습 내용 및 활동
2~4	- 두 자리 수와 한 자리 수의 덧셈 계산 원리 알아보기 - 두 자리 수끼리의 덧셈 계산 원리 알아보기 - 수모형으로 계산하고 형식화하기
5	- 덧셈을 여러 가지 방법으로 알아보기 - 덧셈을 여러 가지 방법으로 계산하기
6~9	- (두 자리 수) - (한 자리 수)의 계산 원리 알아보기 - (두 자리 수) - (두 자리 수)의 계산 원리 알아보기 - 수모형으로 계산하고 형식화하기
10	- 뺄셈을 여러 가지 방법으로 알아보기 - 뺄셈을 여러 가지 방법으로 계산하기
11 (본시)	- 덧셈식을 뺄셈식으로 나타내기 - 뺄셈식을 덧셈식으로 나타내기
12	- □를 사용하여 덧셈식으로 나타내고 □의 값 구하기 - □를 사용하여 뺄셈식으로 나타내고 □의 값 구하기

(6) 본시 학습목표

덧셈과 뺄셈의 관계를 알고 식으로 나타낼 수 있다.

(7) 주요 교과서 내용 요약

덧셈식 6+4=10을 보고 뺄셈식으로 나타내어 보세요.

6+4=10 → □-□=□

→ □-□=□

뺄셈식 12-5=7을 보고 뺄셈식으로 나타내어 보세요.

12-5=7 → □+□=□

→ □+□=□

Set 1	반성적 성찰	난이도 ★★☆☆☆

다음 두 문제를 읽고 답변하시오.

1. 선행학습으로 수업 전부터 학습 목표에 이미 도달해 수업에 흥미를 느끼지 못하는 영재 아동에 대한 지도 방안과 그 까닭을 말하시오.

2. 본인의 수업에서 실연한 과정 중심 평가의 방법과 내용을 말하고, 해당 수업에서 학습목표에 도달하지 못한 학생을 대상으로 하는 환류 계획을 말하시오.

[2학년]

2학년 학생을 대상으로 수업 실연할 때는 훨씬 천천히 말하고, 발문할 때 쉬운 표현을 쓰는 게 포인트야. 현장에서도 저학년 수업을 하면 조금만 어려운 단어를 써도 질문이 쏟아지거든. 또 수업 분위기 형성이나 집중 구호를 할 때도 텐션을 높여주는 게 좋고, 순회 지도할 때 한쪽 무릎을 확실히 꿇어 눈높이를 맞춰주면 효과적이야. 실습 때 경험해봤겠지만 저학년 학생들은 책상 높이가 낮아서 허리를 숙여도 시선이 잘 안 맞거든. 이런 디테일 하나하나가 조건을 충족시킬 뿐 아니라, 정말 아이들 앞에서 실연하는 듯한 느낌을 주게 돼.

[23명]

모둠 활동을 구상했을 때 학생 수가 23명으로 딱 나누어떨어지지 않으면, 4명씩 5 모둠, 3명씩 한 모둠으로 구성하고 어느 모둠이 3명인지 꼭 알려줘야 해. 또는 화면에 모둠 구성을 띄워주면서 앉게 하면 되는데, 이런 발문이 없으면 어느 모둠이 3명인지 모르거든. 짝 활동을 할 때도 마찬가지야. 3명씩 '세모짝'으로 구성할 팀을 미리 정해놓고 '루희, 다윤, 아율이는 세모짝으로 활동할게요'처럼 구체적으로 발문하면 조건을 확실히 충족할 수 있지.

[실생활 관련된 소재를 활용한 동기 유발]

동기 유발을 구상할 때 흔히 하는 오해가, '수학 수업이면 반드시 수학과 관련된 동기 유발을 해야 한다'는 거야. 하지만 동기 유발은 말 그대로 수업 초반에 학생들의 흥미를 끌어내는 활동이고, 수업과 관련된 소재라면 제약이 없지. 특히 이 문제처럼 '실생활과 관련된 소재를 활용하라'는 조건이 붙으면 실생활에서 수학을 어떻게 쓸지 억지로 떠올리다가 시간을 허비하고, 결국 만능틀을 쓰는 경우를 많이 봤어. 시간이 부족하면 떠오른 아이디어 중 가장 좋은 걸 쓰고 나머지 활동을 구성해야겠지만, 범위를 수학으로 한정 짓지 않는다면 다음과 같은 동기 유발도 생각해 볼 수 있지.

'짜장 + 면 = 짜장면'일 때, 짜장면에서 면을 빼면 무엇이 남을까?
'짜장밥 - 짜장 = 밥'일 때, 짜장과 밥을 합하면 무엇이 될까?

[조건 아동]

다른 문제에서 조건 아동으로 영재 아동 혹은 선행학습을 받은 학생이 나온다면 먼저 그 학생이 학습목표에 이미 도달했는지를 확인해야 해. 학원에서 선행학습을 했더라도 정작 학교 수업의 학습목표를 제대로 달성하지 못한 경우도 있으니까. 그래서 이 문제에서는 의도적으로 학습목표에 이미 도달했다는 조건을 제시해서 이 부분까지 고려하지는 않도록 했지.

영재 아동 조건이 나왔을 때 가장 흔히 하는 실연 방법은 순회 지도 시 모둠에서 친구들을 도와주는 '또래 도우미' 역할을 부여하는 거야. 물론 조건은 충족되지만, 실제 수업에서 이런 방식만 계속 쓰면 영재 아동이 수업에 흥미를 느낄 수 있을지는 의문이지. 그래서 나는 영재 아동에게 수업 내용과 관련된 문제를 직접 만들어보게 하거나, 창의적인 질문을 던져 흥미를 유발하는 방법을 추천해. 예를 들어 '3+5=8, 5+3=8로 바꿀 수는 있는데 왜 10-3=7을 3-10=7로 바꿀 순 없을까?' 같은 질문이야. 이러한 질문을 해결하기 위해 선행 개념이 필요하지만, 교사가 직접 선행학습을 시키는 것이 아니라 그저 영재 아동의 흥미 유발을 위해 생각해 볼 만한 거리를 던져주는 것은 충분히 가능하지.

[활동 구성]

수학은 학습목표와 활동 구성이 비교적 명확해서, 개념을 정확히 설명한 뒤 그 개념을 적용할 수 있는 게임이니 활동으로 마무리해주면 깔끔해. 이 문제에서는 다음과 같이 수업 흐름을 구성하면 되는데. 만약 실연 시간이 부족할 것 같으면 활동 1, 2를 합쳐 진행해도 좋아.

활동 1) 조작 활동(바둑돌, 사탕 등)을 통해 덧셈식을 뺄셈식으로 나타내는 방법 알아보기

활동 2) 뺄셈식을 덧셈식으로 나타내기

활동 3) 문제 만들기 또는 게임 활용하기

이때 사탕이나 초콜릿처럼 학생들이 먹거나 장난칠 우려가 있는 준비물은 나눠주기 전 활동 설명 단계에서 미리 안내해주는 거 까먹지 마!

[과정중심평가 및 환류 계획]

과정중심평가는 보통 순회 지도, 활동과 활동 사이, 정리 단계에서 충족해. 특별한 조건이 없다면 자기평가, 동료 평가, 교사의 관찰평가 중 편한 걸 사용하면 되는데, 조건 충족을 확실히 보여주려면 최소 두 번 이상 실연하는 게 좋아. 특히 관찰평가할 때는 활동 전 '선생님은 돌아다니면서 모둠별로 협동이 잘 이뤄지는지 확인해볼게요'처럼 명시적으로 말해주거나, 순회하면서 구상지에 체크하는 시늉을 하며 일부러 소리를 내는 방법을 쓰면 면접관이 놓칠 가능성을 줄일 수 있어.

과정중심평가에서의 핵심은 적절한 피드백 제공이야. 하지만 수업 실연에서 '학습목표를 도달하지 못한 학생'을 대상으로 피드백까지 주는 건 사실상 불가능하지. 시간도 부족하고, 실제 학생이 있는 게 아니다 보니 학생이 어떤 부분을 어려워하는지 알 수 없거든. 그래서 과정중심평가 조건이 나오면 반성적 성찰 문항에서 환류 계획을 묻는 경우가 많아.

이때 수험생 중 열에 아홉은 '보충 활동지를 제공한다'고 답해. 물론 틀린 답변은 아니지만, 만점을 받기는 부족하지. 단순히 보충 활동지를 제공한다고 하면 학생이 숙제로 여겨 부담을 느낄 수 있고, 활동지가 수업 시간에 풀었던 문제와 동일한 난이도라면 그 학생이 풀어올 가능성도 작지. 비유하자면 15cm 계단밖에 못 오르는 학생에게 30cm 계단을 다시 올라가 보라고 하면 할 수 있을까? 못 오르겠지? 그래서 이때 교사의 역할은 20cm 계단을 주거나, 혹은 15cm 계단을 두 개 이어 놓아주는 거야. 즉, 학생의 출발점 행동을 진단하여 수준별 맞춤형 활동지를 제공하고, 다음 시간에 그 결과를 바탕으로 피드백 방향을 다시 설정한다고 답변하면 돼. 이런 요소들을 함께 고려하면 같은 '보충 활동지를 제공한다'는 답변이라도 훨씬 구체적이고 설득력 있게 들리지. 과정중심평가 조건은 출제된 적이 많으니, 나만의 환류 계획을 미리 만들어 대비해 두길 추천해~

Set 2	수업 실연	난이도 ★★★★☆

다음 내용을 참고하여 20분간 수업을 구상한 후 실연하시오.

(1) 과목/단원

사회 6학년 2학기. 세계 여러 나라의 자연과 문화

(2) 성취 기준

[6사07-04] 의식주 생활에 특색이 있는 나라나 지역의 사례를 조사하고, 이를 바탕으로 하여 인간 생활에 영향을 미치는 여러 자연적, 인문적 요인을 탐구한다.

(3) 다음의 조건에 따라 실연하시오.

1. 본시 학습의 성취 기준과 관련하여 수업자의 의도를 말하시오. (1분 이내)
2. 도입-전개-정리까지 15분 이내에 실연하시오.
3. 6학년 학생 27명을 대상으로 실연하시오.
4. 주제 중심으로 사회와 타 교과를 융합하여 4차시 프로젝트 수업으로 재구성한다고 할 때, 자신이 구상한 프로젝트 수업 중 가장 마지막 차시를 실연하시오.
5. 수업이 이뤄지는 공간을 컴퓨터실, 스마트 교실, 도서관, 강당(체육관) 중 한 곳을 선택하여 실연하시오.
6. 수업에 소극적으로 참여하는 다문화 학생이 한 명 있다고 가정하고 실연하시오. (단, 해당 아동은 소통에 문제가 없으며, 학습 부진 아동이 아니라고 가정한다)
7. 전개 단계에서 확산적 발문이 2개 이상 드러나도록 수업을 구성하시오.
8. 판서는 모두 되어있고 필요한 기자재는 자유롭게 사용할 수 있으며, 학생의 언어적, 비언어적 반응이 있다고 가정하고 실연하시오.

5) 주요 학습 내용 및 활동

차시		주요 학습 내용 및 활동
프로젝트 수업	1~3	세계 여러 나라 사람들의 생활 모습을 조사하기 (이외 타 교과와 융합한 학습 내용 및 활동은 자유롭게 재구성 가능)
	4(본시)	세계 여러 나라 사람들의 생활 모습을 조사한 자료를 발표하고 공유하기 (이외 타 교과와 융합한 학습 내용 및 활동은 자유롭게 재구성 가능)
후속 차시		우리나라와 이웃한 나라의 자연환경과 인문 환경 알아보기

(6) 교과서 활동 구성

· 세계 여러 나라 사람들의 다양한 생활 모습 살펴보기
· 환경에 따라 달라지는 세례 여러 나라 사람들의 생활 모습을 조사하고 발표하기
· 다른 나라의 생활 모습을 대하는 바람직한 태도 알아보기

(7) 주요 교과서 내용 요약

세계 여러 나라 사람들의 생활 모습

의	식	주
케냐 전통 복장 시카 인도 전통 복장 사리 페루 전통 복장 판초	멕시코 음식 타코 터키 전통음식 케밥 뉴질랜드 전통음식 항이	몽골의 게르 베트남 수상가옥 북극 지방 이글루

세계 여러 나라의 문화를 이해하고 존중하는 태도 알아보기
- 오른쪽 맨손으로 밥을 먹는 인도 사람
- 종교적 이유로 돼지고기를 먹지 않는 파키스탄 사람
- 인사할 때 친근함의 표시로 뺨에 볼뽀뽀를 하는 프랑스 사람

Set 2	반성적 성찰	난이도 ★★★★☆

다음 두 문제를 읽고 답변하시오.

1. 수업 실연에 다루지 않은 차시를 포함하여 주제 중심 교과 융합 프로젝트 수업을 어떻게 재구성할 것인지 구체적으로 설명하시오.

2. 수업 실연에서 본인이 선택한 수업 공간은 어디였는지 말하고, 해당 공간을 선택한 이유를 수업 주제 및 활동과의 연관성을 중심으로 설명하시오.

[6학년 27명]

5~6학년 대상 수업 실연은 발문이나 활동에 제약이 거의 없지만, 그만큼 다른 조건이 까다로운 편이야. 인원이 27명이라면 모둠 구성이 비교적 자유로워서 3명씩 9 모둠, 또는 4명씩 3 모둠 5명씩 3 모둠으로 구성하면 돼. 단, 5~6학년 학생들도 그냥 모둠 대형으로 만들라고 하는 것보다 '화면에 띄운 대형대로 만들어라,' 혹은 '지난 사회 시간에 만들었던 모둠 대형으로 만들어라'는 식의 발문을 해주면 더 좋아. 이번 수업은 4차시 프로젝트 수업의 마지막 차시니, 이렇게만 해도 조건을 충분히 충족할 수 있어.

[주제 중심 교과 융합 프로젝트 수업]

교과 융합 수업이므로 먼저 사회와 어떤 교과를 융합할지 결정해야 해. 이번 차시의 주제가 다른 나라의 문화를 이해하고 존중하는 내용인 만큼 도덕의 다문화 교육과 연계하거나, 국어와 연계하여 자료를 찾아 발표하는 수업을 구성하는 게 일반적이야. 이외에도 좋은 아이디어가 있다면 주제나 교과는 자유롭게 설정할 수 있어.

프로젝트 수업은 학생이 스스로 학습 주제를 정하고 탐구한 후 결과물을 만드는 방식인데, 문제에서 마지막 차시를 실연하라고 했으니 결과물을 발표하는 활동이 꼭 포함되어야 해. 동시에 1~3차시에 이미 프로젝트 수업을 진행했을 테니 주제 선정이나 자료 조사를 본 차시의 활동으로 넣는 건 조건에 맞지 않는다고 볼 수 있지.

[수업 공간]

수업 실연에 특별한 조건이 없다면, 꼭 수업 공간을 교실로 정할 필요는 없어. 특히 프로젝트 수업에서 다양한 공간을 활용하면 자료 조사나 발표 시 다양한 기자재를 활용할 수 있지. 대신, 해당 공간에서 지켜야 할 규칙을 꼭 언급해줘야 해. 예를 들어 체육관이라면 '교사의 지시에 따라 질서를 지킨다,' '기자재를 함부로 만지지 않는다' 등 규칙을 3개 정도 제시해주면 좋아.

[다문화 학생]

조건 아동이 다문화 학생이면 보통 의사소통에 어려움이 있다고 가정해 전자사전을 제공하거나 보조 자료를 제시하는 방식으로 조건을 충족하는 경우가 많아. 그런데 이 문제에서는 일부러 만능틀을 깨고자 소통에 문제가 없고 학습 부진 아동이 아니라는 전제를 넣었어. 대신 수업에 소극적으로 참여하는 조건을 추가했지. 이런 경우, 그 학생이 자신의 나라 문화를 소개할 수 있는 활동을 구성하면 흥미를 갖고 적극적으로 참여할 수 있을 거야. 이게 출제 의도였지만, 다른 방식으로 조건을 충족해도 전혀 상관없어.

[확산적 발문]

확산적 발문 수업 실연에 자주 출제된 조건이야. 이때 핵심은 내가 의도한 발문이 확산적 발문임을 면접관이 확실히 느끼게 하는 거지, 이를 위해 발문 전에 '깜빡이 문장'을 넣어주면 좋아. 예를 들어 발문 전 '여기서 생각이 자라는 질문 하나!'처럼 누가 봐도 확산적 발문을 예고하는 문장을 넣어준다면 면접관이 확실히 점수를 줄 수 있지. 그런데도 놓칠 수 있으니, 2개 이상 드러내라는 조건이면 3개 이상 제시하는 게 안전해.

[활동 구성]

프로젝트의 마지막 차시인 만큼 결과물을 발표하는 활동이 꼭 포함돼야 하고, 앞뒤로 발표 준비와 평가를 넣어주면 흐름이 자연스러워지지. 또한, 동기 유발 단계에서 다른 수업과 달리 프로젝트 주제를 가볍게 상기시키거나 지난 시간에 조사했던 자료를 간단히 언급하는 정도로만 실연해도 충분하지. 활동 예시 구성은 다음과 같아.

활동 1) 발표 준비하기

활동 2) 프로젝트 산출물 발표하기

활동 3) 동료 평가하기

Set 3	수업 실연	난이도 ★★★★★

다음 내용을 참고하여 20분간 수업을 구상한 후 실연하시오.

(1) 과목/단원

6학년 1학기 0단원 수학 '수학은 내 친구'

(2) 관련 성취 기준

(없음)

(3) 다음의 조건에 따라 실연하시오.

1. 본시 학습의 학습 목표와 관련하여 수업자의 의도를 설명하시오.
2. 학습 단계는 도입-전개-정리로 하시오. (수업자 의도 설명부터 정리까지 15분 이내에 실연하시오)
3. 6학년 학생 26명을 대상으로 실연하시오.
4. 새 학기 첫 수학 시간이라 가정하고 학급의 학생 모두 학습 목표에 도달할 수 있는 수업을 구성하여 실연하시오.
5. 활동 중 놀이 (혹은 게임) 활동을 한 가지 이상 포함하여 수업을 구성하시오.
6. 학원에서 이미 6학년 선행학습을 끝내서 수학 시간에 흥미를 느끼지 못하는 학생이 1명 있다고 가정하시오.
7. 학급에 3~4학년 수준의 성취도를 수학 교과에서 보이는 학습 부진 학생이 1명 있다고 가정하시오.
8. 학생의 언어적, 비언어적 반응이 있다고 가정하고 실연하시오.
9. 판서는 모두 되어있고 필요한 기자재는 자유롭게 사용할 수 있다고 가정하시오.

(4) 본시 학습목표

수학을 왜 배워야 하는지 알고 수학에 흥미를 느낄 수 있다.

(5) 주요 학습 내용 및 활동 (6차시 이후 생략)

차시	주요 학습 내용 및 활동
1 (본시)	- 수학을 왜 배워야 하는지 알기 - 놀이 활동을 통해 수학 교과에 흥미 갖기
2	- (자연수) ÷ (자연수)의 몫을 분수로 나타내기
3	- (분수) ÷ (자연수) 알아보기
4	- (분수) ÷ (자연수)를 분수의 곱셈으로 나타내기
5	- (대분수) ÷ (자연수) 알아보기

Set 3	반성적 성찰	난이도 ★★★★★

다음 두 문제를 읽고 답변하시오.

1. 본인이 수업 실연에서 계획한 수업을 실제 현장에서 운영한다고 가정할 때, 학급의 모든 학생이 학습 목표에 도달할 수 있다고 생각하는지 말하고, 이를 위해 본인이 사용한 수업 전략이 무엇인지 구체적으로 설명하시오.

2. 요즘 Chat GPT에게 수학 문제를 물어보면 답을 다 알려주는데 왜 굳이 수학을 배워야 하는지 모르겠다고 질문하는 학생에게 교사로서 어떤 대답을 해줄 것인지 설명하시오.

[6학년 26명]

5~6학년 대상 수업 실연은 발문이나 활동에 제약이 거의 없지만, 그만큼 다른 조건이 까다로운 편이야. 또 인원이 26명이라면 4명씩 4 모둠 5명씩 2 모둠으로 구성하면 돼. 단, 5~6학년 학생들도 그냥 모둠 대형으로 만들라고 하는 것보다 '화면에 띄운 대형대로 만들어라'처럼 구체적으로 발문을 해주면 좋아. 또 이미 모둠 대형으로 앉아있는데 짝 활동을 해야 한다면 '어깨짝'이라는 표현을 사용해 모둠원 중 누구와 활동하는지 명확히 안내해주면 좋지.

[새 학기 첫 수학 시간 & 학습목표 & 놀이 활동]

최근 서울 수업 실연 문제로 교과 융합 수업, 프로젝트 수업처럼 혁신적이고 개방적인 조건이 자주 출제되고 있어. 이런 조건은 기존의 만능틀을 쓰기 어렵게 만들어 그만큼 수험생의 유연한 대처 능력과 창의성을 평가하기 좋아. 그래서 지금까지 출제된 문제의 연장선에서 수험생을 더욱 당황하게 할만한 조건이 어떤게 있을지 고민해봤는데, 5~6학년 국어 교과서 맨 앞의 연극 단원이나 수학 교과서의 첫 차시인 '수학은 내 친구' 같은 단원은 거의 예상하지 못할 거라 충분히 출제될 가능성이 있을 것 같아. 따라서 이에 대비할 수 있는 문제를 만들어봤지.

어떤 조건을 주더라도 수업 실연에서 가장 중요한 건 '학습목표'야. 모든 학생이 학습목표에 도달할 수 있도록 구성한다면, 그 안에서는 자유롭게 수업을 계획해도 돼. '새 학기 첫 수학 시간'이라는 조건이 낯설고 성취 기준이 없는 게 다소 어색할 수 있지만. 이런 문제일수록 자유롭게 본인만의 스타일대로 수업을 구성하면 돼서 오히려 편할 수 있어.

본시 학습목표는 '수학을 왜 배워야 하는지 알고, 수학에 흥미를 느낄 수 있다'이므로, 수업 실연을 보고 피드백할 때도 학생 입장에서 정말 수학의 필요성을 느끼고 수학에 흥미를 가질 수 있는 수업인지를 기준으로 평가하면 돼. 특히 조건 5번에 '활동 중 놀이 혹은 게임 활동을 포함하여 수업을 구성하라'고 했는데, 구상한 활동이 학생의 수학 흥미를 실제로 끌어올릴 수 있는지를 따져보면 좋은 수업인지 아닌지 판단할 수 있지.

[선행학습을 한 학생]

서울의 몇몇 학교에는 이미 선행학습으로 진도를 끝낸 학생이 절반 이상인 학급도 있어. 이럴 땐 먼저, 학생이 정말 학습목표에 도달했는지 확인할 필요가 있지. 학원 진도상으로는 진도를 끝마쳤다지만, 정작 본인이 제대로 이해하지 못하는 경우가 의외로 많거든.

또한 학원이나 과외를 통해 배울 내용을 미리 학습할 수는 있지만, 학교 수업에서는 문제 풀이 스킬 외에도 모둠 활동을 통한 의사소통 능력이나 타 교과와 융합을 통한 창의적 사고 역량을 길러줄 수 있어. 이 수업의 학습목표로 '수학을 왜 배워야 하는지 알고'가 포함된 만큼, 학교에서 수학을 배울 필요성을 알려주고 놀이 활동으로 참여를 유도한다면 선행학습을 한 학생도 수업에 적극적으로 참여할 수 있을 거야. 또, 학습 부진 학생 조건과 연계해 또래 도우미 역할을 부여하면 이 조건을 무리 없이 충족할 수 있지.

[학습 부진 학생]

반대로 학습 부진 학생은 활동에 어려움을 느낄 수 있어. 이때 또래 도우미의 도움을 받도록 유도하면 두 조건을 동시에 충족할 수 있지. 또, 6학년 수학 첫 차시인 만큼 학생의 내적 동기를 자극하는 발문을 넣고, 활동 구성 시 5학년 때 배운 내용뿐만 아니라 1~5학년 때 학습한 내용을 고루 포함하면 부진 학생도 자신감을 갖고 수업에 임할 수 있을 거야.

[활동 구성]

이 문제는 정해진 활동 없이 학습목표에 맞춰 창의적으로 구성하면 돼. 활동 구성 예시는 다음과 같아.

활동 1) 나에게 수학이란? (수학에 대한 내 생각 쓰기)
활동 2) 수학, 왜 배워야 할까? (토의•토론 및 발표 활동)
활동 3) ZEP로 수학과 친해지기 (수학 문제 풀이 미션 수행 활동)

[수학을 배워야 하는지 모르겠다고 질문하는 학생]

요즘 학교 현장에서 아이들을 가르치다 보면 계산기도 있고 Chat GPT도 있는데 왜 굳이 어려운 수학을 공부해야 하는지 모르겠다는 질문을 자주 받아. 이건 반성적 성찰뿐만 아니라 심층 면접으로도 충분히 출제될 수 있는 포인트지. 이에 대한 답변으로 여러 가지가 있겠지만, 내가 찾은 답변은 다음과 같아.

첫째, 도구를 제대로 활용하려면 기본 지식이 필요해.

Chat GPT는 내가 모르는 것, 혹은 까먹을 걸 알려주는 도구지만 내가 무엇을 모르는지도 모르는 상태에서는 쓸 수는 없어. 또, 한 번 배우고 까먹은 것과 배우지 않은 것은 천지 차이지. 자전거를 예로 들면, 처음 배울 때는 시간이 오래 걸리지만 한 번 배우고 나면 오랜만에 타더라도 훨씬 수월하잖아? 수학 개념도 한 번 익혀두면 까먹더라도 필요할 때 다시 기억해 활용할 수 있지만, 애초에 배우지 않았다면 활용할 수 없지.

둘째, 수학 학습은 단순한 문제 풀이를 넘어 사고력을 기르는 과정이야.

Chat GPT로 검색하면 문제를 빨리 풀어줄 수는 있어도 수학을 배우는 중요한 이유 중 하나인 '수학적 사고 역량'을 키우는 데 방해가 돼…. 수학 학습의 핵심은 정답을 맞히는 게 아니라 논리적·체계적으로 사고하는 능력이고, 이것이 쌓여야 상위 개념을 학습할 수 있거든. 하지만 도구에만 의존하면 이런 사고력을 기르기 어렵지.

셋째, AI의 계산이 항상 옳은 건 아니야.

2025년 8월 Chat GPT-5를 대상으로 수능 수학을 풀게 했는데 92점이 나왔어. 인공지능이라고 해도 항상 완벽한 대답을 내놓는 건 아니란 거지. 그래서 수학을 통해 계산•검증•추론 능력을 길러야 AI의 답변이 옳은지 비판적으로 판단할 수 있어. 예를 들어 뉴스에서 일부러 오류가 있는 통계 자료를 내보냈을 때, 수학을 배운 사람이라면 비판적 사고를 바탕으로 걸러낼 수 있지만, 수학을 배우지 않은 사람은 그대로 받아들일 위험이 크지.

Set 4	수업 실연	난이도 ★★★☆☆

다음 내용을 참고하여 20분간 수업을 구상한 후 실연하시오.

(1) 학년, 학기, 과목, 단원

4학년 도덕 4단원 힘과 마음을 모아서

(2) 성취 기준

[4도02-04] 협동의 의미와 중요성을 알고, 경청·도덕적 대화하기·도덕적 민감성을 통해 협동할 수 있는 능력을 기른다.

(3) 다음의 조건에 따라 실연하시오.

1. 본시 학습의 성취 기준과 관련하여 수업자의 의도를 설명하시오.
2. 학습 단계는 도입-전개 정리로 하시오. (수업자 의도 설명부터 정리까지 15분 이내에 실연하시오)
3. 4학년 학생 24명을 대상으로 실연하시오.
4. 수업이 이뤄지는 공간은 교실, 도서관, 체육관, 컴퓨터실, 운동장 등 학교 내에서 본인이 자유롭게 선정할 수 있다고 가정하시오.
5. 학생들이 '협동'이라는 가치를 인지적-정의적-행동적 영역에서 모두 학습할 수 있도록 수업을 구성하여 실연하시오.
6. 제시된 도덕과 성취 기준에 기반하여 교육과정-수업-평가의 일체화를 구연하시오.
7. 학생의 언어적, 비언어적 반응이 있다고 가정하고 실연하시오.
8. 판서는 모두 되어있고 필요한 기자재는 자유롭게 사용할 수 있다고 가정하시오.
9. 특정 모둠에 다음과 같은 특징을 가진 학생이 각각 한 명 있다고 가정하시오.

- 모둠 활동에 거의 참여하지 않는 무임승차 학생
- 본인의 뛰어난 능력을 믿고 활동을 모두 혼자 해버리려는 학생

(4) 본시 학습목표

수업을 통해 협동의 소중함을 알고 생활 속에서 실천할 수 있다.

(5) 주요 학습 내용 및 활동

차시	주요 학습 내용 및 활동
1	- 협동의 의미와 중요성 알아보기 - 협동을 해야 하는 까닭 알기
2	- 협동을 통해 문제를 극복한 사례 찾아보기 - 협동 실천 방법 찾기
3	- 학급에서 발생하는 문제점 찾기 - 학급에서 발생하는 문제점을 해결하는 방법 찾아보기
4 (본시)	- 협동이 필요한 활동 해보기 - 협동의 소중함을 깨닫고 실천하기

Set 4	반성적 성찰	난이도 ★★★☆☆

다음 두 문제를 읽고 답변하시오.

1. 본인이 실연한 수업을 통해 학생들이 협동의 가치를 인지적, 정의적, 행동적 영역에서 각각 어떻게 학습할 수 있었을지 구체적으로 설명하시오.

2. 제시된 도덕과 성취 기준에 기반하여 교육과정-수업-평가의 일체화를 어떻게 구현하였는지 설명하시오.

3. 학교 현장에서 모둠 활동으로 수업을 진행할 때 발생할 수 있는 어려움을 2가지 제시하고, 본인이라면 그 상황에서 학생들에게 어떻게 지도할지 실연한 내용을 바탕으로 말하시오.

[도덕]

도덕 교과는 비록 주지 교과는 아니지만, 언제 출제되어도 전혀 이상하지 않아. 음악•미술•체육같은 예체능 과목은 특정 학과에 유리해 출제 가능성이 희박하지만, 도덕은 학과별 유불리가 덜하고, 최근 인성 교육이 강조되는 만큼 한 번은 수업 실연 준비할 때 꼭 연습해봐야 하는 과목이지.

[4학년 24명]

3~4학년 수업 실연은 5~6학년 때보다 조금 더 쉬운 용어를 쓰는 정도만 신경 쓰면 되고, 이외에 큰 제약은 없어. 1~2학년에 비하면 부담이 훨씬 덜하지. 인원이 24명이면 짝 활동할 때도 딱 나눠떨어지고, 모둠 구성이 자유로워 4명씩 6 모둠, 또는 6명씩 4 모둠으로 만들면 돼. 단, 이미 모둠 대형으로 만든 상태에서 짝 활동을 해야 한다면 '어깨짝'이라는 표현을 사용해 모둠원 중 누구와 하는지 명확히 안내해줘야 해. 예를 들어 '내 앞에 앉아 있는 친구와 어깨짝이 되어'라는 발문을 통해 디테일을 살릴 수 있지.

[수업 공간]

수업 실연에 특별한 조건이 없다면, 꼭 수업 공간을 교실로 정할 필요는 없어. Set 2 문항처럼 넓은 공간이나 기자재 활용이 가능한 곳을 선택하면 발표나 활동 범위가 확장되지. 대신, 해당 공간에서 지켜야 할 규칙을 반드시 제시해야 해. 예를 들어 체육관이라면 '교사의 지시에 따라 질서를 지킨다,' '기자재를 함부로 만지지 않는다' 등 규칙을 3개 정도 제시해주면 좋아.

['협동'이라는 가치를 세 가지 측면에서 반영한 활동 구성]

협동의 가치를 인지적•정의적•행동적 영역에서 모두 학습할 수 있도록 활동을 구성하면 조건 5는 자연스럽게 충족돼. 활동 구성 예시는 다음과 같아.

1) 협동의 의미 알기
2) 협동하여 어려움을 극복한 사례 찾기 (예: 2007 태안 기름유출사고)
3) 생활 속 협동 실천 방안 찾아 발표하기

[교육과정-수업-평가 일체화]

이 조건도 한때 수업 실연에서 자주 출제됐는데, 핵심 포인트는 성취 기준, 수업 활동 및 평가 방법 간 연결 고리를 명확히 드러내는 거야. 구체적으로는 교육과정 재구성을 통해 '교육과정과 수업'의 연결을, 과정 중심평가를 통해 '수업-평가' 간 연결을 보여주면 돼. 사실 이 조건은 수업에서 발문으로 직접 드러내기보다는 구상 단계에서 수업 흐름이 유기적으로 연결되도록 구성하고, 이후 반성적 성찰 문항에서 그 연결 구조를 어떻게 실현했는지 설명하도록 하는 경우가 많아.

[조건 아동 2명]

협동 학습을 주제로 한 문제라면 99%의 확률로 협동을 방해하는 특성을 가진 아동이 조건으로 등장해. 대체로 모둠 활동에 적극적으로 참여하지 않는 '무임승차형'이 많지만, 반대로 모든 걸 혼자 하려는 '과시형' 학생이 나올 수도 있어. 두 유형이 완전 반대처럼 보이지만, 목표는 결국 모둠 활동에 참여하도록 만드는 것이라 지도 방식에 큰 차이는 없어.

우선, 전문가 협동 학습모형처럼 개개인에게 역할을 부여해 모두가 협동할 수밖에 없는 구조를 만들면 좋아. 예를 들어 보자기의 네 꼭짓점을 한 명씩 잡고, 그 위에 공을 올려 달리는 활동은 네 명이 모두 균형을 맞춰야 성공할 수 있으니 한 명이 잘하더라도 협동하지 않으면 할 수 없지.

또한, 개인별 평가와 모둠별 평가를 함께 적용하면 학생들의 문제 행동을 완화할 수 있어. 예를 들어, 모둠별 프로젝트 수업에서 자료를 조사한 후 발표하게 한 뒤, 발표 후 모둠원끼리 개인별 공헌도를 평가하게 하고, 이를 종합하여 평가에 반영한다면 모둠 안에서도 점수 편차가 생기게 되어 모두 적극적으로 참여할 수밖에 없지.

이처럼 활동 구조와 평가 방식을 설계할 때부터 협동을 유도하는 장치를 넣는다면, 조건 아동의 특성과 관계없이 무리 없이 조건을 충족할 수 있어.

Set 5	수업 실연	난이도 ★★★★☆

다음 내용을 참고하여 20분간 수업을 구상한 후 실연하시오.

(1) 학년, 과목, 단원

5학년 실과, 나의 진로와 적응

(2) 성취 기준

[6실05-02] 나를 이해하고 적성, 흥미, 성격에 맞는 직업을 탐색한다.

(3) 다음의 조건에 따라 실연하시오.

1. 본시 학습의 학습 목표와 관련하여 수업자의 의도를 설명하시오.
2. 학습 단계는 도입-전개-정리로 하시오. (수업자 의도 설명부터 정리까지 15분 이내에 실연하시오)
3. 5학년 학생 25명을 대상으로 실연하시오.
4. 실과 외 타 교과를 한 가지 이상 연계하여 수업을 구성하시오. (단, 창의적 체험활동과 연계할 수는 없다)
5. 확산적 발문을 2가지 이상 사용하여 실연하시오.
6. 과정 중심 평가의 방법과 내용을 구체적으로 실연하시오.
7. 본인은 꿈이 없으며 무엇을 좋아하는지 모르겠다는 학생이 교실에 한 명 있다고 가정하시오.
8. 학생의 언어적, 비언어적 반응이 있다고 가정하고 실연하시오.
9. 판서는 모두 되어있고 필요한 기자재는 자유롭게 사용할 수 있다고 가정하시오.

(4) 본시 학습목표

나를 이해하고 나에게 맞는 직업을 탐색할 수 있다.

(4) 교과서 활동 구성

· 나의 특성 알아보기
· 다양한 직업 알아보기
· 나의 특성에 맞는 직업 탐색하기

(5) 주요 학습 내용 및 활동 (6차시 이후 생략)

차시	주요 학습 내용 및 활동
1	- 일과 직업의 의미 알기 - 일과 직업이 중요한 까닭 알기
2	- 다양한 직업 탐색해보기
3 (본시)	- 나의 적성, 흥미, 성격 등 나의 특성 이해하기 - 나의 특성에 맞는 직업 찾기
4	- 미래의 직업 알아보기 - 새로운 직업 만들어보기

Set 5	반성적 성찰	난이도 ★★★★☆

다음 두 문제를 읽고 답변하시오.

1. 수업 실연에서 실과 외 어떤 교과와 연계하였는지 설명하고, 해당 교과를 연계하였을 때 학생들이 얻을 수 있는 교육적 효과를 논하시오.

2. 본인은 꿈이 없으며 무엇을 좋아하는지 모르겠다는 학생을 대상으로 어떻게 지도하였는지 설명하고, 만약 이와 같은 학생이 학급 전체의 절반 이상일 경우, 본인의 수업을 어떻게 재구성할 것인지 설명하시오.

[실과]

실과는 노작 활동이 많아서 수업 실연으로 단독으로 출제되기는 다소 어렵지만, 가정생활과 관련된 내용이나 진로와 연계된 내용은 충분히 출제될 수 있어, 실제로 2025학년도 서울 수업 실연에서 진로 수업이 나왔는데, 이 문제는 내가 시험 전에 만들었던 거라 주제에 적중했었지. 비록 같은 주제가 반복해서 나올 가능성은 작지만, 기출문제를 변형해 연습해보기에는 좋을 것 같아 수록했지.

[5학년 25명]

실과는 5학년부터 배우는 과목이라 5학년으로 설정했을 뿐, 학년 설정 외 그 이상의 의미를 두지는 않았어. 인원이 25명일 때는 5명씩 5 모둠이 가장 무난하고, 5명이 많다고 느껴지면 4명씩 5 모둠에 5명씩 1 모둠으로 구성해도 돼. 단, 홀수 인원이라 짝 활동을 할 때 '세모짝'을 할 팀을 미리 정해둬야 해. 예를 들어, '해현, 윤환, 한솔이는 세모짝으로 활동할게요'처럼 구체적으로 발문하면 조건을 확실히 충족할 수 있지.

[교과 연계 수업]

교과 연계 수업이므로 실과와 어떤 교과를 연계할지 먼저 결정해야 해. 이번 차시의 주요 활동이 '나의 특성과 다양한 직업 알아보기'이므로 국어과 자료 조사와 연계하거나 미술과 연계해 나의 특성을 표현하는 그림 그리기 활동을 할 수 있어. 또는 사회나 과학 교과서의 미래 유망 직업을 소개하는 차시와 연계하는 것도 가능하지.

[확산적 발문]

확산적 발문 수업 실연에 자주 출제된 조건이야. 이때 핵심은 내가 의도한 발문이 확산적 발문임을 면접관이 확실히 느끼게 하는 거지, 이를 위해 발문 전에 '깜빡이 문장'을 넣어주면 좋아. 예를 들어 발문 전 '여기서 생각이 자라는 질문 하나!'처럼 누가 봐도 확산적 발문을 예고하는 문장을 넣어준다면 면접관이 확실히 점수를 줄 수 있지. 그런데도 놓칠 수 있으니, 2개 이상 드러내라는 조건이면 3개 이상 제시하는 게 안전해.

[과정중심평가]

과정중심평가는 보통 순회 지도, 활동과 활동 사이, 정리 단계에서 충족해. 특별한 조건이 없다면 자기평가, 동료 평가, 교사의 관찰평가 중 편한 걸 사용하면 되는데, 조건 충족을 확실히 보여주려면 최소 두 번 이상 실연하는 게 좋아. 특히 관찰평가할 때는 활동 전 '선생님은 돌아다니면서 모둠별로 협동이 잘 이뤄지는지 확인해볼게요'처럼 명시적으로 말해주거나, 순회하면서 구상지에 체크하는 시늉을 하며 일부러 소리를 내는 방법을 쓰면 면접관이 놓칠 가능성을 줄일 수 있어.

[꿈이 없다는 학생]

이 조건은 수업 실연에서도 출제될 수 있지만, 심층 면접 즉답형 문항으로 나올 가능성이 더 높아. 실제 학교 현장에서 진로 수업을 하면, 많은 학생이 명확한 꿈이 없다고 얘기하는데, 이를 반영한 문제지. 꿈이 없는 학생의 원인은 크게 2가지로 나눌 수 있어.

첫째, 가정 형편상 다양한 경험을 해볼 기회가 없었던 아이들이 있어. 이 경우 세상에는 다양한 진로가 있다는 것을 알려주고, 탐색할 기회를 제공하는 것이 중요해. 방과 후에는 사제동행 프로그램이나 서울희망교실을 통해 더 넓은 경험을 할 수 있도록 돕는 방법도 있는데, 이런 부분은 수업 실연에 발문으로 녹여내기에는 다소 무리가 있어. 그래서 반성적 성찰 문항으로 제시해 답변을 보완할 수 있도록 했지.

둘째, 무기력하고 의지가 없어 꿈이 없다고 말하는 아이들이 있어. 사실 이 경우가 훨씬 많아. 이런 학생에게는 '너는 무엇이 되고 싶니'가 아니라 '너는 무엇을 할 때 가장 행복하니'와 같은 질문을 던져주는 게 좋아. 진로란 직업뿐 아니라 내가 좋아하는 일이나 삶의 가치관에서도 찾을 수 있거든. 또한, 작은 성공 경험을 통해 자기 인생을 스스로 관리한다고 느끼게 하면서 본인의 장점을 찾을 수 있도록 유도하면 무기력감을 줄이는 데 도움이 돼. 그래서 수업 실연할 때 '우리 혜은이는 무엇을 할 때 행복함을 느끼니?' 또는 '내가 잘하는 것은 무엇일지 생각해볼까?'와 같은 확산적 발문을 넣으면 조건을 충족할 수 있고, 실제 현장에서도 적용할 수 있지.

2부

학교 현장

현장에서 지내다 보면 힘들고 지친 날도 있겠지만
진심으로 아이들을 대하면 그 마음은 꼭 돌아올 거야
교실 문을 두드리는 순간, 너의 진심이 아이들에게 닿기를

삐약이 교사의
좌충우돌 신학기 준비

새로운 출발

발령부터 개학까지

개학 전 꼭 생각해 볼 11가지

최종 합격 발표일, 두근거리는 마음으로 합격자 발표 창을 열었더니 눈앞에 최종 합격을 진심으로 축하한다는 문구가 등장! 그동안 힘들게 총론 외우고 면접 준비하던 기억이 한순간에 스쳐 지나가면서 이제 더는 임용고시를 공부하지 않아도 된다는 사실에 감정이 벅차오른다.

그런데 문득 생각해보니, 3월에 발령이 나면 한 달 후에 바로 교단에 서야 한다고? 나는 이제 막 합격했을 뿐 현장에 대해 아는 게 전혀 없는데, 이런 내가 아이들 앞에 서도 괜찮을까?

새로운 출발

초등학교 교사가 되어 아이들과 함께하고 싶다는 일념 하나로 교대에 입학해 5번의 실습과 임용고시를 거쳐 마침내 교사가 되었구나. 진심으로 축하해~! 그동안 정말 고생 많았고, 앞으로 교직에서 꽃길만 걷길 바라!

그런데 지금으로부터 약 한 달 뒤인 3월 1일 자로 발령 나서 아이들을 가르친다고 생각하니 실감이 잘 안 나지 않아? 불과 얼마 전까지 난 임용고시를 준비하던 수험생이었고 교대 강의나 실습에서 배운 것만으로는 담임 교사가 되기 턱없이 부족한 것 같은데, 이런 내가 과연 스무 명이 넘는 학생들과 1년을 보내며 담임으로의 역할을 잘 해낼 수 있을까?

이 질문은 임용고시를 이제 막 합격한 수험생이라면 누구나 한 번쯤 고민하게 되는 부분이야. 사실 우리도 똑같이 막막한 시절이 있었고, 그렇기에 너희가 느끼는 불안한 마음을 누구보다 잘 이해하고 있지. 그렇다고 막상 선배 교사에게 물어보면 현장에 나오면 다 알게 된다는 막연한 대답만 돌아와. 그런데 아직 경험해보지 않은 입장에서 그 말이 오히려 더 막막하게 느껴지기도 하지.

그래서 이번 장부터는 신규 교사가 현장에 나오면 겪게 될 일과, 교직 현장에 나오기 전 미리 생각해 보면 좋을 교직 관련 질문들을 정리해봤어. 이미 합격해서 발령을 기다리고 있는 예비 교사라면 앞으로 겪을 일을 간접적으로 체험해보며 '나라면 어떻게 할까'하고 스스로 고민해볼 수 있고, 아직 수험생이라면 교직관을 스스로 확립하는 동시에 면접 준비에도 유용하게 활용할 수 있을 거야. 그럼, 이제 곧 열리게 될 교실 문 앞에서 어떤 세상이 기다리고 있을지 함께 살펴볼까?

발령 전 주요 일정

- 임용 서류 제출
- 신규 교사 직무 연수
- 교육청 및 학교 발령
- 신학년 집중 준비 기간
- 교육대학교 졸업식

임용 서류 제출

2월 초순쯤 떨리는 마음으로 합격을 확인하고 나면, 2월 중순에 신규 연수가 기다리고 있어. 이때 임용 서류를 제출해야 하는데, 어떤 서류가 필요한지는 최종 합격자 공고 홈페이지에서 볼 수 있지. 2025년 서울 기준으로 필요한 주요 제출 서류는 다음과 같아.

- 공무원 채용 신체검사서(사진 부착)
- 마약류 중독 검사 결과 통보서
- 가족관계증명서
- 주민등록초본 및 주민등록등본
- 교원자격증 사본(혹은 교원자격증 취득 예정증명서)
- 졸업증명서(혹은 졸업예정증명서)
- 경력증명서(해당자만 제출)
- 기타 서식(개인정보 공개 동의서, NEIS 인사기록 등록카드 등)

여기서 중요한 꿀팁 3가지! 첫째, 공무원 신체검사랑 마약류 검사는 결과가 나오기까지 시간이 걸리니까 미리미리 검진을 받아두는 게 좋아. 특히 공무원 신체검사를 받을 수 있는 병원은 정해져 있는데, 교대 근처 병원들은 합격자들이 몰려서 대기 시간이 엄청 길거든. 그래서 합격 발표가 나자마자 최대한 빨리 다녀오길 추천해.

둘째, 공무원 신체검사서는 기간제 교사할 때도 꼭 필요해. 그런데 원본을 제출해버리면 다시 발급받아야 하니까, 제출할 때는 꼭 사본을 내고 원본은 따로 챙겨두길 바라.

마지막 셋째, 만약 기간제 근무 경력이 있다면 반드시 경력증명서를 제출해야 그만큼 경력을 인정받을 수 있어. 이건 기간제 근무했던 학교에서 발급해주니까, 계약이 끝날 즈음에 교감 선생님이나 행정실에 꼭 문의해서 챙겨놔야 해.

신규 교사 직무 연수

합격자 발표가 나고 1~2주 정도 신나게 놀고 나면, 신규연수가 기다리고 있어. 신규연수는 대면과 일부 비대면을 섞어서 진행하는데, 길고 지루하게 느껴지겠지만 잘 들어두면 나중에 피가 되고 살이 되는 내용도 있으니 꼭 필요할 것 같은 내용은 들어두는 것을 추천해. 신규연수 때 자신의 학급에서 사용하는 갈등 해결이나 생활 지도 방법, 필요한 학급 물품 리스트를 정리해주셨는데 이런 것들을 잘 메모해두면 바로 발령이 났을 때 요긴하게 쓸 수 있거든.

교육청 및 학교 발령

3월부터 바로 일을 시작하고 싶은 사람도 있고, 쉬고 싶어서 꼭 9발이나 내년 3월 발령을 외치는 사람도 있고…. 보통 몇 등까지 발령이 나는지는 교육청 홈페이지에 먼저 공지되고, 그다음에 어떤 지원청과 학교인지 나와. 2025년 기준 경기도는 신규연수 전에 등수가 나왔고, 서울은 신규연수 중에 발표됐어. (서울이 보통 더 늦는 편이야.) 연수가 진행되는 동안 서울은 주소지가 적힌 서류를 제출하고, 경기는 희망 지역을 제출해. 그리고 며칠에서 길면 일주일 정도 지난 후에 내가 어떤 교육지원청(용인교육지원청, 강동송파교육지원청 등)에서 일할지 알게 되지! 그다음 하루 정도 후에 어떤 초등학교에서 일하게 될 지 지원청 장학사님께 직접 연락이 와. 그러면 미리 학교가 어디에 있는지, 주변 학군이 어떤지 알아볼 수 있지. 그리고 최종적으로 교감 선생님으로부터 연락받아 학교 방문 일정을 잡게 돼.

만약 학교 규모가 크고 신규 발령이 여러 명(2명 이상) 난다면, 업무 분장표를 쓰거나 혹은 어떤 학년/업무를 맡을지 물어보실 거야. 그리고 하루 이틀 후에 내가 맡을 학년과 업무를 알게 돼. 사실 학교에서는 신규 발령을 내기 전에 공석을 제외하고 이미 업무 분장이 완료된 상태라, 남은 자리 중에 고르게 되는 경우가 많아. 만약 신규가 나 혼자라면 자동으로 남은 학년과 업무가 내 담당이 되는 거지!

신학년 집중 준비 기간

2월 말은 신규 선생님뿐만 아니라 모든 선생님이 설렘 반 긴장 반으로 준비하는 시기야. 3월에 아이들과 잘 만나기 위해 준비해야 할 게 산더미처럼 쌓여있거든. 교실에 필요한 물품을 정리하고 배치하는 건 기본이고, 1년 동안 학급을 꾸려가면서 필요한 걸 준비해두느라 눈코 뜰 새 없이 바쁜 시기지.

보통 개학 전후로 전 직원 회의나 전 직원 출근일이 잡혀있는데, 학교마다 다르긴 해도 서울 기준으로는 대체로 3~5일 정도야, (경기도는 평균적으로 이보다 더 길어.) 그런데 신규 교사로 발령받으면 이걸로는 턱없이 부족해서 자발적으로 더 나오게 되지. 물론 이때 출근한다고 2월 월급이 따로 나오진 않아. 신규 교사 발령은 원칙적으로 3월 1일 자로 나기 때문이지. 그래도 2월 말부터는 출근한다는 마음으로 준비하는 게 좋아. 특히 담임을 맡게 되면 할 일이 정말 많은데, 바로 다음 장에서 자세하게 알려줄게!

교육대학교 졸업식

교대 졸업식은 2월 말에 있기 때문에 3월 발령을 받는 신교 교사들 기준으로는 임명식과 일정이 비슷하게 겹쳐 있어. 다행히 교대 졸업식과 연수 일정은 보통 겹치지 않게 잡히더라. 만약 졸업식이 출근일과 겹친다고 하더라도, 관리자에게 말씀드리면 웬만해서는 얼마든지 다녀오라고 흔쾌히 허락하실 거야!

대학교 졸업식은 인생에서 단 한 번뿐인 순간이고, 이때 이후로 동기들과 자주 보기 어렵다 보니 웬만하면 꼭 참석하길 바라. 나는 친한 동기들과 미리 약속해 스냅사진도 찍고 졸업식 이후 함께 맛있는 것도 먹으면서 이날만큼은 편하게 즐겼는데, 대학 생활의 마지막 행사인 만큼 사진도 많이 찍고 좋은 추억 가득 남기길!

발령부터 개학까지

신학년 집중 준비 기간에 출근해서는 무엇을 해야 할까? 만약 교과 전담을 맡게 된다면, 첫날 수업 위주로만 준비해도 충분해. 게다가 개학식 당일에는 보통 교과 수업이 없어서 비교적 여유로운 편이지. 하지만 실제로는 신규 교사가 담임을 맡게 될 가능성이 훨씬 높아. 나도 기간제 때 2학년 담임을 맡았고, 첫 발령에서도 6학년 담임을 맡았어. 교과 전담은 보통 휴직 예정이 있는 교사나 교무부장 선생님처럼 특별한 상황이 있는 분들에게 먼저 배정되기 때문에 신규에게 바로 맡겨지는 경우가 드물거든. 그렇다면 담임 교사로 발령받았을 경우, 개학 전까지 어떤 준비를 해두면 좋을까? 발령 직후부터 개학식 전날까지 순서대로 알려줄게!

텅 빈 교실, 여긴 어디 나는 누구?

처음 발령받고 학교에 찾아가면, 보통 부장님께서 학교 곳곳을 안내해주셔. 그러면서 앞으로 내가 1년 동안 생활할 교실을 처음 보게 되는데, 이때 첫 번째 충격을 받게 되지. 왜냐고? 정말 교실에 아무것도 없거든. 벽도 휑하고, 게시판에 아무 장식도 없고, 준비된 물품도 없는 교실에서 2주 뒤에 아이들을 맞이해야 한다는 사실이 갑자기 현실로 다가와 막막해져. 게다가 옆 반을 보면 이미 앞뒤 게시판에 알록달록 꾸며진 자료가 붙어 있고 교탁 주변에 준비물도 많은데, 내 교실은 이래도 되나 싶은 불안함이 몰려오기도 하고. 나도 첫날 교실에 들어가서 멍하니 서 있었던 기억이 생생한데, 이건 누구나 겪는 일이니 너무 걱정하지 않아도 돼.

내가 1년 동안 지낼 교실과의 첫 대면

질문을 하고 싶은데 정작 뭘 물어봐야 할지조차 모르겠다

출근해서 교실에 앉았으니 뭐라도 시작해 봐야겠지? 그런데 여기서 두 번째 충격이 찾아와. 어디서부터 손을 대야 할지 감이 안 오고, 옆 반 선생님께 여쭤보고 싶어도 사실 내가 지금 뭘 모르는지조차 모르는 상태거든. 또 궁금한 게 생길 때마다 매번 옆 반에 찾아가 여쭤보는 것도 괜히 눈치가 보이지. 그래서 이럴 때 쓰면 좋을 질문 리스트를 준비해봤어. 아래 내용은 신학년 준비 기간 첫날, 혹은 개학 전에 꼭 물어봐야 할 질문들이니 꼭 확인해보도록 해!

교실 컴퓨터 및 교과실 비밀번호

교실에는 교사용 컴퓨터가 한 대씩 있는데, 비밀번호가 걸려 있을 거야, 사실상 이걸 풀어야 비로소 업무를 시작할 수 있지. 보통은 이전에 그 교실을 쓰셨던 선생님이 붙임쪽지에 비밀번호를 적어 모니터에 붙여두고 가시는데, 만약 그런 게 없다면 이전 담임선생님께 여쭤보거나, 혹은 학교에서 사용하는 공용 비밀번호가 있는지 확인해보면 돼.

교과실 비밀번호는 학교마다 따로 정리된 파일이 있는데, 그중에서도 먼저 학습준비물실이랑 자료제작실 비밀번호를 알아두어야 해. 그래야 학급 게시판을 꾸미거나 개학 전 수업 자료를 편하게 준비할 수 있거든. 또 개학 후에 체육관, 음악실 등 이동 수업을 갈 때도 비밀번호를 알아야 출입할 수 있어서 교과실 비밀번호가 정리된 파일은 미리 출력해서 교사만 볼 수 있는 곳에 두면 편하지.

라벨지, 코팅지, 플로터 사용

라벨지는 아이들 이름을 출력해 사물함, 신발장, 책상 서랍 같은 곳에 붙일 때 꼭 필요해. 라벨지는 보통 학습준비물실에 비치되어 있지만, 혹시 없다면 학급 운영비가 나오기 전까지는 동료 선생님께 몇 장만 달라고 부탁드리면 주실 거야. 단, 라벨지는 출력 양식에 따라 크기가 다르니 출력하려는 도안에 맞는 크기인지 꼭 확인한 다음 사용해야 해!

코팅은 학습준비물실이나 자료제작실에 있는 코팅 기계로 할 수 있는데, 이 코팅 기계 사용법만 알고 있어도 학급 게시판의 80%는 꾸밀 수 있어. 특히 시간표나 학습 문제 & 활동 등은 종이로 출력해서 사용하면 금방 더러워지니 꼭 코팅해서 사용하도록 해.

마지막으로 플로터는 대형 프린터기라고 생각하면 돼. 보통 시정표나 학급 규칙, 학급환영판처럼 크기가 큰 프린트물을 출력할 때 사용하지. 학교마다 자료 제작을 도와주시는 선생님이 계신 곳도 있고 없으신 곳도 있는데, 만약 계신다면 부탁드리면 되지만 안 계신다면 플로터를 어디서 어떻게 출력할 수 있는지 미리 여쭤봐야 하지.

시간표 & 시정표

시간표는 동학년 부장 선생님께서 기본 틀을 주시면, 정해진 조건과 시수에 맞게 직접 짜면 돼. 보통 교과 시간이나 특별실 사용 시간(도서관, 컴퓨터실) 등은 반별로 이미 고정되어 있어서, 국어, 수학처럼 내가 가르칠 과목만 빈 시간표에 시수에 맞춰 끼워 넣으면 돼. 예를 들어 '창의적 체험 활동 시간은 학년 전체가 같은 요일에 하되 교시만 다르게 편성한다' 혹은 '국어는 주 6시간을 편성한다' 같은 조건들이 있으면, 그 조건을 충족하는 선에서 자유롭게 배치하면 돼.

시간표 짤 때 Tip

첫째, 미술처럼 준비물이 많은 교과는 옆 반과 시간표가 겹치지 않게 두는 게 좋아. 그래야 같은 준비물을 두 반이 동시에 안 쓰게 되고, 같은 날 다른 교시에 넣으면 내가 먼저 쓰고 옆 반에 넘기거나 반대로 받아올 수도 있어서 훨씬 편하지.

둘째, 미술, 실과처럼 노작 활동이 많은 과목은 시간표를 연속으로 배치해야 활동 시간이 충분히 확보할 수 있어.

셋째, 점심시간 후에는 아이들의 집중력이 흐트러지고 마음이 들떠있어서 국어, 수학, 사회 등 주지 교과보다는 음악이나 미술 같은 예체능 과목으로 시간표를 편성하면 좋아

6학년 시간표를 예시로 보여줄게. 노란색 음영은 교과 수업, 파란색 음영은 특별실 고정이야.

	월요일	화요일	수요일	목요일	금요일
1교시	수학	실과	사회 (컴2)	도덕 (과2)	국어
2교시	국어 (도서관)	실과	국어	국어	사회
3교시	국어	체육 (아우름)	과학 (과2)	영어 (영2)	영어 (영2)
4교시	영어 (영2)	과학 (과2)	체육 (강당)	수학	수학
5교시	사회	국어	수학	과학 (과2)	미술
6교시	음악	창체 (동아리)		음악	미술

	월요일	화요일	수요일	목요일	금요일
1교시	체육 (생활관)	과학 (과학실)	국어	국어 (도서관)	사회
2교시	국어	영어 (스마트)	과학 (과학실)	도덕 (실과실)	영어 (영어실)
3교시	영어 (영어실)	수학	실과 (실과실)	과학 (스마트)	창체/체육
4교시	수학	국어	실과 (실과실)	수학	국어
5교시	미술	체육 (생활관)	음악 (창의예술)	사회	창체 (창의예술)
6교시	미술	사회		음악	수학

한편, 시정표란 하루 중 수업 시간과 쉬는 시간, 점심시간 등이 언제인지 알려주는 시간표야. 수업 시간이 40분으로 같더라도 학교마다 중간놀이 시간이나 점심시간이 다를 수 있고, 심지어 같은 학교 안에서도 학년에 따라 다를 수 있어서 꼭 여쭤봐야 해. 시정표는 플로터로 크게 출력해서 칠판에 붙여두면 교사와 학생 모두 시간을 쉽게 확인할 수 있고 빈 칠판을 채우기도 좋지.

학부모와의 소통 방법

학교 현장에서 수업하다 보면 학부모님들과 소통할 일이 생각보다 자주 생겨. 학부모 상담뿐만 아니라 질병으로 인한 결석 및 지각, 체험학습 안내 등 다양한 상황에서 연락이 필요하지. 어떤 방법으로는 소통하는지 학교나 학년별로 통일된 경우가 대부분이라 클래스팅, 하이클래스 등 여러 방법 중 어떤 방법을 사용하시는지 여쭤보고, 개학 전까지 숙지해두면 좋아.

본인이 맡은 업무

교사는 학급 운영 외에 학교 업무를 각자 하나 이상 담당하게 돼. 학생 자치, 방과 후, 나이스, 학교폭력 등 다양한 업무가 있는데, 해당 업무 관련해서는 전년도에 해당 업무를 담당했던 선생님이 누구였는지 확인하고 직접 인수인계를 받는 게 가장 좋아. 만약 전임자가 학교에 안 계시거나 신설 학교라면 K-에듀파인의 문서등록대장을 확인하면 작년에 어떤 업무를 했는지 알 수 있지.

학생들의 학습 수준 및 특성

실습 때 경험해봤겠지만 같은 학년이더라도 지역 및 학군에 따라 학생들 간 편차가 정말 커. 그래서 본인이 발령받은 지역의 아이들은 평균적으로 어떤지, 학부모님들의 성향은 어떤지 등을 동료 선생님께 여쭤보면 친절하게 알려주실 거야. 물론 3월에 진단평가 및 학부모 상담을 하며 자연스럽게 알게 되지만, 미리 알아두면 그에 맞는 수업을 준비하는 데 편하겠지?

그리고 내가 맡은 학급에 학습 혹은 생활 지도 차원에서 특별히 도움이 필요한 학생이 있을 수 있어. 이런 경우 전년도에 그 학생을 맡았던 담임선생님께 직접 여쭤보면 확실한 정보를 얻을 수 있지. 물론 아이들과 만나기 전에 미리 정보를 알게 되면 자칫 선입견이 생길 수 있는데, 그런데도 반드시 알아둬야 하는 정보도 분명히 있으니 꼭 확인해두는 게 좋아.

기타 물어보면 좋은 질문들

- 분리수거 및 청소는 어떻게 이뤄지나요?
- 학년별 급식 순서 및 자리는 어떻게 되나요?
- 교사용 지도서 및 USB는 어디서 받을 수 있나요?
- 학교에서 운영하는 줄넘기 급수제나 타자 인증제가 있나요?
- 결석계와 체험학습신청서 및 보고서 양식은 어디서 볼 수 있나요?
- 받아쓰기, 독서록 등 학년에서 공통으로 내주는 숙제는 따로 있나요?

신규 교사로 당장 필요한 것들, 지금은 할 수 없다고?

이제 개학식 날 학생들을 맞이할 준비를 본격적으로 시작해볼까? 일단 수업 준비를 하려면 인디스쿨에 들어가 어떤 자료들이 있는지 확인해보고, 교실을 꾸미려면 학급 운영비도 필요하겠네? 하지만 아쉽게도 지금 당장은 인디스쿨도 들어가지 못하고 학급 운영비도 쓰지 못해. 또 나이스(NEIS)와 K-에듀파인도 출근 첫날 바로 접속할 수 없어. 그러면 이러한 사이트는 언제부터 활용할 수 있을까?

먼저 인디스쿨은 교사 월급명세서로 인증해야 가입할 수 있어. 그런데 3월 1일 자로 발령받으면 첫 급여명세서가 3월 14일 전후로 나와. (참고로 교사 월급날은 매월 17일이고, 17일이 공휴일과 겹치면 직전 출근일에 받을 수 있어.) 그래서 발령 후 2주 동안은 내 아이디로 접속할 수 없어. 참고로 기간제 교사도 급여명세서가 나오니까 꼭 발령받지 않아도 기간제하면서 인디스쿨을 이용할 수 있어.

다음으로 나이스는 교사가 업무를 하기 위해 반드시 접속해야 하는 사이트야. 나이스에 접속하려면 먼저 행정실에 문의해 접속 신청을 하고, 사용자 등록을 거쳐야 하지. 나이스 등록은 2월 중에 바로 이뤄져서 개학 전에 들어가 볼 수 있는데, 처음 들어가 보면 뭐가 어디 있는지도 모르겠고 용어도 어렵고 복잡하지. 나이스 관련해서는 신규 교사 연수나 유튜브를 통해서도 배울 수 있지만, 익숙해지는 가장 빠른 방법은 필요할 때마다 직접 찾아서 해보는 거더라.

마지막으로 학급 운영비는 담임 교사가 학급을 운영할 때 필요한 준비물이나 간식 등 물품을 구입할 수 있도록 지원되는 예산인데, 3월부터 사용할 수 있어. 즉, 개학 전 학급 게시판을 꾸밀 때 당장 사용할 수 없지. 그리고 학급 운영비를 사용하려면 K-에듀파인에서 품의라는 걸 올려야 하는데, 이건 학교마다 세부 절차가 조금씩 다르고 나이스 시스템에 등록한 후에야 할 수 있어서 개학 후에 천천히 알아보고 쓰는 걸 추천해. 이 학급 운영비로 무엇을 사면 좋을지는 6-3장의 Q3에 자세하게 설명해놨으니 꼭 읽어봐!

급여명세서

급여지급년월 년 월 성명

[초등학교] [국공립교원/ /교사/ 호봉/ 년] **재직**

공무원 구분	행정부국가공무원	급여관리 구분	호봉제	급여직종	국공립교원	최초 임용일	
기관명	초등학교	급여관리 기관		직위	교사(초등)	현직급 임용일	
보직구분	담임교사	담당과목		교원구분	교사(초등학급 담임)	현직위 임용일	

본격 학급 꾸미기!

비록 학급 운영비는 아직 사용할 수 없지만, 개학식 날 아이들을 맞이하려면 학급 게시판도 꾸미고 교실 환경을 어느 정도 갖춰야겠지? 그러면 교실을 어떻게 꾸미면 좋을까?

시간표 & 시정표

시간표와 시정표는 보통 플로터로 출력해서 칠판 앞쪽에 부착해 두는데, 수업하다 보면 수업 진도나 행사 등으로 시간표를 유동적으로 바꿔야 할 때가 많아. 그래서 나는 아래 사진과 같이 시간표를 잘라 코팅한 후 붙이는 자석을 활용해 칠판에 고정했는데, 이렇게 만들어두면 각 교시에 필요한 준비물이나 교과서 페이지를 함께 적어둘 수 있어서 편하더라.

식단표 & 가정통신문

학급 게시판에 식단표를 붙여두지 않으면 '선생님, 오늘 급식은 뭐 나와요?'라는 질문을 하루에도 수십 번씩 듣게 될 거야. 그리고 가정통신문이나 회신문을 나눠줘도 꼭 잃어버리는 학생들이 있으니 게시판 빈 곳에 여분의 가정통신문을 둘 곳을 마련해두면 좋지. 이때 종이는 칠판에 자석으로 붙여도 되지만, 메모홀더를 활용하면 여러 장을 겹쳐서 보관할 수 있으니 참고해!

단원•학습 문제•활동

단원•학습 문제•활동은 평소 수업할 때는 잘 사용하지 않지만, 임상 장학이나 학부모 공개 수업처럼 내 수업을 누군가에게 보여줘야 할 때 필요해. 이것도 시간표처럼 한 번 출력해서 코팅해두면 교직 생활하면서 계속 쓰니까, 처음 만들 때 신경 써서 예쁘게 만들어두길 추천해.

1년차, 2년차 칠판 사진

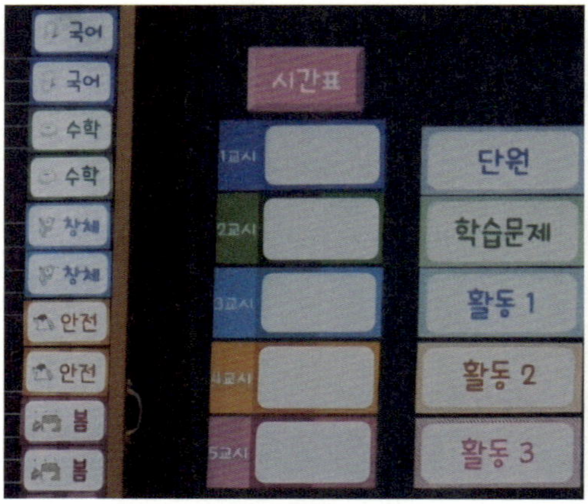

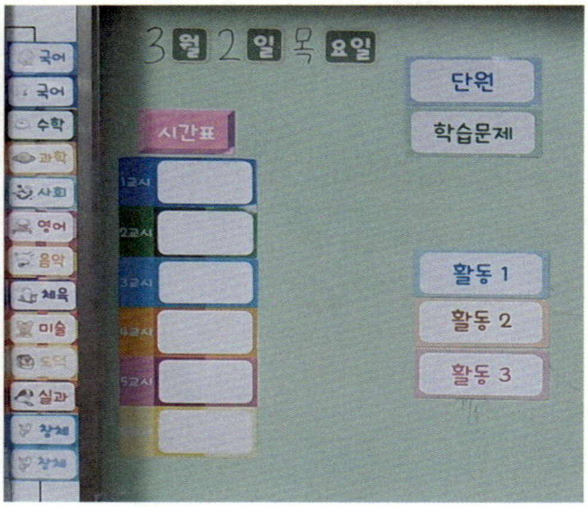

학급 규칙

칠판 앞쪽에 학급 규칙을 출력해서 붙여두는 것도 좋아. 학급 규칙은 교사가 정해서 안내해도 되고 개학 후 아이들과 같이 정한 후 붙여도 되는데, 저학년 학생들을 대상으로 학급 규칙을 만들 때는 최대 5개 정도가 적당해. 그 이상 많아지면 아이들이 기억하기 어렵거든. 학급 규칙은 학급 온도계 및 상벌제와도 연관이 되는 부분이라, 다음 장에서 더 자세하게 알려줄게.

뒷게시판

뒷게시판은 개학 전부터 급하게 꾸미기보다는, 개학 후에 아이들의 작품으로 채워나가는 게 가장 좋아. 특히 3월에는 '나를 소개합니다,' '협동화 그리기' 같은 만들기 활동이 많아서 자연스럽게 작품이 생기거든, 이렇게 아이들 작품을 전시해두면 학부모 상담할 때 이야깃거리도 생겨 훨씬 좋아. 그런데도 개학 전에 뒷게시판을 꾸며 교실 분위기를 살리고 싶다면 학급환영판을 플로터로 크게 출력해 붙이거나 메모홀더를 활용해 작품 붙일 공간을 미리 만들어두는 걸 추천해. 혹은 대한민국 지도나 세계 지도를 붙여두는 것도 좋아. 사회 시간에 바로 활용할 수 있고, 동시에 넓은 공간을 채워주니까 교실이 훨씬 풍성해 보이지!

아이들 작품으로 뒷게시판 꾸미기 전과 후

이름표 붙이기

내가 맡을 반이 확정되면 해당 반의 학생 명부를 받게 돼. 학생 명부에는 내가 1년 동안 가르칠 학생들의 이름이 출석번호 순으로 적혀있는데, 이걸 바탕으로 이름표를 만들 수 있지. 이름표는 라벨지 형태로 출력해서 사물함, 신발장, 책상에 붙여두면 되는데, 추후 전입생이 올 수 있으니 여분으로 1~2명분 정도 출력해두는 게 좋아. 그리고 라벨지만 붙여두면 금방 떨어지니까 그 위에 테이프를 덧붙여주면 훨씬 효과적이지. 나는 교실에 처음으로 이름표를 하나하나 붙일 때 비로소 내가 담임 교사가 되었다는 게 실감 났었어. 너도 아마 비슷한 경험을 하지 않을까?

개학식 전에 미리 준비할 것

학창 시절을 떠올려보면, 개학식 날 담임선생님이 가정통신문이랑 시간표 같은 유인물을 한가득 나눠주셨잖아? 그 말은 곧, 담임 교사가 되면 그 준비를 개학 전에 다 해둬야 한다는 뜻이야. 그러면 개학 전 어떤 것들을 준비해야 하는지 하나씩 차근차근 살펴볼까?

담임 소개 자료 (학생용)

개학식 첫날 방송 조회가 끝난 후 가장 먼저 할 일은? 바로 내가 누구인지 아이들에게 알려주는 것! 물론 칠판에 교사 이름 석 자만 쓰고 수업할 수도 있겠지만, 아이들에게 첫인상을 남기고 처음 라포를 형성하는 시간인 만큼 담임 소개 자료를 만들어 두면 좋아. 담임 소개 자료는 실습 나갔을 때 첫날 교생 선생님을 소개하는 자료를 살짝만 수정해서 만들면 돼. 이때 실습과 달리 담임 교사로 아이들을 소개하는 거니까 자신의 교직관이나 학급에 바라는 점, 학생들에게 전하고 싶은 말 등을 함께 담으면 더 좋지.

학생들이 아침에 할 일

개학식 날 아침은 마치 전쟁터 같아. 특히 저학년 학생들은 교실에 들어오자마자 뭘 해야 할지 몰라 눈빛이 흔들리는데, 이럴 땐 교실 모니터에 아침에 할 일을 순서대로 크게 띄워주면 한 명씩 등교할 때마다 같은 말을 반복하는 수고를 덜 수 있지. 신발 갈아 신는 것부터 자기 자리 찾아 앉기 같은 사소한 것까지 단계별로 보여주면, 아이들이 그대로 따라 하면서 혼란을 줄일 수 있어. 반면 고학년 학생들은 이미 다 아는 내용이지만, 그래도 띄워두면 아침부터 떠들고 장난치는 분위기를 조금이나마 가라앉히고 질서를 유지할 수 있지.

아침에 할 일 7단계

1단계, 복도에 우산 & 신발주머니 두고 오기

2단계, 칠판 보고 내 자리 찾아서 앉기

3단계, 옷은 의자(혹은 옷걸이에), 가방은 책상 옆에 걸기

4단계, 내 사물함 찾아서 교과서 넣기

5단계, 책상 서랍에 가져온 물품 정리하기

6단계, 책상, 의자 물티슈로 닦기

7단계, 책 읽기(혹은 개학식 알림장 미리 쓰기)

시간표

시간표가 확정되면 예쁘게 출력해서 개학식 당일에 나눠주면 돼. 나는 종이 한 장에 2~4개 들어갈 크기로 컬러 출력해서 나눠줬는데, 적어도 두 개씩은 줘야 아이들이 알림장이나 책상에 붙여두고 볼 수 있지. 또 시간표에는 교과목과 함께 이동 수업 교실을 같이 적어주면 좋아. 특히 저학년은 이동 수업이 익숙하지 않아 교사가 미리 숙지해두고 이동 수업임을 알려줘야 하지.

학급환영판

학급환영판은 개학식 첫날 반을 못 찾는 학생들을 위해 교실 앞문과 뒷문에 붙여두는 종이로, 저학년 학생들에게는 필수야. 아이들이 학급환영판을 보고 반을 확인하기 때문이지. 이때 주의할 점은, 학급환영판은 아이들이 볼 수 있는 눈높이에 붙여두어야지 선생님 눈높이에 붙이면 아이들이 보기 힘들다는 점 잊지 마!

가정통신문

개학 첫날에는 학교에서 나눠주는 가정통신문도 정말 많아. 학생 카드, 개인정보 동의서, 급식표, 방과 후 신청 관련 안내문, 앱 설치 안내장 등 다양한데 이중 담임 교사가 직접 출력해서 나눠줘야 하는 가정통신문도 꽤 많지. 그러니 하나씩 차근차근 출력하고, 다 출력한 후에는 옆 반 선생님과 대조하여 빠진 것이 없는지 확인하면 좋지.

자리 배치표

아이들이 개학식 첫날 교실에 들어오면 맨 먼저 본인 자리를 확인하는데, 아이들이 쉽게 찾을 수 있도록 자리 배치표를 출력해 칠판에 붙여두면 좋아. 또 자리 배치표는 담임선생님 외에 교과 선생님이나 강사님께서 보셔야 하니 교탁에 테이프로 붙여두면 편하지. 첫날 자리는 출석번호 순서대로 앉히거나 남녀 번갈아 앉히는 게 일반적인데, 자리 배치 관련해서도 6장에서 상세하게 다뤄줄게. 다음은 내가 사용하는 자리 배치표 양식이니 참고해~

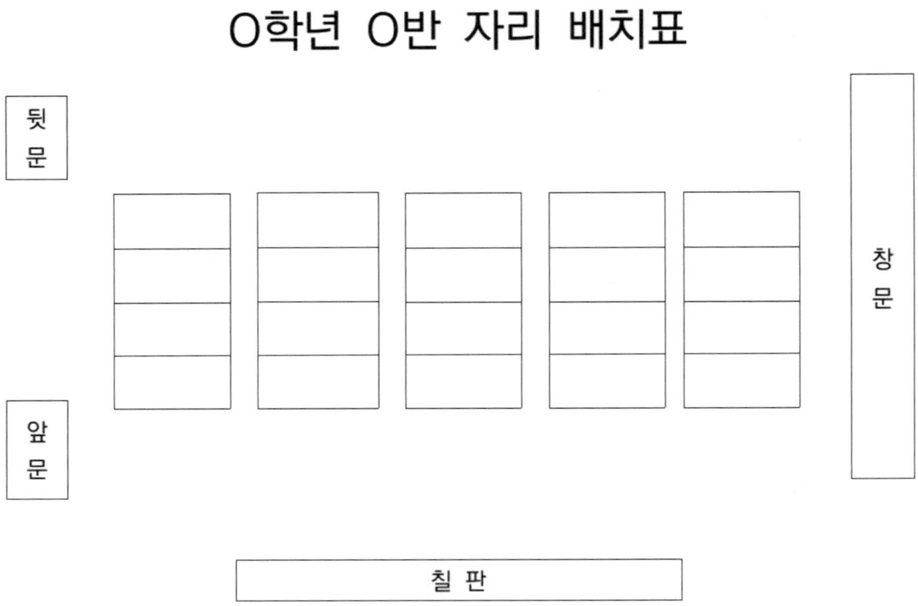

출석부

출석부는 시중에 나온 제품을 별도로 구매해서 사용해도 되고, 본인이 어떻게 활용할 건지에 따라 필요한 양식을 직접 만들어서 써도 돼. 나는 주로 결석, 지각, 조퇴한 학생을 체크하거나 결석계 제출 여부 확인, 시험 점수, 관찰 일지$ 등을 기록하는 용도로 활용해. 물론 출결 내용은 매일 나이스(NEIS)에 바로 입력하는 게 가장 좋지만, 현실적으로 바빠서 깜빡할 때도 있거든. 그래서 일단 따로 기록해두고, 나이스 들어갈 때 한 번에 입력하면 비교적 편하더라.

첫날 수업에 필요한 자료

보통 개학식 첫날은 4교시 후 점심 먹고 하교하는데, 교과 수업도 없고 담임 교사가 4교시 모두 준비해야 해서 막막하게 느껴지지. 첫날은 수업 진도보다는 자기소개와 아이스브레이킹 활동, 교실 청소, 학급 세우기 위주로 흘러가는데 이 부분은 바로 다음 장에서 자세하게 소개할게.

개학식 당일 알림장

개학식 날 알림장에는 유인물과 관련된 내용을 많이 적는데, 특히 개인정보 동의서나 학생카드처럼 회신이 필요한 유인물은 꼭 적어줘야 해. 내 경험상 개학식 당일에는 공지사항도 많고 정신이 없어서 미리 알림장을 출력해 아이들에게 직접 나눠주는 게 편하더라.

신학기 준비물 체크리스트

신학기 준비물은 학교마다, 또 학급마다 다르니 동학년 선생님께서 갖고 계신 자료를 참고해 수정한 후 출력하면 돼. 아래 표는 일반적으로 신학기에 꼭 필요한 준비물 목록과 유의 사항이야.

준비물	실내화, 실내화 주머니 공책, 알림장, 교과서, L자 투명 파일(가정통신문 전달용), 독서용 책 한 권, 필통, 연필, 지우개, 투명 자, 색연필, 사인펜, 검정 네임펜, 가위, 풀, 테이프 휴지, 물티슈, 양치 도구, 개인 물통, 미니 빗자루 세트, 정리 바구니
유의 사항	모든 개인 물건에는 이름을 씁니다. (물품 분실 시 개인 책임입니다.) 추가로 필요한 준비물 및 교과 선생님 준비물은 추후 알림장을 통해 안내해 드리겠습니다. 게임기, 장난감, 화장품, 고가물품, 현금 등 분실 우려가 있는 물품은 갖고 오지 않습니다.

학부모님께 드리는 편지

학창 시절을 돌아보면, 새 학기 초에 담임선생님께서 써주신 편지를 부모님께 전해드렸던 기억이 있을 거야. 이제는 담임 교사로 아이들의 부모님께 드릴 편지를 준비해야 하는데, 이 편지에는 간략한 담임 소개와 함께 대략적인 학급 운영 방향, 학부모와 소통 방법 등이 포함되면 돼. 이때 경력이 많으신 선생님들은 전에 근무했던 학교나 경력을 넣으시기도 하는데, 신규 교사라면 굳이 본인이 신규임을 밝히지 않지. 아래는 내가 신규 때 작성했던 담임 소개 편지 예시이니 참고하길 바라.

오늘도 한 걸음 더
리더로 성장하는
서울OO 초등학교 O학년 O반

우리 반 친구들을 소개합니다

O학년 O반 명렬표			
1		11	
2		12	
3		13	
4		14	
5		15	
6		16	
7		17	
8		18	
9		19	
10		20	

O학년 O반 학부모님께

O학년 O반 친구들의 O학년 진급을 축하합니다.

안녕하세요. 저는 O학년 O반 담임을 맡게 된 교사 OOO입니다. 우선, 댁의 소중하고 사랑스러운 아이들을 맡겨 주신 것에 감사의 마음을 전하며 아이들과 함께 OOOO년을 지내게 될 담임으로서 첫인사를 드립니다.

이 드넓은 우주 중 지구라는 행성에, 그중에서도 OO초등학교에 O학년 O반 담임으로 아이들과 만날 수 있는 확률은 정말 희박하며, 그 희박한 확률을 인연이라 부른다고 합니다. 이렇게 소중하게 만난 인연인 만큼 한 명 한 명 최선을 다하여 지도하겠습니다.

저는 학교에서 아이들이 각자의 삶의 주인으로 성장하기를 바랍니다. 이때 아이들 각자가 삶의 주인이 되기 위해서는 타인의 삶을 존중하는 방법을 아는 것도 중요합니다. 학교라는 작은 사회에서 친구들과 모여 있다 보면 때로는 서로에게 피해 주는 행동을 할 수도 있으며, 그것을 조정하는 과정에서 갈등과 어려움이 있을 수 있습니다. 하지만 어떤 어린이도 누군가를 괴롭히기 위해 태어나지 않았으며 어떤 부모도 내 자녀가 잘못되길 바라지 않는다는 확신과 믿음을 가지고 이해와 관용으로 함께 도와주시면 감사하겠습니다.

학교와 학급의 소식은 e알리미와 알림장을 통하여 전달됩니다. 알림장을 스마트폰 어플로도 확인할 수 있게 별도의 안내장을 배부합니다. 자녀의 학교 생활을 자주 확인해주시고 많은 관심 부탁드립니다.

앞으로 OOOO년 한 해, 밝고 건강하게 성장하는 O학년 O반이 되도록 최선을 다하겠습니다.

OOOO년 3월 담임교사 OOO 드림

우리반 교실 연락처(학교 내선번호): OOO-OOOO
별도의 안내장에 소개된 알림장 어플 "하이클래스"로도 문자와 전화가 가능합니다.
연락 가능한 시간은 오전 8시 30분부터 오후 4시 30분까지를 원칙으로 하며,
이외의 급한 연락은 하이톡으로 남겨주시면 보는 대로 연락드리겠습니다

개학식 수업, 어떻게 준비해야 할까?

실습 때 생각해 보면 밤새 자료 만들어서 1시간 수업을 겨우 준비했었는데 실제 학교 현장에서는 매일 적게는 3교시, 많게는 6교시 수업을 준비해야 한다고? 심지어 개학식 날은 교과 수업도 없는데 나 혼자서 어떻게 4교시 수업을 할 수 있을까? 나는 그저 말하는 감자일 뿐인데….

처음 발령받으면 누구나 위와 같은 고민을 하게 돼. 실제로 발령 후 첫 한두 달은 수업을 준비하는 데 시간도 오래 걸리고, 체력도 금방 소진돼서 밤 8~9시면 자고 다음 날 눈 뜨면 출근하는 생활을 반복하곤 하지. 그래도 당장 개학식 하루만이라도 무사히 잘 넘기면 좋겠는데, 개학식 당일엔 어떤 활동을 준비하면 좋을까?

방송 조회

개학식 날 1교시엔 분명 방송 조회가 있을 거야. 방송 조회는 일반적으로 15분에서 20분 내외로 하는데, 여기서 가장 큰 변수는 학교에 새로 부임하신 선생님들 소개를 방송 조회 때 한다는 거야. 즉, 네가 담임 교사더라도 방송실에 내려가서 인사를 하고 올라와야 하는데, 학교에 따라 인사말을 따로 준비해야 하기도 해. 내 경험상 방송실 내려가서 기다리는 짧은 5분이 개학식 첫날 가장 긴장되는 순간이었지만 눈 한 번 감았다가 뜨면 끝나있더라. 그러니 너무 겁먹지 말기를!

담임 소개

조회가 끝나면 1교시가 20분 정도 남는데, 이때 처음으로 아이들 출석을 부른 뒤 간단하게 담임 소개 및 Q & A 시간을 가지면 1교시가 금방 지나가. Q & A 시간을 가질 때는 교사의 나이, 애인이 있는지 등 사적인 질문은 할 수 없도록 사전 안내 필수! 이때 저학년 학생들은 대체로 질문이 많고 고학년 학생들은 거의 없는데, 없을 경우를 대비해 퀴즈나 진진가 활동을 미리 준비해두면 원활하게 진행할 수 있어.

대청소 & 자료 배부

2교시에는 방학 동안 책상과 의자 위 먼지를 닦고 책상 서랍과 사물함 정리하는 것만으로도 20분 이상 훅 지나가. 남은 시간 동안은 네가 신학년 준비 기간 동안 열심히 만든 시간표와 신학기 준비물 체크리스트, 학부모 편지 및 가정통신문 등을 배부하고 안내하면 되지. 교과서는 보통 방학 전에 미리 배부하는데, 간혹 일부 교과서가 방학 후 도착해 개학식 날 나눠주기도 해. 교과서 나눠주고 네임펜으로 교과서에 이름 쓰는 것만으로도 2교시가 금방 갈 거야.

자기 소개

교사 소개도 했으니 학생들 자기소개도 들어봐야겠지? 자기소개 발표는 다양한 방법으로 할 수 있는데, 나는 학생들의 부담을 최소화해주고자 선생님이 나를 어떻게 기억해줬으면 좋겠는지 수식하는 말을 붙여 소개해달라고 했어. 예를 들어 '그림 그리기를 좋아하는 하엘이', '야구를 좋아하는 찬이'처럼 내가 좋아하는 것이나 취미를 붙일 수도 있고, '엔지니어가 꿈인 예원이', '싱어송라이터가 꿈인 가은이'처럼 나의 꿈을 얘기할 수도 있지. 내가 가르쳤던 학생 중에는 실제로 'INFJ 리지'처럼 MBTI를 소개하거나 '관종 유진이', '예쁜 재인이'처럼 재밌는 수식어를 붙이는 친구들도 있었어. 이러면서 학생들끼리도 서로 더 빨리 알게 되고, 교사도 수식어와 함께 아이들의 이름을 외우면 더 쉽게 외울 수 있더라.

발표가 끝나면 본격적으로 나를 소개하는 활동을 한두 교시 동안 시키면 되는데, 이 활동도 다양하게 진행할 수 있어. 아래는 내가 새 학기 첫날 학생 자기소개로 했던 활동이니 그대로 해도 되고, 아니면 네가 원하는 대로 자유롭게 바꿔서 해봐~

❶ 삼각 이름표

일반적으로 가장 많이 하는 활동으로, 색 도화지를 네등분해서 삼각형으로 접은 뒤, 한 면에는 나의 이름을 예쁘게 꾸미고 다른 한 면에는 나의 특징에 대해 적어보는 활동이야. 삼각 이름표를 만들어두면 학생들 이름 외울 때 훨씬 편하지만 5~6학년 학생들은 이미 해본 친구들이 많아서 지겹다는 반응이 많긴 해.

❷ 마인드맵

도화지 가운데에 나의 이름을 쓰고 나를 소개하는 마인드맵을 그리는 활동이야. 마인드맵에는 취미, MBTI, 내가 좋아하는 음식, 노래 등을 자유롭게 작성해서 꾸미면 되는데 아무것도 없는 상태에서 그리라고 하면 어려워하는 학생들이 많아서 예시를 보여주면 좋아.

❸ 나의 그림은

나를 가장 잘 표현하는 것을 그림으로 그리되 이름이나 얼굴 등 나를 직접 나타내는 표현은 할 수 없게 제한을 둔 뒤, 각 그림을 누가 그렸는지 맞춰보는 활동이야. 어쩌면 자유 미술이라 볼 수도 있는데, 활동을 통해 각 학생이 어떤 분야에 관심이 있는지 파악하기도 좋고 뒷게시판 꾸밀 때 학생들의 작품으로 붙여두기도 좋아서 추천해.

❹ 내 짝을 소개합니다

이 활동은 둘씩 짝을 지어서 서로 충분히 대화를 나눈 뒤 나의 짝을 소개해주는 활동으로, 개학식 첫날이나 친구 사랑 주간에 하면 좋아. 물론 고학년 중에는 이미 친한 학생들도 있지만, 서로 처음 보거나 얼굴은 알지만 친하지 않았던 학생도 있어서 아이스브레이킹 활동으로 나쁘지 않더라.

❺ 자기소개 빙고

16~25칸으로 만들어서, '생일 물어보기,' '좋아하는 과일 물어보기'처럼 여러 가지 질문이나 미션을 넣고, 미션을 한 상대방의 이름을 적어 빙고를 완성하는 활동이야. 여러 사람 앞에서 이야기하는 것을 쑥스러워하는 친구들이 비교적 편하게 돌아다니며 활동할 수 있는 동시에 바쁜 개학식 날 교사가 잠깐 숨 쉴 틈이 있다는 장점이 있어. 아래는 내가 만들었던 고학년용 자기소개 빙고 예시야.

제일 좋아하는 과목 ( )	작년에 몇 반? ( )	생일은 언제? ( )	MBTI ( )	가장 좋아하는 음식 ( )
혈액형 ( )	좋아하는 가수 ( )	가장 최근에 본 영화 ( )	장래 희망 ( )	나의 취미 ( )
탕수육 부먹 VS 찍먹 ( )	냉면 물냉 VS 비냉 ( )	민초 호 VS 불호 ( )	파인애플 피자 호 VS 불호 ( )	프라이드치킨 VS 양념치킨 ( )
체육 시간에 하고 싶은 거 ( )	반려동물 키우니? ( )	좋아하는 계절 ( )	가보고 싶은 나라(여행지) ( )	나의 성격을 한 단어로 ( )
롤모델이 누구야? ( )	별명이 있다면? ( )	요즘 가장 관심 있는 거 ( )	즐겨 듣는 노래 ( )	어제저녁에 뭐 먹었어? ( )

개학 전 꼭 생각해 볼 11가지

2월에 최종 합격 발표가 난 후 3월에 바로 발령이 나면 학급을 어떻게 운영해야 할지 고민할 여유도 없이 수업과 업무가 몰아치지. 그래서 보통 2차 면접을 준비하는 동안 학급을 어떻게 운영할 건지 생각했던 방향 그대로 적용하는 경우가 많아. 이에 이번 장에서는 발령 혹은 개학 전 꼭 한 번쯤 생각해 보면 좋을 질문 10가지를 준비해봤어. 이 질문들은 임용고시 심층면접에 언제든 등장할 수 있는 내용일 뿐만 아니라 담임 교사가 된 후에도 한 번은 꼭 고민이 필요한 주제들인 만큼 개학 전 나만의 답변을 찾아 직접 정리해보길 바라!

Q1. 집중 구호는 무엇으로 정할까?

나의 답변

현직 교사 Tip

집중 구호는 수업 실연에서 사용한 그대로 현장에서 활용해도 되지만, 막상 실제 교실에서 아이들 앞에서 하기에는 부끄럽거나 어색한 구호들도 있지. 그래서 본인만의 집중 구호를 하나 만들면 좋은데, 현장에서 은근히 자주 사용해. 수업 시간 시작할 때, 활동이 끝났을 때뿐만 아니라 체험학습이나 각종 행사에서 학급 학생들을 집중시킬 때도 쓰이니까, 되도록 교사가 목을 많이 사용하지 않아도 되는 구호를 추천해. 나는 교사가 'O학년' 하면 학생들이 'O반, (박수 2번), 집중!' 하는 구호를 주로 쓰는데, 이외에도 종을 치거나 아무 말 없이 손가락을 입술에 가져다 대며 조용히 하라는 신호를 보내는 방식도 현장에서 자주 사용하지.

Q2. 이동 수업 & 점심 시간 줄 설 때 순서를 어떻게 정할까?

나의 답변

현직 교사 Tip

점심시간에 누가 맨 앞에 줄 서는지는 아이들에게 있어 매우 민감한 문제야. 또 줄 설 때 내 앞뒤에 누가 서느냐에 따라 급식실에서 내 옆자리에 누가 앉느냐가 정해지기에 개학식 첫날 규칙을 바로 정해줘야 해. 만약 별도의 규칙을 정해두지 않고 선착순으로 세우거나 자유롭게 풀어주면 손 씻고 빨리 줄 서려고 뛰어가는 아이부터 자리를 맡아두려는 친구, 네가 앞이네 내가 앞이네 싸우는 학생까지 혼돈의 카오스를 경험할 수 있을 거야.

가장 편한 건 출석번호나 키 번호대로 세우는 건데, 그러다 보면 출석번호가 뒤거나 키가 큰 학생들이 매번 뒤에 서야 하다 보니 불만이 생기기 마련이야. 그렇다고 다음 달에 번호 역순으로 세우면 중간 번호인 아이들은 늘 중간에 서게 되고. 그래서 만약 번호 순서대로 세울 거라면 오늘 맨 앞에 선 친구를 다음 날 맨 뒤로 보내는 방식이 가장 공평하긴 해. 그러면 모두가 한 번씩은 맨 앞에 설 수 있거든. 하지만 내 앞뒤에 친구는 계속 고정된다는 문제가 있어.

다음으로는 자리에 따라 세우는 방법이 있는데, 자리는 주기적으로 바뀌니까 무작위라는 측면에서 공정하다고 볼 수 있지. 만약 모둠별로 자리를 배치한다면 1 모둠부터 세우되 모둠 안에서는 알아서 자유롭게 서라고 할 수도 있고, 1 모둠부터 서는 게 불만이라고 하면 한 주 단위로 돌아가면서 모둠 순서를 바꿀 수도 있지. 예를 들어 첫 주에 1 → 2 → 3 → 4 모둠 순으로 섰다면 다음 주에는 2 → 3 → 4 → 1 모둠 순으로 세우는 것처럼 말이야.

그리고 팁을 하나 더 주자면, 고학년 학생들은 이미 여러 방식의 줄서기를 경험해봤기에 어떤 방식이 가장 공정했는지를 회의로 함께 정하는 것도 좋은 방법이야. 그러면서 다른 선생님들께서는 어떻게 운영하셨는지 아이디어를 얻을 수도 있고, 학생들의 의견이 반영된 방식인 만큼 불만도 적지.

Q3. 자리는 어떻게 배치할까?

나의 답변

현직 교사 Tip

새 학기 첫 달은 출석번호 순서대로 앉혀도 큰 불만이 없지만, 그렇다고 1년 내내 이렇게 앉힐 수는 없겠지? 그래서 주기적으로 자리를 바꿔줘야 하는데, 이때 어떤 주기로, 어떤 방식으로 바꿀 건지를 꼭 생각해봐야 해. 자리 배치에 따라 학급 분위기와 아이들의 참여도가 확 달라지거든.

자리 배치는 일반적으로 개인(섬), 짝 혹은 모둠 형태로 앉힐 수 있고, 요즘은 ㄷ자 배치나 하크니스 테이블처럼 다양한 형태를 시도하는 학교도 많아. 이건 교실 규모나 학급 인원, 수업 활동의 성격에 따라 다르게 선택하면 돼 물론 학생들의 선호를 반영하여 결정할 수도 있지만, 경험상 자리 배치만큼은 민주적으로 운영하기 쉽지 않더라.

자리를 정하는 가장 무난한 방법은 추첨을 통해 무작위 배치야. 다만 이때 주의할 점은 무작위로 뽑았을 때 노골적으로 특정 학생과 앉기 싫어하는 반응을 할 수 있기에 이 부분에 대해 반드시 사전에 주의를 줘야 해. 또한, 시력이 안 좋은 학생들을 배려해서 해당 학생들의 자리를 고정한 후 무작위로 돌릴 수 있는데, 인디스쿨이나 구글에 검색하면 자동으로 자리를 배정해주는 프로그램을 어렵지 않게 찾을 수 있으니 편한 걸로 찾아보길 바라.

만약 자리 바꿀 때마다 잡음이 생기는 게 싫다면 아예 규칙을 정해두는 것도 방법이야. 예를 들어 한 주에 한 번, 여학생 자리는 고정하고 남학생들만 한 칸씩 이동한다거나, 눈치 게임 같은 활동으로 번호를 부여한 뒤 그 번호대로 앉히는 식이지. 특히 저학년은 학급 친구들과 두루두루 어울리며 사회성을 기르는 게 중요하니까 이런 방식이 잘 맞아.

한편, 학급 내에서 갈등이 잦거나, 같이 앉히면 너무 산만해지는 조합은 교사가 미리 조정할 수도 있어. 이때는 아이들에겐 "랜덤으로 정했다"고 안내하고 사실은 교사가 사전에 손을 써두는 거지. 또 자리 바꾸는 주기를 짧게 가져가면 학생들의 불만을 조금은 줄일 수 있긴 해. 다만 어떤 방식을 쓰더라도 100% 모두를 만족시키긴 힘들더라.

Q4. 상벌제를 운영할까? 운영한다면 어떻게 할까?

나의 답변

현직 교사 Tip

상벌제 운영은 교사마다 철학과 방식이 크게 다른 부분이야. 실제로 상벌제를 운영하지 않는 선생님도 많고, 운영하더라도 방식이 천차만별이거든. 학급 온도계처럼 집단 상벌제를 활용하거나, 개인 상벌제를 운영하기도 하지. 학급 운영 방식에 정답은 없으니, 아래 소개할 운영 방식별 장단점을 참고해서 교사 본인과 학급에 가장 적합한 방식을 찾아보길 바라.

❶ 상벌제를 하지 않는다면

상벌제를 운영하지 않는 가장 큰 이유는 학생의 '외적 동기'보다 '내적 동기'를 키우는 것을 중요시하기 때문이야. 물론 상벌제를 통해 단기적으로는 행동 변화를 유도할 수 있지만, 장기적인 관점에서 학생의 긍정적인 변화를 유도하기는 어렵지. 실제로 상벌제를 운영할 때 아이들이 '선생님, 이거 하면 사탕 주시나요?' 혹은 '이거 잘하면 학급 온도계 온도 올릴 수 있어요?'와 같은 말을 자주 하는데, 그 말을 들으면 내가 이러려고 상벌제를 시작했나 싶어. 하지만 상벌제를 하지 않는다면 전체적으로 동기부여가 떨어지기 마련이라 아이들의 내적 동기를 어떻게 자연스럽게 끌어낼 수 있을지에 대한 고민은 꼭 필요해.

❷ 집단 상벌제를 한다면

상벌제를 학급 단위로 시행한다면 학생들 간에 협력과 책임감을 자연스럽게 유도할 수 있어. 예를 들어, 어떤 활동에서 전원이 참여하면 학급 전체가 칭찬받는 구조라면 학생들끼리 서로 도와주고 응원하며 공동체 의식을 갖게 되지. 하지만 소수 학생의 반복된 실수로 인해 학급 전체가 상을 받지 못할 경우, 학생 간 갈등이나 낙인 효과가 생길 수 있어. 또, 학급 전체로 벌을 주면 정작 혼나야 할 아이는 변화하지 않고, 다른 학생들이 위축된다는 점이 아이러니하지.

❸ 개인 상벌제를 한다면

개인 단위로 상벌제를 운영하면 외적 동기를 통한 행동 유도에는 확실히 효과적이야. 교사의 칭찬을 받기 위해 더 열심히 숙제하고, 상품을 받기 위해 더 책임감 있게 행동하는 아이들이 많지. 하지만 경쟁이 심해지면 불만을 토로하거나 억울하다는 학생이 나오기 마련이고, 심할 때는 선생님이 학생들을 차별한다는 말까지 나오게 되지. 그래서 개인 단위 상벌제를 시행할 때는 교사가 명확한 기준을 바탕으로 일관성을 유지하는 것이 필수적이야. 상을 정할 때는 모두에게 같은 기준을 사전에 공지하고, 벌을 줄 때도 학급 규칙에 근거하여 일관되게 지도해야 학생들도 신뢰하고 수긍할 수 있어. 아래는 개인 상벌제 예시야. 학생들이 도장 혹은 스티커를 20개 모으면 추첨을 통해 상품을 획득할 수 있어.

O학년 O반 1학기 쿠폰북

1	2	3	4
5	6	7	8
9	10	11	12
13	14	15	16
17	18	19	20 추첨!

주요 추첨 상품

영화 한 교시 자유 이용권
미술/체육 한 교시 자유 이용권
쉬는 시간 20분 연장권
급식 줄 일주일 우선권
다음 자리 교체 때 옆자리 선택권
다음 자리 교체 때 내 자리 선택권
일인일역 한 달 우선 선택권
책갈피
과자
사탕
레모나

(모든 상품 양도 불가)

Q5. 1인1역을 어떻게 정할까?

나의 답변

현직 교사 Tip

일인일역은 학급 자치 활동으로 가장 많이 하는 활용되는 방식이야. 학창 시절에 누구나 한 번은 경험해봤을 텐데, 막상 담임 교사로 운영하려 하니 어떤 역할이 있으며 역할 배분을 어떻게 할 것인지 고민되지. 일인일역 역할로는 정말 다양한 역할이 있는데, 학생들과 함께 우리 반에 필요한 역할이 무엇이 있을지 회의를 통해서 결정하면 좋아. 아래는 일반적으로 많이 하는 역할들이니 예시 보여줄 때 참고하길 바라.

역할 명	역할
도서 관리원	학급 도서를 관리하고 정리해요
분리수거 도우미	정해진 요일에 분리수거를 해요.
칠판 지움이	매 교시 후 칠판을 깨끗이 지워요.
대신이	결석한 친구의 역할을 대신 수행해요.
게시판 꾸밈이	학생들의 작품으로 뒷게시판을 꾸며요.
나눔이	가정통신문, 활동지 등 유인물을 나눠줘요.
에너지 지킴이	불 끄기, 문 닫기 등 에너지 절약을 실천해요.
세스코	교실에 나타난 벌레를 잡거나 밖으로 내보내요.
우유 당번	우유를 배부하고 마신 우유 팩을 가져다 두어요.
심부름꾼	옆 반 선생님께 물품을 전달하거나 준비물실에서 준비물을 가져와요.

역할을 정했으면 학생들에게 어떻게 역할을 배정할지 고민해봐야겠지? 역할을 나눌 때는 교사가 역할을 하나씩 부른 뒤 해당 역할을 원하는 학생들끼리 가위바위보를 통해 결정하거나, 각자 원하는 역할에 대한 지원서를 받은 뒤 투표하는 방식으로 정할 수도 있어. 이때 핵심은 학생이 직접 원하는 역할을 맡아 수행했을 때 그만큼 책임감을 갖고 성실하게 수행하게 되니 학생 개인의 의견을 최대한 반영할 수 있도록 운영하는 거야. 아래는 내가 만든 일인일역 지원서 양식이야. 활용할 때는 학생 이름을 가린 뒤 지원서를 읽어주고 마음에 드는 지원서에 투표하도록 하면 돼.

일인일역 역할 나누기

이름:

하고 싶은 역할	
하고 싶은 이유	
그 역할을 하는데 나는 어떤 장점을 가졌는가?	
하고 싶은 말	

Q6. 학급 특색 활동으로는 어떤 걸 할까?

나의 답변

현직 교사 Tip

학급 특색 활동이란 담임 교사와 학생들이 주체가 되어 해당 학급만의 고유한 교육 목표와 분위기를 살려 운영하는 창의적이고 자율적인 활동으로, 나만의 차별화된 학급 운영을 가장 잘 보여줄 수 있는 활동이야. 동시에 담임 교사가 학년 초에 활동 계획서를 작성한 후 결재를 올리면 생활기록부의 창의적 체험활동 - 자율활동 부분의 특기사항에 작성할 수 있어 그만큼 신중하게 생각해봐야 하지.

요즘 현장에서 가장 많이 하는 학급 특색 활동은 주제 글쓰기야. 주제 글쓰기는 일주일에 한 편씩 정해진 주제에 맞춰 글을 쓰는 활동인데 아이들의 글쓰기 능력 향상에 큰 도움이 되지. 주제와 분량은 학년 및 학생들의 수준에 맞춰 조절하면 되는데, 학교 행사 및 계기 교육 일정과 연계해서 정하거나 학생들의 의견을 받아 투표로 정할 수도 있어,

사실 학급 특색 활동은 꼭 거창하지 않아도 돼. 교사가 관심 있거나 특별히 깊게 다루고 싶은 교과목 혹은 범교과 학습 주제가 있다면 그쪽으로 주제를 정해도 되지. 예를 들어 범교과 학습 주제 중 민주시민 교육이나 인권교육은 사회 교과와 연계해 운영할 수 있고, AI 교육에 관심 있는데 교과 시간만으로는 부족하다면 학급 특색 활동으로 편성해 시간을 확보할 수도 있지.

만약 예체능에 관심이 있다면 연극, 합창, 그림책 만들기와 같은 활동을 선정해도 좋아. 이러한 활동은 교사의 관심과 역량에 따라 좌지우지되지. 그런데 내가 이런 활동을 학급에서 하는 건 좋은데, 옆 반에서 불만이 나오거나 심하면 민원이 들어오는 때도 있어, 왜 이 반에서는

재밌는 활동을 하는데 우리 반은 안 하냐면서 말이야. 그래서 민원을 사전에 방지하고자 학급 특색 활동이나 동아리는 학년별로 통일할 때도 많은데, 학급 특색 활동으로의 의미는 퇴색된다는 단점이 있지.

Q7. 학부모와 어떻게 소통하면 좋을까?

나의 답변

현직 교사 Tip

개학식 첫날부터 아파서, 혹은 체험학습으로 등교하지 못하는 학생이 있을 수도 있고 회신문 제출을 안 하거나 학생 지도 차원에서 학부모님께 연락드려야 할 때가 있지. 그런데 내 연락처를 공개하자니 퇴근 후에도 수시로 연락이 올 것 같고, 그렇다고 투폰을 쓰자니 굳이 그럴 필요까지 있나 싶지, 그렇다면 학부모님과 원활하게 소통하면서도 내 권리를 지키려면 어떻게 해야 할까?

우선, 요즘 현장에서 많이 사용하는 하이클래스 앱을 사용하면 내 연락처를 노출하지 않고도 학부모님과 통화하거나 메시지를 주고받을 수 있어. 하이클래스에는 하이톡과 하이콜이라는 기능이 있는데, 이 기능을 사용하면 필요한 연락을 할 수 있을 뿐만 아니라 교사가 연락 가능한 시간을 설정해 퇴근 후에는 알림이 오지 않게 할 수도 있지. 또 알림장이나 공지사항, 사진을 올릴 수도 있고 학생들을 초대해 온라인으로 과제를 제출하게 할 수도 있어서 유용하지. 실제로 나는 저학년을 맡았을 때 하이클래스 게시판에 매일 학부모용 알림장을 따로 올렸는데, 숙제나 공지사항, 준비물 등을 상세하게 적어드릴수록 아이들이 준비물과 회신문을 더 잘 챙겨오고 학부모님께서도 좋아하시더라고.

다음으로 e알리미 앱을 통해서도 소통할 수 있는데, e알리미는 서울의 모든 학교에서 가정통신문이나 공지사항을 보낼 때 사용하는 앱이라 접근성이 좋아. 또 방과 후 신청, 체험학습 신청서, 졸업앨범 동의서 등 회신이 필요할 때 앱을 통해 온라인으로 바로 제출할 수 있어서 편리하지. e알리미를 통해 알림장과 문자(e톡) 도 보낼 수 있는데, 전화 기능은 따로 없어서 내선전화를 사용해. e알리미는 오히려 인터페이스가 카카오톡과 거리가 좀 있어서, 하이클래스 쓸 때보다 연락이 덜 오는 것 같다는 다른 선생님들의 의견이 있더라고.

이외에도 네이버 밴드나 클래스팅 등 본인이 편한 방법으로 소통 창구를 마련하면 돼. 하지만 이런 소통 방법은 보통 학교 및 학년별로 통일하는 편이고(민원의 소지 때문에), 요즘은 교권 침해 문제로 인해 학교 내선 번호를 통한 연락만 가능하게 규칙을 정해둔 곳들도 많아서, 동료 선생님께 여쭤보길 바라!

Q8. 알림장을 어떻게 쓸까?

나의 답변

현직 교사 Tip

초등학교에서는 아직도 알림장을 써. 알림장은 학생과 학부모님께 준비물, 숙제, 회신문 및 주요 공지사항을 전달하는 중요한 수단이야. 그냥 쓰고 아이들이 따라 쓰게 하면 된다고 생각하기 쉽지만, 알림장을 어떻게 운영하는지에 따라 효율성이 확 달라져. 아래는 내가 작성한 알림장 예시인데, 예시를 바탕으로 내가 써오면서 알게 된 팁들을 공유할게!

학생용 알림장 예시

202X년 0월 0일 (0요일)

1. **(공지)** 졸업앨범 제작 희망 조사 이번 주 금요일까지 회신
2. **(평가)** 다음 주 화요일 1교시 수학 1단원 수행평가 예정 (20문제)
3. **(준비)** 내일 음악 시간 리코더 가져오기
4. **(준비)** 이번 주 금요일 5교시 과학 시간, 500ml 빈 페트병 1개 가져오기
5. **(숙제)** 수학익힘책 p15~16 내일까지 풀어오기

오늘의 한 줄: 쉬는 시간에 복도에서 뛰거나 소리지르지 않기

먼저, 학생용 알림장은 간결하면서도 꼭 필요한 내용이 다 들어가게 써야 해. 또한, 번호 뒤에 **(공지)**, **(평가)**, **(준비)**, **(숙제)**, **(선택)**과 같은 카테고리를 붙여주면 아이들이 보기에 훨씬 편하지. 만약 준비물이 두 개 이상이라면 한 줄에 몰아 쓰지 말고 각각 다른 줄에 써주는 게 좋아. 그래야 놓치지 않고 개수대로 챙길 수 있거든. 혹시 내용이 많아서 알림장이 너무 길어지거나 정말 중요한 내용이 있으면 교사가 출력해서 나눠줄 수도 있는데, 웬만하면 아이들 글씨 연습도 시킬 겸 직접 쓰게 하는 걸 추천해. 또 마지막에 '오늘의 한 줄'을 적어 생활 지도에 필요한 문구를 넣어두면, 아이들 습관을 바로잡는 데 도움이 되는 동시에 교사가 지도했다는 기록을 남길 수 있어 꼭 쓰길 추천해!

한편, 나는 학생용 알림장 외에 학부모 알림장도 같이 운영하고 있어. 학부모용 알림장은 보통 네이버 밴드나 하이클래스, e알리미에 올리는데, 여기에는 공지사항이나 준비물을 학생용보다 더 구체적으로 적어주고 학부모님과 소통하는 용도로 활용하지. 특히 수행평가 기준이나 준비물 안내 같은 건 최대한 상세하게 안내해야 오해를 최소화할 수 있어. 다만, 알림장이 길어지면 읽지 않고 넘기시는 분들도 계시니까 중요한 부분은 굵게 표시하거나 카테고리별로 색깔을 다르게 해서 강조하는 게 좋아. 하루 15분 정도만 투자해서 아래와 같이 알림장을 올리다 보면 학생들의 숙제 참여율이나 가정통신문 회신율도 훨씬 높아지고, 무엇보다 학부모님과의 라포 형성이 훨씬 수월해. 실제로 해보면 학부모님들께서 '우리 아이 담임선생님이 정말 꼼꼼하게 챙겨주시는구나'하고 느끼시면서 만족도가 많이 높아지더라. 특히 저학년 담임이면 학부모용 알림장을 함께 공지하는 건 선택이 아닌 필수!!!

학부모용 알림장 예시

202X년 O월 O일 (O요일)

1. **(공지)** 졸업앨범 제작 희망 조사 - 이번 주 금요일까지 회신

- 2025학년도 **6학년 졸업앨범 구입 희망 여부 조사** 가정통신문이 e알리미를 통해 발송되었습니다. 이에 졸업앨범 제작 희망 여부를 금요일까지 **e알리미**를 통해 꼭 회신해 주시길 부탁드립니다.

2. **(평가)** 다음 주 화요일 1교시 - 수학 1단원 수행평가 예정 (20문제)

- **다음 주 화요일 1교시**에 **수학 1단원 수행평가**가 있을 예정입니다. 총 20문제이며, 성취 기준은 **80점 이상 매우 잘함, 60점 이상이면 80점 미만은 잘함**으로 부여됩니다. 주말 동안 열심히 공부해서 모두 좋은 결과 있길 바랍니다.

3. **(준비)** 내일 음악 시간 리코더 가져오기

- 내일부터 약 한 달 동안 음악 시간마다 **리코더** 수업을 진행합니다. 리코더는 바로크식, 저먼식 모두 가능하며, 준비물이 없으면 수업 참여에 어려움이 있을 수 있으니 꼭 챙겨서 다니길 바랍니다.

4. **(준비)** 이번 주 금요일 5교시 과학 시간 - 500ml 빈 페트병 1개 가져오기

- **이번 주 금요일 5교시** 과학 시간 준비물로 **페트병이 인당 하나씩** 필요합니다. 페트병은 잠수함 만들기 실험에 쓰일 예정이라 500ml를 권장하며, 최소 350ml 이상이면 가능합니다. (**단, 1L이상 큰 페트병은 불가**합니다) **페트병은 내용물을 비워 깨끗이 씻어 준비**해주시길 바랍니다.

5. **(숙제)** 수학익힘책 p15~16 내일까지 풀어오기

오늘의 한 줄: 쉬는 시간에 복도에서 뛰거나 소리지르지 않기

Q9. 1교시 시작 전 아침 시간을 어떻게 활용할까?

나의 답변

현직 교사 Tip

아이들이 8시 40분부터 9시 사이에 등교한다고 치면 일찍 등교하는 아이들은 1교시 전까지 20분이라는 시간이 남는데, 이 시간을 어떻게 활용하면 좋을지 고민해봐야 해. 따로 할 일을 정해두지 않으면 아이들끼리 떠들고 장난치기 마련이거든. 하지만 정규 수업 시간이 아니다 보니 늦게 등교하는 학생들이 참여하지 않아도 큰 문제가 되지 않는 선에서 활동을 편성해야 하지.

보편적으로 가장 많이 하는 건 독서 시간으로 활용하는 거야. 수업 시작 전에 차분하게 각자 읽고 싶은 책을 한 권씩 가져와서 읽고, 독서록을 쓰게 하는 거지. 혹은 숙제하거나 알림장 쓰는 시간으로 활용하면 가장 좋아. 그런데 저학년 학생들은 대체로 선생님의 말씀을 잘 따르지만, 고학년은 책을 읽으라고 해도 잘 안 지키는 학생들이 많긴 해.

나는 하루에 하나씩 칠판에 문제를 적어주고, 일찍 등교한 학생들이 문제를 풀 수 있게끔 시간을 활용하고 있어. 이때 문제는 창의력이나 난센스 문제처럼 아이들의 뇌를 깨우는 재밌는 문제 위주로 준비하고, 맞히는 학생에게는 비타민이나 사탕을 하나씩 주기도 해. 또 그중에는 본인이 문제를 만들어 내고 싶다는 아이들도 몇몇 있는데, 이 학생들에게 매일 문제를 만드는 일인일역을 부여하면 좋아하는 학생들은 잘하더라고. 다만, 너무 어려운 문제는 아이들이 아예 손도 안 대고 포기할 수 있으니까 적절한 난이도 조절은 필수!

이외에도 아침 시간에 클래식 음악을 틀어주며 명상하거나, 한자 쓰기와 같은 활동지를 주거나, 혹은 드로잉북을 활용하는 반도 많아. 결국, 아침 시간에 어떤 활동을 하느냐보다 아이들이 차분하게 1교시 수업을 준비하고 다른 학생들 활동하는 데 방해하지 않도록 학급 분위기를 형성하는 것이 더 중요하지. 단, 1교시가 교과 수업이라면 수업 시작 5분 전에 줄 세워서 특별실로 이동해야 9시에 교과 선생님께서 수업을 시작하실 수 있으니 까먹지 마!

Q10. 학급 규칙으로 어떤 내용을 넣을까?

나의 답변

현직 교사 Tip

고학년 학생들은 개학 후 학급 회의를 통해 학급 규칙을 정할 수 있겠지만, 저학년 학생들은 교사가 학급 규칙을 미리 정해두는 것이 좋아. 이때 규칙은 앞서 말했듯 5개 이하로 개수를 정해두는 것이 좋은데, 이보다 더 많으면 학생들이 기억하기 어렵거든. 또 학급 규칙을 세울 때 교실에서 지켜야 할 규칙, 복도나 급식실에서 지켜야 할 규칙, 체육관이나 강당에서 지켜야 할 규칙과 같이 장소나 상황에 따라 학급 규칙을 나눠서 세우는 것도 좋은 방법이야.

수업 시간에 필수적으로 지켜야 할 규칙으로는 선생님이 말할 때 경청하기, 수업 시간에 돌아다니지 않기, 다른 친구들 공부하는 데 방해하지 않기와 같은 규칙이 있어. 우리가 보기에는 너무도 당연한 규칙이지만 저학년 학생들에게는 꼭 필요하지. 특히 1~2학년 학생들은 아직 집단생활이 몸에 배어 있지 않다 보니 하루에도 수십 번씩 알려줘야 하는데, 지도하다 보면 얘네가 이걸 알면 초등학교 1~2학년이 아니라 대학교 1~2학년이겠지라는 생각도 들고.

생활 지도 차원에서는 '친구에게 피해주지 않기'를 큰 규칙으로 설정하고, 세부 사항으로 바르고 고운 말 쓰기, 다른 사람의 물건 허락 없이 만지지 않기, 친구를 의도적으로 따돌리거나 뒤에서 험담하지 않기와 같은 내용을 넣어주면 돼. 이때 팁을 하나 주자면 세부 사항만 넣으면 안 되고 반드시 큰 규칙을 전제로 깔아줘야 하는데, 간혹 하면 안 되는 행동인 걸 알면서도 학급 규칙에 명시되어있지 않다고 우기는 학생들이 있거든. 예를 들어 '복도에서 공 차면 안 된다'는 규칙을 명시해놨지만 복도에서 공을 던지면 안 된다는 규칙은 없다면서 당당히 야구하는 학생이 있는데, 큰 틀에서 '복도에서 장난치지 않기'라는 규칙을 만들면 이렇게 우기는 경우를 방지할 수 있지.

이외에 학급 규칙으로 꼭 넣길 추천하는 내용이 있다면 놀이나 게임을 할 때 승부와 관련된 내용이야. 게임을 하다 보면 유독 승부욕이 강해 승부에 집착하고, 게임에서 지면 울거나 다른 친구 탓을 하는 학생이 있어. 이러한 경우를 사전에 방지하고자 관련 규칙을 정해두면 좋아.

Q11. 담임 교사로서 아이들에게 어떤 이미지를 남길까?

나의 답변

현직 교사 Tip

신규 교사라면 3월 초에 학급 분위기를 잡아야 한다는 말을 많이 들어봤을 거야. 오죽하면 3월 한 달 동안은 아이들 앞에서 웃지 말라는 조언을 할 정도니까. 실제로 한 번 분위기를 풀어버리면 다시 잡기는 어렵지만, 잡은 분위기를 서서히 푸는 건 훨씬 쉽거든. 특히 고학년 학생 중에는 3월 초에 교사의 눈치를 보면서 기싸움을 하는 아이들도 있는데, 이런 학생들은 미리 파악해서 확실하게 지도하는 게 필요하지.

3월에 담임 교사로 학생들을 잡을 때 가장 중요한 건 학급 규칙을 바탕으로 일관된 지도를 하는 거야. 잘했을 때는 칭찬해주고 평소에는 밝게 웃어도 학생이 선을 넘거나 학급 규칙에 어긋나는 행동을 할 때는 확실하게 잘못했음을 인지시켜야 안 되는 건 안 되는 줄 알고 넘어가지. 또 같은 상황에 대해 여학생과 남학생을 다르게 지도하거나 학생의 말만 듣고 지도하면 뒤에서 불만이 나올 수 있어 이런 부분은 조심해야 해.

그런데 학기 초에 학급 분위기를 확 잡아두면 수업 시간에 아이들의 반응이 없어 수업을 끌어나가기 힘들 때도 있고, 아이들과 라포를 형성하는 데 시간이 걸린다는 단점도 있어. 어느 순간 내가 학생들 사이에서 무서운 선생님으로 인식되어있거나, 심하면 교사를 피하는 일까지 생기지. 그래서 학급 운영을 하면서 가장 어려운 점이 이 선을 정하고 지키는 것인데, 설령 내가 같은 스탠스를 취했다고 하더라도 학년마다, 또 반마다 아이들의 반응이 매년 달라 참 어려운 것 같아. 그래서 발령 전, 이 질문에 대한 답은 스스로 생각해보고 정해봤으면 좋겠어. 너는 아이들에게 어떤 이미지로 남길 원하니?

5장

학교 현장 1년 미리 보기

신규 교사의 하루 미리 보기

담임 교사의 1년 미리 보기

신규 교사가 궁금해할 Q & A 모음

드디어 꿈에 그리던 내 반이 생겼다! 앞으로 1년 동안 즐겁고 행복한 교실을 만들어가야지 하고 다짐했는데, 그 마음도 잠시… 개학식 첫날부터 벌써 체력이 방전되기 시작했다. 수업 준비도 해야 하고 업무도 쌓여가는데 오늘 과연 정시에 퇴근할 수 있을까? 그 와중에 2주 뒤에는 학부모 총회, 바로 그다음 주에는 학부모 상담이라고? 나는 아직 아이들 이름도 못 외웠는데… 신규 교사 살려!

신규 교사의 하루 미리 보기

학창 시절을 돌이켜보면 새 학기 첫 주가 가장 길게 느껴졌는데, 그건 교사가 되어서도 마찬가지야. 한 주가 지나면 일주일이 어떻게 흘러가는지 알게 되면서 감이 잡히지만, 그 첫 주를 보내기가 절대 쉽지 않을 거야. 특히 담임 교사는 주로 학기가 시작되는 3월과 방학 직전에 바쁜 일정이 몰려있는데, 지내다 보면 '다음 연휴가 언제더라?' 혹은 '이번 방학은 언제부터지?' 하고 달력을 보게 되는 날이 곧 오지. 그렇다면 개학식 후 신규 교사의 하루는 어떻게 돌아갈까?

출근

일단 8시 반까지 출근해야겠지? (학교마다 조금씩 달라서, 8:30~4:30으로 복무하는 학교도 있고, 8:40~4:40으로 하는 곳도 있어.) 출근하면 제일 먼저 우리 반 e알리미랑 내선전화, 메신저를 확인해서 특이사항이 있는지 살펴봐야 해. 예를 들어 오늘 우리 반에 결석하는 학생이 없는지, 전날 방과 후에 아이들끼리 무슨 문제가 생긴 건 없는지 미리 파악해둬야 하거든. 또, 학교 차원에서 특별실을 사용하기 어렵다거나, 놓친 학습활동이 확인하려면 학교에서 안내해주시는 일일교육계획이나 월별교육계획도 꼭 챙겨봐야 하고. 그렇게 수업 준비나 업무를 하다 보면 어느새 아이들이 하나둘 등교하기 시작할 거야.

아침 활동 시간

아침에는 학생들이 오늘 하루를 안정적으로 잘 준비할 수 있도록 고정된 루틴을 정해주는 게 좋아. 우리 반의 경우, 먼저 (1) 감정 출석부에 오늘 기분을 표시하고 → (2) 자리에 가방 정리하기 → (3) 오늘 사용할 교과서 준비하기 → (4) 다 하면 책 읽기(혹은 덜 한 과제가 있으면 그거 마무리하기) 순으로 운영하고 있어.

나는 아이들과 눈을 맞추고 인사하는 걸 중요하게 생각해서, 학생들이 앞문으로 들어오면 꼭 나와 인사한 후 루틴을 시작하게 했어. 다만, 아침에 업무가 많거나 급히 처리해야 할 일이 있을 땐, 일찍 오는 아이를 인사 당번으로 정해 인사를 맡기기도 해. 아이들이 오면 출결을 확인하고, 이상이 없다면 나도 차분하게 할 일을 하는 편이야. 만약 등교하지 않은 학생이 있다면 미리 정한 기준에 따라 안내 전화를 하는 게 좋아. 나는 1교시 시작 5분 후까지 아이가 교실에 등교하지 않은 경우 학부모님께 전화를 드린다고 안내했고, 실제로 그 시간에 연락을 드리고 있어. 대부분은 단순히 아이가 늦잠을 잔 경우라 너무 걱정하지 않아도 되지만, 몇 번씩 전화했는데도 받지 않으시고 아이도 계속 안 온다면 꼭 관리자에게 상황을 보고해야 해!

수업 시간

초등학교는 하루 동안 짧게는 4교시, 길게는 6교시까지 수업이 있어. 보통 고학년은 교과 전담 수업이 배정되고, 중 저학년은 학생들이 일찍 하교하지만 전담 시수가 적다 보니 보통 담임 기준 일주일에 22~23시수 정도 수업을 맡게 돼. 교과 전담이어도 특수부장을 맡은 게 아니라면 시수는 크게 차이 나지 않고. 보통 하루에 4교시~5교시 정도가 수업이라고 보면 돼.

수업은 교생실습 때도 많이 해보고, 2차 시험을 준비하면서도 많이 구성해봐서 다른 학교 업무보다는 상대적으로 덜 낯설 거야. 중요한 건, 내가 할 수 있는 수업, 나한테 맞는 수업을 준비해서 하면 된다는 거지. 나는 보통 교무수첩에 이번 주 수업 내용을 간단히 적어두고, 학기마다 해야 하는 평가 목록 정리해두는 편이야. 그 단원 나가기 전에 인디스쿨이나 아이스크림, 두클래스 같은 사이트에서 자료를 찾아보고 쓸만한 자료를 재구성하거나, 아이디어를 얻고 직접 만들기도 해. 실제로 좋은 자료가 워낙 많아서 잘 찾아서 내 수업에 맞게 활용하는 것도 교사에게 중요한 능력인 것 같아! 또 내가 특별히 연구해서 잘 가르쳐보고 싶은 과목이 있다면, 그런 과목은 여유가 될 때 연구해서 수업을 준비하기도 하지.

내가 현장에서 느낀 가장 큰 차이점 두 가지야. 첫째, 학생들의 평가나 학습 부진을 교사가 책임지고 챙겨야 한다는 점. 둘째, 수업 시간에도 생활 지도를 해야 한다는 점이야. 평가의 경우 학기 초에 학교에서 '학업성적관리위원회'라는 걸 열어서, 그 학년/학기에 해야 하는 수행평가를 계획해. 보통 몇 단원의 어떤 요소를 평가할지만 정해주고, 구체적 방법은 교사가 결정하면 돼. 예를 들어 국어 '4. 겪은 일을 써요' 단원에서 글쓰기 평가를 한다면, 단원 지도 계획을 세우면서 수행평가를 언제, 어떤 방식으로 칠지 미리 계획해두는 거지. 또, 유독 학습 속도가 느린 학생이나 특정 과목에 유난히 어려움을 겪는 학생이 있다면 초반에 빨리 파악하고 교사가 필요한 부분을 도와주는 게 중요해. 반대로 수업이 예상보다 너무 빨리 끝날 때도 있는데, 이런 경우를 대비해 비상용 활동을 준비해 두는 것도 필요하지. 이 부분은 6-1장 Q4.를 참고하길 바라!

쉬는 시간/점심시간

쉬는 시간은 문자 그대로 '쉬는 시간'이면 참 좋겠지만… 사실 교사 입장에서는 오히려 더 긴장되는 시간이야. 누가 싸우지는 않을지, 사고를 치지는 않을지 조마조마하거든. 반대로 아이들 은 쉬는 시간만 기다리는데, 그러다 보니 수업을 조금만 늦게 끝내도 불만을 가지는 경우도 많아. 그래서 나는 학기 초에 쉬는 시간을 '수업 사이에 재정비하고, 다음 수업을 더 잘 듣기 위한 준비 시간'이라고 미리 설명해둬. 어떤 이유든 학생의 본분은 학교에서 배우는 것인 만큼, 다음 수업을 꼭 준비하고 놀 수 있게 학기 초부터 연습시키지!

또 학생들이 서로 친해지면 쉬는 시간에 사건·사고가 자주 일어나기도 해. 그래서 이것도 미리 학기 초부터 쉬는 시간답게, 안전하게 노는 루틴을 정착시키는 게 좋아. 그렇지 않으면 교실에서 뛰거나, 큰 소리로 장난치는 학생이 꼭 생기거든… 또, 갈등이 생긴 상황 중 교사의 중재가 필요한 경우가 있는데, 이럴 때를 대비해 아이들과 함께 갈등 해결 절차를 정해두면 훨씬 수월해. 만약 다친 학생이 있거나 학교 물품이 파손되는 일이 생기면 반드시 누가기록으로 남겨두는 것도 잊지 말고!

급식 시간

하루 중 두 번째로 즐거운 급식 시간! 급식실이 있는 학교라면 보통 학년별, 학급별로 앉을 자리가 정해져 있으니까, 먼저 학생들을 안내해서 자리에 앉힌 뒤 교사도 같이 식사하면 돼. 나는 급식 지도할 때 꼭 손 씻고 먹기, 위생적으로 먹기 같은 기본적인 부분을 강조해. 또 간혹 식판을 들고 가다가 친구 옷에 흘리거나 쏟을 때도 있으니까, 식판을 들고 이동할 땐 조심하라고 늘 이야기해주지. 그리고 반에 식품 알레르기가 있는 학생이 있다면 반드시 상황을 미리 파악해둬야 해. 보통은 해당 학생을 위한 별도 반찬이 준비되지만, 교사가 한 번 더 챙겨주는 게 안전하지.

한편 급식실이 없는 학교도 간혹 있는데, 교실 급식은 정말 신경 쓸 게 훨씬 많아. 혹시라도 교실에서 식판을 엎지르거나 국을 흘리면 그야말로 난장판이 되는데. 고학년이면 그래도 스스로 치우지만 저학년은 대부분 교사가 처리해야 하지. 게다가 빨리 먹고 노는 학생과 아직 식사 중인 학생이 같은 교실에 있다보니 언제 무슨 일이 벌어질지 몰라서 늘 긴장돼. 그래서 솔직히 교실 급식을 할 때는 밥이 어디로 들어가는지조차 몰를 정도로 정신이 없어서, 차라리, 급식 신청을 안 하는 게 속 편할 때도 있더라.

교과 시간

만약 3~6학년 담임을 맡게 되면 1~3과목 정도가 교과 시간으로 빠지게 돼. 어떤 과목이 빠질지는 학교마다 조금씩 다른데, 대체로 영어와 과학은 따로 있고, 여기에 도덕이나 실과, 체육 같은 교과를 추가로 배정하지. (단, 강사 시간은 담임 교사가 반드시 임장 지도를 해야 해!) 교과 시간은 교사 입장에서 일과 중간에 잠시 다른 일을 할 수 있는 천금 같은 시간이야. 보통 이때 급하게 처리해야 하는 업무를 하거나, 여유롭게 화장실도 다녀오고, 시간이 조금 남으면 수업 준비를 하거나 과제 채점도 해치우지. 또 학습준비물실이나 교무실, 행정실에 들러서 처리할 일이 있으면 하기도 하고, 이렇게 이것저것 하다 보면 40분이 훌쩍 가버리지….

하교 지도 후

하교 지도를 마치고 나면 4시 30분까지가 공식 근무 시간이라, 이 시간에는 정말 다양한 일을 하게 돼. 아이들 보내고 잠깐 숨 좀 돌린다 싶으면 회의, 협의회, 상담, 연수, 수업 준비, 업무 처리까지… 쉴 틈 없이 일이 이어지지.

아이들을 보내고 가장 먼저 하는 일은 교실 정리야. 창문을 열어 환기하고, 책상 줄을 맞추고, 바닥 쓸고, 쓰레기통 비우고, 칠판 지우기까지가 기본이지. 특히 만들기 활동을 한 날은 아이들이 자기 자리를 정리하고 가더라도 치울 게 많아. 물론 청소를 도와주시는 분이 따로 계신 학교도 있지만, 그렇지 않은 학교는 교사가 직접 해야 하지.

그다음은 하이클래스에 알림장을 업로드해야 해. 하이클래스는 교사와 학부모들이 소통하게 해주는 사이트로, 학교에 따라 밴드나 다른 앱을 쓰기도 해. 어쨌든 온라인 알림장은 학부모님과 소통하는 중요한 창구라 꼭 챙기면 좋아. 특히 저학년 아이들은 알림장에 3줄 이상만 넘어가도 쓰기 힘들어해서, 자세한 설명을 하이클래스에 올려 부모님께 따로 안내해주면 좋아. 이 부분은 앞에 **4-3장**의 **Q8**에서 자세히 다뤘었지?

이후 나는 학생 관찰일지와 교사일기 작성을 루틴으로 넣었는데, 이 둘은 신규 교사 연수에서 선생님께서 추천해주신 방법으로 나도 정말 좋다고 생각해서 잘 쓰고 있어. 학생 관찰일지는 엑셀 파일로 아이들에 대한 코멘트를 매일 한 줄씩 작성하는 건데, 학부모 상담 및 생활기록부 작성할 때 아주 유용해. 그리고 교사일기는 신규 교사로 매일 일기를 한 문단씩 남기는 건데, 이때 써야 잊어버리기 전에 그날의 있었던 일이나 나의 감정을 생생하게 담을 수 있지.

회의나 협의회도 빠질 수 없는데, 전 교직원 회의는 보통 사전에 일정이 공지되고, 학년 회의는 필요할 때마다 즉석에서 잡히기도 해. 또 내가 속한 부서에서 협의회를 열어 안건을 논의하는 경우도 있고. 한편, 연수도 비정기적으로 있는데, 심폐소생술처럼 전 교직원이 필수로 참여해야 하는 것도 있고, 선택해서 참여할 수 있는 것도 있어서 헷갈릴 땐 옆 반 선생님께 여쭤보는 게 제일 확실해.

회의나 협의회는 전 교직원 대상으로 공지사항을 전달하거나 선생님들끼리 상의할 일이 있을 때 열리는데, 전 교직원 회의는 보통 사전에 일정이 공지되고, 학년 회의는 필요할 때마다 즉석에서 잡히기도 하고, 선생님들끼리 시간을 맞춰서 정하기도 해. 또 내가 속한 부서에서 협의회를 열어 안건을 논의하는 경우도 있어. 또 회의와 함께 연수도 비정기적으로 있는데, 심폐소생술과 같이 전 교직원이 꼭 참석해야 하는 연수가 있는 반면 원하는 사람만 참여해도 괜찮은 연수도 있으니 참석해야 할지 고민된다면 옆 반 선생님께 여쭤봐.

상담은 정기 상담 주간에 집중적으로 하기도 하고, 필요할 때는 보호자와 유선 상담이나 대면 상담을 하기도 해. 대면 상담은 대부분 미리 일정을 잡고 학교 방문 대장을 작성해야 하고, 학부모 상담 주간에는 하루에 3~4개씩 잡히기도 해서 끝나고 나면 어느새 4시가 훌쩍 넘더라. (학부모 상담 관련 내용은 바로 다음 장에서 자세히 소개해줄게!) 그리고 만약 그날 별다른 일정이 없다면 연가를 내고 조금 일찍 조퇴해서 집에 갈 수도 있어. 조퇴를 어떻게 쓸 수 있는지는 **5-3장**에 따로 정리해뒀으니까 참고하면 될 거야!

수업 준비 Tip

신규 교사의 퇴근을 늦추는 가장 큰 이유는 뭐니 뭐니 해도 수업 준비일 거야. 나도 발령 첫해에는 수업 준비에만 하루 2~3시간씩은 쏟아부었어. 국어나 수학은 교과서 틀이 잡혀 있어서 그나마 덜 힘든데, 사회나 실과, 예체능 과목은 교사가 직접 준비해야 할 부분이 많아서 시간이 배로 들지. 그런데 이건 투자한 만큼 확실히 돌아와. 첫해에 고생해서 수업 준비를 잘해두면 그다음부터는 훨씬 수월해져. 특히 같은 학년을 연속으로 맡게 되면, 작년에 해둔 자료에 조금만 수정하면 되니까 수업 준비 시간이 크게 줄어들지. 교과서나 교육과정이 개정된다 해도 큰 틀에서 아이들이 배우는 건 거의 변하지 않거든.

보통 신규 교사들은 인디스쿨이나 아이스크림 자료부터 찾는 경우가 많은데, 나는 오히려 초반에는 그런 자료에 바로 의존하지 않는 걸 추천해. 먼저 내가 수업을 어떻게 운영할지 큰 그림을 잡은 다음, '이런 자료가 있으면 좋겠다' 싶을 때 그제야 인디스쿨 같은 곳에서 찾아보는 거지. 자료는 정말 많고 좋은 것도 넘쳐나지만, 결국 중요한 건 내 수업이야. 아무리 자료가 좋아도 내가 소화하지 못하면 무용지물이니까. 처음 1~2년은 힘들어도 이렇게 나만의 수업을 직접 정리해두면 이후로는 내 수업 틀이 완전히 정착돼서 훨씬 편해질 거야.

그리고 나는 신규 교사 때 매일 개요를 짰어. 실습 때처럼 약안까지 세세하게 적진 않았지만, 적어도 한 교시 안에서 어떤 활동을 어떤 순서로 할 건지, 핵심 질문이나 키워드가 뭔지 정도는 꼭 정리해뒀지. 이렇게 해두면 수업하다가 정신이 산만해져도 중요한 포인트를 놓치지 않을 수 있어. 또 동영상 링크를 미리 걸어두거나 준비물이 뭔지 미리 적어두면 수업할 때 훨씬 여유롭고, 자료도 폴더에 정리해두면 나중에 다시 꺼내 쓰기도 편하더라. 다음은 내가 만든 수업 폴더와 개요 예시니까 참고해서 만들어보길 바라!

7.9	2025-07-06 오후 6:37	파일 폴더	
7.10	2025-07-09 오전 9:03	파일 폴더	
7.11	2025-07-10 오전 11:08	파일 폴더	
7.14	2025-07-11 오전 8:25	파일 폴더	
7.15	2025-07-14 오전 11:54	파일 폴더	
7.16	2025-07-15 오전 11:45	파일 폴더	
7.17	2025-07-16 오전 9:05	파일 폴더	
7.18	2025-07-17 오후 1:31	파일 폴더	
7.21	2025-07-18 오전 10:13	파일 폴더	
7.22	2025-07-21 오후 3:54	파일 폴더	
7.23	2025-07-22 오후 1:49	파일 폴더	
7.24	2025-07-23 오전 8:53	파일 폴더	
7월 자리	2025-07-21 오후 4:23	한컴오피스 2018 한...	32KB
사회 2-3단원 확인평가	2025-07-18 오전 9:43	한컴오피스 2018 한...	132KB
수학 5단원 확인평가	2025-07-06 오후 6:36	한컴오피스 2018 한...	3,410KB
수학 6단원 확인평가	2025-07-18 오전 10:27	한컴오피스 2018 한...	2,048KB

수업 개요 예시

교과 시간: 2교시 (도덕 - 과학실), 3교시 (영어 - 영어1실)

1교시 (국어)

국어 p87

관용표현의 종류: 속담, 관용어

관용표현은 문화마다 다르다!

미국의 관용어 (idiom) piece of cake, break a leg, raining cats and dogs

한국의 관용표현 예시: 귀가 얇다, 간이 부었다

관용어 송: *(유튜브 링크)*

관용어 퀴즈: *(유튜브 링크)*

4교시 (수학)

수학 p20~21

4 ÷ (2/3) 과 4 ÷ 2 × (1/3)을 같다고 볼 수 없는 이유는?

나누어지는 수가 커질수록 몫은 작아진다

분수의 나눗셈에서 분자는 그만큼 나눠야 한다.

수익 p16~17 풀기

5교시 (음악)

여러분이 알고 있는 우리나라 전통 악기로는 무엇이 있나요?

가야금 12줄 (맨손)

거문고 6줄 (술대)

해금 2줄

사물놀이: 꽹과리, 장구, 북, 징 *(유튜브 링크)*

장구의 종류: 반주 장구, 풍물 장구

→ 반주 장구는 북편을 손으로 VS 풍물 장구는 북편을 궁굴채 친다

대금, 소금, 해금 / 박, 축, 어 소개

국악에서 사용되는 악기를 관악기, 현악기, 타악기로 분류하기 활동

알림장 쓰기

하교지도 후) 교실 정리, 알림장 업로드, 학생 관찰일지 및 교사일기 기록, 수업 준비 (1단원 시험지 만들기), 3시 전 교직원 회의 참석, 학급 게시판에 아이들 작품 걸기

담임 교사의 1년 미리 보기

교사의 하루하루는 큰 틀에서는 비슷하게 흘러가지만, 1년 단위로 보면 매월 분위기가 조금씩 달라. 학기 초에는 학부모 총회와 상담 일정이 몰려 있다면 학기 말에는 수행평가와 생활기록부 작성이 몰아치지. 또 가정의 달이나 체험학습, 운동회와 같은 이벤트가 있는 달은 그거대로 정신없이 바빠, 그렇다면 교사의 1년은 어떤 흐름으로 지나갈까? 개학식 첫날부터 종업식까지 담임 교사의 1년을 같이 살펴보자!

3월 : 출발선에서 전력 질주

1년 12달 중 안 바쁜 달은 없지만, 그중에서도 담임 교사로 가장 바쁜 시기는 단연 3월일 거야. 교직 경력이 아무리 많아도 1년 동안 함께할 아이들을 처음 맞이한다는 건 쉬운 일이 결코 아니지. 예전에 맡아본 학년이라고 하더라도 아이들의 특성이 해마다 다르고, 교과서나 교육과정이 달라질 때도 있고, 담당 업무도 해마다 바뀌어 누구나 새로운 마음으로 시작해야 하거든. 게다가 학급 임원 선거, 학부모 총회, 공개 수업, 학부모 상담까지 주요 행사들이 거의 3월에 다 몰려있어서 신경 써야 할 일들이 정말 많아. 동시에 진단평가 채점이랑 아이들 작품으로 뒷게시판 꾸미기, 가정통신문 걷어서 제출하기 같은 자잘한 일들도 많아서 더더욱 정신없지. 그러면 구체적으로 어떤 일들을 해야 하는지 하나씩 차근차근 들여다볼까?

임원 선거

3월에 가장 빠른 학교 행사는 아마 임원선거일 거야. 빠르면 개학식 다음 날 바로 실시하기도 하고, 늦어도 개학 후 일주일 안에는 진행하지. 임원 선거는 우리가 학창 시절에 해봤던 것과 비슷해서 생소하거나 어렵진 않아. 다만, 교사의 입장에서 학생들에게 선거 방식과 일정에 대해 미리 안내하고, 선거가 끝난 후 결과를 수합하는 일이 주가 되지. 선거 방식은 학교마다 다른데, 보통 학생 자치를 담당하는 선생님께서 자세한 방법과 일정 등을 안내해주실 거야.

진단평가

임원 선거 다음으로 빠르게 찾아오는 일정은 기초학력 진단평가야. 진단평가의 결과는 점프업 프로그램이나 키다리샘과 같은 맞춤형 학습 지원이 필요한 학생들을 판별하는 데 쓰이고, 학급 전체의 학업 수준을 파악하는 데도 도움이 돼. 시험지는 학교에서 공통으로 배부되니까 별도로 준비할 건 없지만, 채점은 담임 교사의 몫이라 날 잡고 해야 하지.

학부모 공개 수업 & 총회

3월에 있는 일정 중에서 가장 부담되는 걸 하나를 고르자면 바로 학부모 공개 수업과 총회일 거야. 이 둘은 학교에 따라 같은 날 함께 진행하기도 하고, 다른 날 나눠서 하기도 해.

우선 학부모 공개 수업은 말 그대로 학부모님들께서 교실에 오셔서 수업을 참관하시는 거야. 보통 일정은 학교에서 미리 정해놓고 교과목은 담임이 선택하는데, 학년별로 교과와 차시를 통일하는 경우도 종종 있어. 과정안은 작성해야 하는 학교도 있고 안 해도 되는 학교도 있는데 사전협의록과 사후협의록은 필수적으로 있더라. 공개 수업 당일에는 교사와 아이들 모두 1교시부터 긴장하는데 매번 할 때마다 떨리더라고.

신규 교사가 공개 수업을 준비하면서 가장 많이 하는 오해는 '학부모님들께서 교사의 학급 경영 능력이나 수업 스킬을 보러 오신다'라고 생각하는 거야. 물론 그런 면도 있지만 실제로는 자녀가 수업 시간에 어떻게 생활하는지, 얼마나 적극적으로 참여하는지에 더 관심이 많으시지. 그래서 선생님들께서 참관하시는 임상 장학이랑은 달리 학생 중심의 발표 수업으로 구성하는 게 훨씬 좋아. 예를 들어 국어에서 시화를 그려 발표시키거나 실과에서 가족의 소중함을 주제로 한 글쓰기, 또는 역할극과 같이 모든 학생이 고루 참여할 수 있는 수업이 좋지. 그런데 이런 수업은 40분 안에 모든 학생이 발표하게 해야 하다 보니 정작 수업할 시간이 많이 부족해. 그래서 수업 전에 미리 준비할 수 있는 부분은 최대한 다 해두고, 공개 수업 당일에는 발표만 하도록 수업을 설계하는 걸 추천해!

학부모 총회는 학부모님과 담임 교사가 처음으로 공식적으로 만나는 자리야. 대부분 공개 수업이 끝난 뒤, 아이들을 하교시킨 후 바로 이어서 진행하지. 학부모 총회는 크게 두 부분으로, 학교에서 공통으로 진행하는 파트랑 학급 내에서 담임 교사와 갖는 시간으로 나뉘어. 보통 앞부분은 방송을 틀거나 영상으로 대체되며 학교 운영 전반에 관한 내용들로 구성되고, 사실상 뒷부분이 메인이지. 담임선생님과의 시간에는 학급 소개와 교육 활동 안내, 주요 일정 공지와 같은 내용을 사전에 PPT로 준비해서 설명해드린 후 Q & A 시간을 갖는 것이 일반적인 흐름이야. 여기서 가장 곤란한 순간은 학부모 대표를 선정할 때인데, 지원자가 있으면 정말 다행이지만 없을 경우 정말 난감하거든. 마치 교실에서 콘클라베가 이뤄지는 느낌이랄까. 그래서 보통은 학부모 총회 전에 사전 안내문으로 지원자를 받고, 없으면 학급 회장 부모님께 부탁드리는 경우가 많아. 다음은 내가 학부모 총회 때 만드는 자료에 넣은 내용들이니 참고해서 만들기를 바라!

학부모 총회 자료에 넣어야 할 내용 예시

학급 소개, 담임 소개 및 교사의 가치관, 학습 지도 및 생활 지도 방향, 학급 특색 활동 출결 안내, 평가, 주요 학사일정, 학부모와의 소통 방법, 당부의 말씀, Q & A

학부모 상담

학부모 총회가 끝나면 숨돌릴 틈도 없이 3월 말, 혹은 4월 초에 학부모 상담이 진행돼. 학부모 상담은 사전 안내문을 통해 상담 유형(대면/비대면)과 시간을 받아 조율하면 되지. 이때 대면 상담을 희망한 학부모님의 명단을 보안관실에 제출해야 해. 왜냐하면 2024년 10월 1일부터 시행된 학교 방문 사전 예약제에 따라 보안관님께서 방문자 명단을 확인하신 후 교실로 들여보내 주시기 때문이야. 단, 학부모 총회나 공개 수업, 운동회, 졸업식과 같이 학부모님께서 많이 참석하시는 공식적인 행사 날에는 별도의 명단 없이도 출입할 수 있어!

3월에 상담하면서 가장 힘든 점은 교사가 아직 학생 개개인의 특성을 완전히 파악하지 못한 상태에서 상담이 이뤄진다는 거야. 한 달이 길다면 긴 시간이지만 개학하고 정신없이 지내다 보면 20명이 넘는 학생들의 특성을 하나하나 파악하기는 현실적으로 벅차지. 그래서 막상 상담을 진행해도 드릴 말씀이 많지 않다는 게 고민이야. 특히 눈에 잘 띄지 않는 조용한 아이일수록 더 그렇고. 이럴 때 내가 추천하는 팁은, 3월에는 매일 한 줄씩 학생 관찰일지를 써두는 거야. 그러다 보면 어떤 학생은 쓸 내용이 많지만 어떤 학생은 기억나는 게 많지 않거든? 그럼 상담 전 이틀 정도는 기억나는 게 적은 학생을 집중 관찰해서 말씀드릴 내용을 만들어두면 좋아. 사실 학부모 상담에서 부모님들이 궁금해하시는 건 선생님이 우리 아이에게 얼마나 관심을 갖고 계시는지와 새로운 학급에서 아이가 잘 적응하고 있는지인데. 관찰 일지를 매일 적어두면 학부모님과 라포를 형성하는 데 도움이 되고 학기 말에 생활기록부를 쓸 때도 매우 유용해.

3월 학부모 상담은 학부모님께서 해주시는 말씀을 토대로 앞으로 학생 지도 방향을 정리할 수 있는 기회가 되기도 해. 이때 나온 중요한 정보는 따로 관찰 일지에 기록해두면 좋아. 물론, 학기 초에 학부모님께서 작성해주시는 학생 카드를 통해 학생의 기본적인 정보는 알 수 있어. 하지만, 학생의 성장 배경이나 질환 등 디테일한 부분까지 다 알 수는 없지. 예를 들어 기립성 저혈압이 있어 체육 시간에 무리하면 안 된다거나 기저질환이 있는 학생의 건강 상태처럼 좀 더 구체적이고 중요한 사항은 상담을 통해서 알게 되는 경우가 많아. 이런 정보는 반드시 따로 정리해서 학생 생활 지도와 안전에 참고해야 해.

4~5월 : 숨 좀 돌리려고 했는데 각종 행사가 빗발친다

3월 말에서 4월 초까지 학부모 상담이 끝나면 그제야 조금 여유가 생겨. 교직 생활도 어느 정도 적응이 되고 학급에서 큰일이 벌어지지 않는 한 정시 퇴근도 가능하지. 게다가 5월에는 연휴도 많고 날도 좋아서 쉬는 날 나들이 가기도 딱 좋아. 하지만 날이 좋은 만큼 학교에서도 행사가 많지. 현장체험학습, 과학의 달 행사, 어린이날 행사, 어버이날과 스승의 날, PAPS 측정이 모두 이 시기에 있어서 마음 놓고 쉴 수만은 없는 달이기도 해.

현장체험학습

최근 여러 사건•사고로 인해 전반적으로 현장체험학습을 가지 않는 분위기지만, 아직 가는 학교들도 있어. 체험학습을 운영하는 학교는 학생과 학부모가 원하는 현장체험학습의 유형을 조사하는 가정통신문을 사전에 배부하고, 그 결과에 따라 진행 여부 및 방식을 결정해, 요즘은 사립학교가 아닌 이상 가더라도 대부분 당일치기로 다녀오는 경우가 많아. 조사 결과 가기로 정해졌다면 동학년 선생님들끼리 사전에 답사를 다녀오는데, 가서는 버스 승하차 장소, 의무실 위치, 점심 먹을 곳 등을 확인해야 해. 나는 지금까지 체험학습으로 청와대, 놀이공원, 미래 교육센터, 전쟁기념관을 다녀왔는데, 초등학교에서 자주 가는 체험학습 장소는 대부분 가이드 선생님께서 동행해주셔서 교사는 안전하게 학생들을 인솔하는 역할에만 집중하면 돼. 물론, 만일의 사태에 대비한 준비는 필수!

답사까지 다녀왔다면 반별로 버스 자리와 모둠을 정해야 하지. 이때 정하는 방식은 학년별로 통일해서 출석번호 순으로 편성하거나 혹은 학급 회의를 통해 결정하게 하면 돼. 그런데 어떻게 편성해도 불만은 나오기 마련이라 교사가 일정한 기준에 따라 정해주면 좋지.

여기까지 정했다면 체험학습 당일에 필요한 준비물을 미리 안내하고, 안전 교육을 철저히 해야 해. 솔직히 나도 학생일 때는 선생님들께서 왜 저렇게까지 안전을 강조하시는지 몰랐는데 직접 담임 교사가 되어보니까 알겠더라. 체험학습을 날은 아이들이 한눈에 들어오지 않고, 전체적으로 들떠 있는 만큼 안전사고가 일어날 확률이 높아. 특히 놀이공원이나 잠월드처럼 학생들이 여러 구역에 흩어지는 장소에서는 교사가 일일이 따라다니며 챙기는 게 현실적으로 불가능하지. 그래서 체험학습 당일 아침까지 아이들 귀에 못이 박히도록 안전 수칙을 반복해서 말해줘야 그나마 마음이 놓여. 나아가 체험학습 갈 때 학년티를 입히는 건, 교사가 멀리서 아이들을 쉽게 찾을 수 있게 하기 위해서야. 아이들은 사진 예쁘게 안 나온다며 싫어하기도 하는데, 유무의 차이가 크니 안전상의 이유로 꼭 입히는 걸 추천해!

과학의 달 & 어린이날 행사

4월은 과학의 달, 5월은 가정의 달로 이 시기에 크고 작은 행사가 자주 있어. 일부 학교는 4월 20일 장애인의 날과 4월 22일 지구의 날을 맞아 계기 교육을 시행하기도 하는데, 이런저런 행사 다 챙기다 보면 진도 나가기 바쁘지. 과학의 달 행사로는 체험 부스나 발명 대회를 열고 가정의 달에는 어린이날 행사로 소체육대회를 여는 학교가 많아. 여기서 말하는 소체육대회는 전학년이 함께 참가하는 대운동회랑 다르게 동학년끼리만 2시간 동안 진행하는 반 대항 체육대회야. 주로 피구, 계주 같은 종목을 중심으로 진행하는데, 종목과 세부 사항은 동학년 선생님들과 협의해서 정하면 돼. 준비 자체는 어렵지 않지만 소체육대회로 들뜬 아이들의 마음을 가라앉히고 행사 당일 안전과 분위기를 통솔하는 게 진짜 일인 행사이지.

어버이날 & 스승의 날

어린이날이 끝나면 곧 어버이날과 스승의 날도 챙겨야 하는데, 어버이날에는 부모님께 드릴 편지와 함께 카네이션 만들기 활동을 주로 해. 스승의 날은 전년도 담임선생님께 드릴 손 편지를 준비하도록 준비하지. 가끔 담임선생님을 위해 깜짝 이벤트를 열거나 선물을 준비하는 학생도 있는데, 마음은 참 기특하지만 김영란법에 따라 그 어떤 선물도 받을 수 없어. 간혹 3만 원 이하 선물은 받아도 되는 거 아닌지 헷갈리는 신규 교사들이 있는데 관련 내용을 김영란법에 따라 확실히 정리해줄게.

스승의 날 교사가 학생들에게 받아도 되는 것들

가르치는 학생에게 받아도 되는 것 : 학생 대표가 공개적으로 주는 카네이션 한 송이, 아이들이 직접 만든 손 편지, 카드

가르치는 학생에게 받으면 안 되는 것 : 위에 해당하지 않는 선물(카네이션, 초콜릿, 커피, 기프티콘 등) **※ 금액과 무관하게 모두 금지 ※**

김영란법 관련해서 한 가지 더!, 빼빼로데이에 과자를 주거나, 해외여행 다녀온 후 기념품을 건네는 아이들도 종종 있어. 그런데 이런 것도 원칙적으로 모두 수수 금지 대상이야. 물론 학생의 순수한 마음을 거절한다는 것이 참 어렵고 미안하지만, 혹시라도 나중에 문제 되지 않도록 처음부터 단호하게 거절하는 게 가장 안전해.

6~7월 : 여름인데 방학은 언제 오지

6월에 현충일이 지나면 방학 전까지는 연휴가 없어, 날씨도 점점 더워지기 시작하고, 날이 더워지는 만큼 아이들 마음도 슬슬 풀어지는 시기가 바로 6~7월이지. 이 시기에는 딱히 튼 행사는 없지만, 방학 전까지 수업 진도 나가고 수행평가 치르느라 정신없어. 거기다 학기 말 생활기록부 작성까지 해야 비로소 여름방학을 맞이할 수 있지.

그리고 본인의 교직 경력이나 맡은 학년에 따라 6~7월이 더 바쁘게 느껴질 수도 있어. 예를 들어 1학기에 임상 장학이 있는 학교라면 보통 5월 말이나 6월쯤에 하거든. 또 6학년 담임이라면 졸업앨범 촬영이 6월에 있고, 3~4학년 담임은 생존수영이 이때쯤 있어서 일이 더 많아지지. 만약 임상 장학도 있고 6학년 담임까지 맡고 있다면? 6월도 만만치 않을걸?

임상 장학

임상 장학은 교생실습처럼 학교 선생님들 앞에서 공개 수업을 하는 거야. 실습과 비슷하게 경력이 많으신 선생님(주로 부장님)과 멘토-멘티로 매칭되어 피드백을 주고받고 과정안(세안), 사전협의록, 사후협의록을 작성하게 되지. 학부모 공개 수업과는 느낌이 또 다른데, 학부모 공개 수업이 학생들의 활동 중심이라면 임상 장학은 교사가 수업을 어떻게 이끌어 나가는지를 중점적으로 보는 만큼 수업 준비에 대한 부담이 훨씬 크지. 교과 전담이라면 본인이 맡은 학년과 교과 중 선택할 수 있고 담임 교사는 본인이 가르치는 교과목 중 정하게 돼. 보통 교과 전담보다는 담임 교사가 수업 시수를 조정하기 쉽고, 반 아이들과 라포 형성도 더 잘 되어있어서 임상 장학이 조금은 더 수월해. 임상 장학은 학교 선생님 누구나 참관할 수 있는데, 멘토 선생님은 꼭 오시고 교장, 교감 선생님 또는 교무부장님께서 시간이 되면 오셔서 보고 가시는 경우도 많지.

졸업앨범 촬영 (6학년)

졸업앨범은 6학년 담임 교사들이 반드시 챙겨야 할 일정 중 하나야. 우선 가정통신문을 통해 졸업앨범 제작 여부를 조사하고 개인정보 동의서 및 신청서를 받은 뒤 업체를 선정해. 업체 선정은 6학년 선생님들과 학생 및 학부모 대표가 모여 함께 결정하지. 선정된 업체의 촬영 방식에 따라 세부 일정을 공지하면 되는데, 촬영은 보통 개인촬영, 단체촬영/실내 촬영, 야외 촬영을 나눠서 반별로 진행하지. 다른 촬영은 각자 옷이나 소품을 준비하게 하면 되지만 모둠별 사진 촬영은 포즈 정하는 데 시간이 오래 걸려서 반드시 촬영 전 2시간 정도는 미리 시간을 확보해주는 게 좋아. 참고로 요즘은 졸업앨범에 교사 사진을 넣지 않는 학교가 많아서 이 부분은 조금 부담을 덜 수 있지.

생활기록부 작성

교사가 방학을 맞이하려면 넘어야 할 가장 큰 산이 바로 생활기록부 마감이야. 그나마 1학기에는 부담이 비교적 덜한 편이지만 학교마다 1학기 종합일람표에 입력해야 하는 내용이 조금씩 달라서 몇몇 학교는 행동특성 및 종합의견까지 다 써서 제출해야 하는 곳들도 있지. 그리고 생활기록부는 내가 제출한다고 끝나는 게 아니야. 보통 학년 내 검토와 교과전담교사 검토를 거쳐 교무실에 제출하는데, 수정할 때마다 다시 출력해야 해서 좀 귀찮은 면도 있지. 어차피 생활기록부는 1학기 때 안 쓰면 2학기에 다 몰아서 써야 하니까, 여기서 한 번에 알려줄게.

❶ 나이스 수업시수 편차 0으로 맞추기

나이스 상의 기초 시간표는 보통 학기 초에 입력하게 돼. 하지만 이를 그대로 적용하면 기준시수와 누적 시수 간에 편차가 생기거든? 그래서 이 수업시수를 조정하여 학기 말에 편차가 0이 되도록 맞춰야 해. 시수를 맞추다 보면 간혹 시수가 남거나 모자랄 때가 있는데, 이는 개학식 및 방학식 전후로 단축수업을 반영하지 않았거나, 혹은 체험학습, 재량휴업일, 대체공휴일 등 일정을 빼먹어 생기는 오류야. 이런 걸 다 반영해서 수정하면 편차가 0으로 딱 떨어질 거야. 혹시 그래도 편차가 맞지 않는다면 교무부장님이나 동학년 선생님께 여쭤봐~

❷ 교과평가

교과평가는 학교마다 조금씩 달라. 매우 잘함-잘함-보통 3단계로 하는 학교도 있고, 매우 잘함-잘함-보통-노력 요함 4단계로 나누는 학교도 있어. 평가는 내가 가르친 교과만 입력하면 되고, 교과 전담 과목은 전담 선생님께서 입력해주시지. (단, 강사는 제외.) 평가는 특별한 사유가 없는 한 대체 가능한 방법으로라도 최대한 기록하는 게 원칙이고, 전입이나 장기결석으로 인한 미참여 시 학교별 '생활기록부 기재 및 성적 업무 추진계획'에 나온 대로 입력하면 돼.

❸ 출결 상황

출결 상황은 그동안 기록해 둔 결석, 지각, 조퇴 기록과 결석계, 체험학습보고서를 꼼꼼히 대조해봐야 해. 혹시 누락된 자료가 있다면 방학 전에 꼭 받아야 하고, 모든 자료가 정리되면 월별로 마감해서 수업일수가 맞는지 확인한 후 출력해야 하지. (단, 전입생은 이전 학교에서 보낸 출결 자료로 인해 전체 출석 일수가 다를 수 있어)

❹ 창의적 체험활동

창의적 체험활동은 기록 방식이 조금 까다롭고, 생활기록부 작성에서 손이 많이 가는 부분이야. 같은 활동을 했더라도 학생별로 다르게 작성해야 하므로 더 신경 써야 하지. 창의적 체험활동은 크게 자율활동, 동아리, 봉사활동, 진로 활동과 학교 스포츠 클럽 5가지 영역으로 나뉘어. 창의적 체험활동 작성 요령은 학교별로 조금씩 다른데, 일반적으로 다음과 같지.

먼저 누가기록을 학기당 자율활동 2회 이상, 동아리 1회 이상, 진로 활동 1회 이상 작성하고, 이 누가기록을 바탕으로 특기사항에 자율활동 2문장, 동아리 1문장, 진로 1문장 이상 각각 입력하면 돼. 이중 자율활동과 진로 활동은 창의적 체험활동 시간에 했던 여러 활동 중 학생 개인별 특성이 잘 드러난 걸로 적으면 되고, 동아리는 반별 공통이다 보니 개인별로 똑같지 않게만 작성해주면 되지. 단, 전출생이 있다면 반드시 전출 전에 작성해 보내야 하고, 전입생은 이전 학교 기록에 이어서 작성하면 돼.

한편, 봉사활동은 별도의 누가기록이나 특기사항 입력 없이 학년별 교육과정상에 명시된 봉사활동 기준 시수에 따라 학년별로 통일해서 입력해야 해. 이때 날짜와 시수는 학년 초 배부하는 교육과정 계획서를 보면 나와 있고, 모르겠으면 학년 부장님께 여쭤보면 알려주실 거야. 또 학생 개인이 실시한 봉사활동은 기재 요령에 맞게 작성하면 되지.

마지막으로 학교 스포츠 클럽은 학교마다 시행하는 곳도 있고 시행하지 않는 곳도 있어. 시행하는 곳은 담당 선생님께서 메신저를 통해 알려주시는 대로 입력하면 되는데, 이 부분을 입력할 때는 출결과 전입생의 전입 날짜를 꼭 잘 확인해야 돼, 학생이 참여한 날짜만 정확히 입력하면 담임 교사가 별도로 작성할 내용은 없어서 그나마 낫지.

❺ 학기 말 종합의견 및 교과학습발달상황

학기 말 종합의견은 학년말에 입력하는 교과학습발달상황의 기초 자료가 돼. 학기 말 종합의견은 과목별 영역마다 한 문장씩 써야 하는데, 1, 2학기에 겹치는 영역은 2학기에만 쓰면 돼. 예를 들어 국어는 듣기•말하기, 읽기, 쓰기, 문법, 문학 네 영역으로 이뤄져 있는데 이중 읽기 영역을 1, 2학기 모두 평가한다면 2학기 내용만 기록하면 돼. 하지만 교수학습 및 평가 운영 계획에 따라 문법 영역을 1학기에는 평가하지만 2학기에는 평가하지 않는다면 1학기 내용을 써야 하지. 물론, 교과 담당 교사가 있는 과목은 그 선생님께서 직접 입력해주시고, 학기 말에 누락되어있지 않은지만 확인해주면 돼 이렇게 교과별 학기 말 종합의견을 모두 입력했으면, 교과학습발달상황으로 와서 내용을 그대로 가져오면 돼. 단, 영재교육기관에서 수료한 영재 교육 관련 내용은 관련 교과의 교과학습발달상황에 따로 입력해야 한다는 점 잊지 마!

❻ 행동특성 및 종합의견

행동특성 및 종합의견은 학기당 한 번 써서 생활통지표로 배부하는 학교도 있고, 학년 말에 한 번만 내보는 학교도 있어. 소위 '행특'이라 불리는 이 부분은 학생의 학습, 행동 및 인성 등 학교생활 전반을 관찰 및 평가해서 종합적으로 쓰는 거야. 보통은 학습에 관한 내용부터 쓰고, 그다음에 행동(인성) 부분을 서술하지. 행특을 잘 쓰려면 평소에 관찰일지를 통해 학생이 특별히 잘하거나 눈에 띄는 부분을 미리 기록해두는 게 좋아.

행특을 쓰다 보면 보통 세 부류로 나뉘어. 정말 칭찬할 게 많아서 써줄 내용이 넘치는 학생, 교실에서 조용하고 무난해서 눈에 잘 띄지 않는 학생, 그리고 쓰려고 하면 한숨부터 나오는 학생. 앞의 두 경우는 있는 그대로 쓰면 되고, 정 쓸 내용이 안 떠오르는 학생은 그 학생이 썼던 주제 글쓰기나 제출했던 과제를 보면 어떻게든 쓸 거리가 나와. 그런데 간혹 정말 교사를 힘들게 하거나, 도저히 쓸 내용이 없는 학생도 있지. 이런 경우 단점을 쓸 수는 있지만 반드시 '변화 가능성'을 함께 입력해야 해. 이럴 땐 전년도 생활기록부를 참고해서 전년도 담임선생님께서 어떻게 쓰셨는지 참고하면 좋은데, 보면 정말 어떻게든 예쁘게 포장하려고 애쓴 흔적이 보일 거야. 그러면 '아, 얘 작년에도 그랬구나' 하면서 쓰면 되지.

다음은 생활기록부 행동특성 및 종합의견에 자주 쓰이는 문장 패턴을 모아둔 거니까, 평소에 작성해둔 관찰일지랑 아래 문장 형식을 잘 조합해서 작성해봐!

행동특성 및 종합의견에 자주 사용하는 표현 예시	
학습 측면	자기 주도적으로 학습하려는 의지가 강하고 ~ 수업 시간에 집중력이 높으며 학습 태도가 성실하고 ~ 책 읽기를 좋아하고 다양한 분야에서 상식이 풍부하며 ~ 특히 OO 교과에 깊은 관심을 가지고 수업 시간에 열정적으로 참여하며 ~ 바른 자세로 수업에 임하며 과제를 수행하는 데 있어 OO 역량이 뛰어남 학업 동기가 충분히 유발된다면 학업 성취도가 더욱 향상될 것으로 기대됨
생활 측면	매사에 의욕적이고 자신감이 넘쳐 ~ 규칙과 질서를 잘 지키고 인사성이 밝으며 ~ 사교성이 좋아 친구들과 두루 잘 어울리고 ~ 조용한 편이지만 생각이 깊으며 주변 친구들을 잘 배려하며 ~ 맡은 일을 책임감 있게 수행하고 솔선수범하는 모습을 보이며 ~ 모둠 활동에서 리더로 서로 다른 의견을 잘 조율하고 협동하며 ~

8~9월 : 폭풍전야

여름방학 후 학교에 돌아오면, 추석 연휴 전까지는 별다른 행사가 없어. 3월 초와 똑같이 학급임원선거와 전교임원선거가 있고, 학교에 따라 학부모 상담이 있을 수 있지만 3~4월에 비하면 훨씬 여유롭지. 대신, 이 시기에 수업 진도를 많이 빼둬야 학기 말에 덜 힘들고 여유가 생겨. 특히 6학년은 10월부터 있을 중입 서류 준비와 학기 말 졸업식 일정으로 바빠지기 때문에 미리 해둘 수 있는 일은 이때 최대한 해두는 게 좋아.

10~11월 : 크리스마스까지 앞만 보고 달린다

10월 초 개천절과 추석 연휴가 지나고 나면, 크리스마스 전까지 연휴가 하나도 없어. 그 말은 즉, 죽어라 달려야 한다는 뜻이지. 이 시기의 가장 큰 행사는 가을 운동회! 그리고 6학년은 중입 업무가 이때부터 본격적으로 진행돼. 또 학교에 따라 임상 장학이나 동료 장학이 이 시기에 잡히는 경우가 많아. 임상 장학은 앞에서 설명했으니까, 여기서는 동료 장학만 다뤄볼게.

운동회

요즘 초등학교 운동회는 대부분 전문 업체를 끼고 하는 해서 문예체부가 아니라면 담임 교사가 준비할 일은 생각보다 많지 않아. 우리가 학창 시절 때 했던 운동회와 달리 가족들을 초청하는 학교도 잘 없고, 학년 단위나 학급 단위로 간소화해서 진행되는 경우도 많아서 부담이 확실히 줄었지. 담임 교사가 할 일은 남녀 학급 계주 대표를 정하고, 학년별 출전 종목과 규칙을 사전에 안내하는 정도? 다만, 운동회 당일에 아이들을 인솔하는 과정에서 체력이 꽤 소모돼. 또 몇몇 선생님은 아침 일찍 출근해서 운동장 트랙을 그리거나 행사 준비를 도와야 해서 더 힘들 수 있지.

동료 장학

동료 장학은 임상 장학과 달리 옆 반 선생님끼리 서로 수업을 공유하는 형태의 장학이야. 사전•사후협의록은 쓰지만 과정안을 아예 작성하지 않는 학교도 있고, 있더라도 약안 수준에서 작성하지. 수업도 40분 내내 집중해서 관찰하기보다는 '이 선생님은 이렇게 수업하시네' 정도로 편하게 보는 분위기랄까? 물론 학교 분위기에 따라 서로 피드백을 주고받는 FM 스타일의 동료 장학도 있긴 하지만, 대개는 수업 끝나면 서로 고생했다고 인사하는 정도니까 임상 장학 생각하면서 크게 부담 갖지 않아도 돼!

12~1월 : 방학이 코앞인데 왜 시간이 안 갈까

2학기 말은 1년 동안의 모든 일정을 마무리해야 해서 1학기 말보다 훨씬 더 정신없어. 회의도 많고, 각종 업무에다 출석부랑 생활기록부 마감까지 해야 하고, 다음 학년도 반 배정에다 6학년은 졸업식 준비까지 겹쳐서 모두가 바쁜 시기지. 그 와중에 아이들은 점점 통제가 안 되고, 12월 말에는 크리스마스와 신정 연휴까지 있어서 분위기가 엄청 어수선해. 거기에 크리스마스 전후로 반별 파티를 준비하거나 학교 차원에서 꿈끼 발표회(장기자랑) 같은 행사까지 열리면 정말 몸이 열 개라도 모자라지.

그래서 12월부터는 꼭 플래너나 포스트잇에 해야 할 일을 적어두고, 하나씩 지워나가면서 처리하는 게 좋아, 안 그러면 금방 잊어버리거든. 물론 제출 기한이 임박했거나 이미 지나서 못 냈을 땐 메신저가 오긴 하지만, 그럴 땐 메신저 주신 선생님께 죄송한 마음이 들지.

출석부랑 생활기록부 마감은 앞에서 이미 다뤘고, 업무와 졸업식 준비는 학교마다 달라서 여기서는 다음 학년도 반 배정과 업무 분장이 어떻게 진행되는지 알려줄게.

반 배정

다음 학년도 학급 편성 및 분반은 보통 12월 말에 동학년 선생님들끼리 협의해서 정해. 학교마다 방식이 조금씩 다른데, 내가 근무했던 학교에서는 아래와 같이 했어.

❶ 기준에 따라 남녀 따로 순번을 정한다. (단, 전출 예정인 학생은 맨 뒤로 보낸다.)

❷ 정해진 순서에 따라 남학생은 자기 반+1, 여자는 자기 반+2반부터 배정한다.

예를 들어 내가 1반 담임 교사면 1)에서 정한 순번의 1번 남학생은 2반, 2번 남학생은 3반 순으로 배정되며, 1번 여학생은 3반, 2번 여학생은 4반 순으로 배정되는 식이야.

❸ 쌍생아나 특수 학생은 학부모의 의견을 수용하여 배정한다.

❹ 특별히 교우관계가 좋지 않거나 생활 지도상 담임 교사의 지도가 특별히 요구되는 학생들이 한 학급에 집중 편성되지 않도록 동학년 선생님들끼리 협의하여 조정한다.

❺ 모든 내용이 확정되면 가출석부를 작성한다.

반 배정을 하다 보면 학급 수가 적은 학교일수록, 또 고학년일수록 고려해야 할 사항이 많아. 간혹 반 배정이 끝난 뒤 학부모님께서 다음 학년도 학급 편성 관련해 연락을 주시기도 하는데, 12월 말에 이미 반 배정이 끝나면 이후로는 교사도 손쓸 방법이 없어. 애초에 학교폭력처럼 아주 특별한 사유가 아닌 이상, 이러한 요청은 형평성 문제 때문에 들어드릴 수 없지.

업무 분장

12월이 되면 '다음 학년도 담임 및 업무 분장 희망서'를 작성하게 돼. 여기에는 인적 사항과 본교 경력 사항, 그리고 희망 학년(혹은 교과) 및 희망 업무를 기재하는데, 보통 1지망부터 3지망까지 적을 수 있어. 또 학교에 따라서는 '본교 근무 기간 중 1학년 또는 6학년을 반드시 한 번 이상 맡는다'라거나, '2~4학년은 중임을 할 수 없다' 같은 원칙을 두는 학교도 있어. 이런 규칙은 특정 학년 혹은 업무에 과도하게 몰리는 걸 막기 위한 장치이지.

희망서를 제출하면 관리자님이 이를 참고해 배정해주시는데, 결과는 보통 2월쯤 나와. 이때 해당 학교에서 근무한 경력이 길수록 점수가 쌓여 우선 배정되고, 같은 담임이라도 더 힘든 학년이나 업무를 맡을수록 높은 점수를 받지. 예를 들어 학년 점수는 6학년이 가장 높은데, 졸업앨범, 중입, 졸업식 등 다른 학년에 비해 업무가 많기 때문이야. 반면 점수가 가장 낮은 건 보통 2학년이고, 1, 5학년은 담임은 점수가 꽤 높은 편이지.

또 업무 분장할 때 육아, 대학원, 휴직 예정 등 참고사항을 적으면 고려해주시긴 하지만, 그렇다고 다 반영되지는 않아. 현실적으로 좋은 업무나 선호하는 학년은 한정되어 있고, 모두가 다 만족하도록 분장하는 건 불가능하니까. 마치 학급에서 자리를 배치하거나 일인일역을 정할 때 모든 학생이 100% 만족하게끔 편성할 수는 없는 것과 같은 이치이지. 나도 8월에 입대 예정이라 교과 전담을 희망했지만 결국 한 학기 동안 6학년 담임을 맡았던 적이 있어, 신규 발령이거나 점수가 낮으면 어쩔 수 없긴 하지.

이렇게 생활기록부 마감하고 종업식(졸업식) 날 아이들 통지표를 나눠주면 그때부터 약 50일간 꿈같은 방학이 시작돼. 학교에 따라 겨울방학을 일찍 하고 봄방학이 있는 학교도 있지만, 12~1월에 할 일을 두 번에 나눠서 할 뿐 크게 달라지는 건 없어. 여기까지가 발령 후 담임교사로 1년 동안 겪게 될 일들이야. 어때, 할만한 것 같니?

신규 교사가 궁금해할 Q & A 모음

이번 장에서는 앞에서 다루지 않았지만, 신규 교사라면 꼭 궁금해할 만한 질문들을 모아 정리해봤어. 예를 들어 월급 외에 교사가 받을 수 있는 수당이나 금액은 어떤 게 있는지, 학교 현장에서 자주 쓰이는 용어는 무엇이 있는지, 조퇴는 어떻게 신청하는지 같은 것들이지. 주변에 선뜻 물어보기는 조금 부끄럽지만, 막상 현장에 나가면 꼭 알아야 할 내용인 만큼 하나씩 차근차근 알려줄게!

Q1. 월급 외에 교사가 받을 수 있는 수당으로는 어떤 게 있을까?

교사는 매달 17일에 받는 월급 외에도 여러 가지 수당을 받아. 대표적으로는 **명절 상여금, 성과 상여금, 정근 수당, 맞춤형 복지포인트**가 있으며, 이외에도 학교에서 **점프업 프로그램**이나 영재학급 같은 추가 프로그램을 맡으면 그에 따른 수당이 지급돼. 또 원칙적으로 교사는 겸직이 금지되어 있지만, 예외적으로 출판, 강의, 블로그·유튜브 활동 등은 겸직 허가를 받으면 수익을 낼 수 있지. 다만 여기서는 겸직 허가가 필요한 활동은 제외하고, 교사로서 일반적으로 받을 수 있는 수당 위주로 알려줄게.

먼저 **명절 상여금**은 1년에 2번, 추석과 설에 지급되며 금액은 본봉의 60%야. 예를 들어 본봉이 300만원이면 명절 때마다 추가로 180만원씩을 더 받는 셈이지. 지급 시기는 명절 당일 기준 전후 15일 이내로 정해져 있는데, 보통 명절이 낀 달 월급날 월급과 같이 들어오더라.

다음으로 **성과 상여금**은 1년에 한 번, 3월 말에 지급돼. 성과 상여금은 전년도 교사의 교육 활동 실적에 따라 3단계로 차등 지급되며, 지급 기준은 교육청과 학교의 자체 심사위원회 평가에 따라 결정돼. 보통 학년이나 업무에 따라 점수 차이가 있어서 힘든 업무나 학년을 맡을수록 점수가 더 높고, 이외에도 연수 이수 시간이나 수업 시수 같은 것도 평가 기준으로 들어가지. 다음은 2025년 서울특별시교육청 기준 성과 상여금 지급액이야.

실적(등급)	S	A	B
성과급(원)	5,102,970	4,273,220	3,659,000

또 **정근 수당**이라는 것도 있는데, 정근 수당이란 일정 기간 이상 근무한 공무원에게 주어지는 보상 개념의 상여 수당인데, 매년 1월과 7월 두 번 지급돼. 만약 1~6월 중 1개월 이상 봉급을 받았다면 7월에 정근 수당이 나오고, 7~12월 중 1개월 이상 봉급을 받았다면 다음 해 1월에 받을 수 있지. 정근수당 금액은 근속 연수에 따라 본봉의 일정 비율로 산정되는데, 연차가 오를 때마다 5%씩 올라가다가 10년이 되면 50%로 고정돼. 예를 들어 2년 차면 본봉의 5%, 3년 차면 10%, 10년 차 이상이면 모두 50%를 받는 식이야.

근무(연)	1	2	3	4	5	6	7	8	9	10	10+
비율(%)	0	5	10	15	20	25	30	35	40	45	50

상여금과 정근 수당은 별도로 신청하지 않아도 자동으로 지급되지만, **맞춤형 복지포인트**는 맞춤형 복지 포털에서 교사가 직접 신청해야 받을 수 있어. 맞춤형 복지포인트는 교육청에서 매년 교사 개인에게 일정 금액을 배정해 주는 복지 예산으로, 연초에 포인트 형식으로 지급돼. 복지 포인트는 1포인트당 1000원으로 계산되며, 2025년 서울특별시교육청 기준 기본 복지점수 900포인트에 근속 복지점수, 가족 복지점수 및 추가 복지점수를 합해서 주지. 신규 교사라면 보통 기본 900포인트에 근속 100포인트까지 총 1000포인트가 들어와 있을 거야.

포인트 사용 방식은 후불제로 먼저 카드를 쓴 후, 복지 포털에 들어가서 그중 원하는 항목을 골라 청구하면 돼. 그러면 다음 달 17일에 청구한 만큼 금액이 지정된 계좌로 들어오는 거지. 예를 들어 첫해에 1000포인트를 받았다면 카드 사용 내역 중에서 100만 원이 되도록 묶어서 청구하면 되는데, 모든 카드 사용 내역이 다 적용되는 건 아니지만 대부분 해당하기 때문에 웬만하면 1000포인트를 다 쓸 수 있을 거야. 맞춤형 복지포인트는 신규 교사일 때 잘 모르는 경우가 많은데, 발령 첫해부터 바로 사용할 수 있으니 절대 놓치지 말길 바라!

이외에도 학교에서 운영하는 여러 프로그램에 참여하면 추가 수당을 받을 수 있어. 대표적으로 학습 결손 학생들을 지도하는 '**점프업 프로그램**'이 있는데, 방과 후에 교실에 남아 과외하는 형식으로 진행되며, 서울은 회당 2만 5천 원, 경기는 4만 원 정도 받을 수 있지. 물론 1년에 지원되는 예산이 정해져 있어서 무제한으로 할 수 있는 건 아니지만, 도움이 필요한 학생을 도우면서 동시에 수당을 받을 수 있어서 좋지. 또 영재학급을 운영하는 학교라면 **영재 강사**에게 강사비도 지급되는데, 이건 학교 상황과 영재 학급 신청 인원에 따라 달라져. 이처럼 비록 교사 월급이 흔히 박봉이라고는 하지만, 잘 찾아보면 겸직 신청을 하지 않고도 받을 수 있는 수당이 많으니 꼭 챙기길 바라!

Q2. 조퇴하려면 연가를 써야 한다는데… 연가가 뭐지?

연가란 교사가 개인적인 사유로 쉴 수 있도록 보장된 휴가 제도야. 근무 시간 중에 개인 용무가 생겨서 외출하거나 조퇴하려면 연가를 사용해야 하지. 연가는 8시간을 하루로 계산하는데, 예를 들어 오후 2시 반부터 2시간씩 조퇴를 4번 했다고 하면, 총 8시간이 차감되니까 결국 연가 하루를 사용한 거랑 같은 셈이야.

연가는 나이스 [기본메뉴]-[근무관리]-[개인근무상황관리]에서 신청할 수 있어. 신청 버튼을 누르면 '근무상황신청입력' 창이 뜨는데, 여기서 근무상황과 기간, 연락처, 사유 등을 작성하면 돼. 다 입력한 뒤 '승인요청'을 눌러 결재라인을 지정하고 '상신'을 누른 뒤 결재가 완료되면 끝! 여기서 연가 결재라인은 학교마다 조금씩 다르고, 관리자에 따라 승인 절차가 엄격한 경우도 있으니까 이 학교는 어떤지 동료 선생님께 확인해보는 게 좋아.

교사 연가는 1월 1일부터 12월 31일까지 1년 단위로 적용되는데, 이 기간에 연가를 다 쓰지 않는다고 해서 이월되거나 돈으로 보상받을 수 없어. 일반 공무원은 미사용 연가를 이월하거나 저축할 수 있고, 직장인들은 휴가를 반납하면 연차 수당을 받을 수 있지만 교사는 그런 게 없거든, 그래서 방학 때 연가를 써서 해외여행을 다녀오지 않는 한 연가가 남는 경우가 많은데, 어차피 없어지는 거라면 여유가 있을 때 써두는 게 좋아. 2025년 기준 1년 동안 사용할 수 있는 연가 일수를 아래 표로 정리해봤으니 확인해봐!

재직 기간	연가 일수	재직 기간	연가 일수
1개월 이상 1년 미만	11일	4년 이상 5년 미만	17일
1년 이상 3년 미만	15일	5년 이상 6년 미만	20일
3년 이상 4년 미만	16일	6년 이상	21일

그런데 살다 보면 예기치 못한 일로 인해 주어진 연가 일수보다 더 필요한 상황이 생길 수도 있잖아? 이럴 땐 다음 연도 연가를 미리 당겨쓰는 것도 가능해. 방법은 간단한데, 나이스에서 '근무상황신청입력'을 작성할 때 '연가종류' 탭에서 '연가 당겨쓰기'를 선택하면 돼. 이때 내년도 연가 일수만큼 다 당겨쓸 수 있는 건 아니고, 아래 표처럼 재직 기간에 따라 당겨쓸 수 있는 최대 연가 일수가 정해져 있으니 반드시 그 범위 안에서만 사용해야 해.

재직 기간	연가 일수	재직 기간	연가 일수
1개월 이상 1년 미만	3일	4년 이상 5년 미만	7일
1년 이상 3년 미만	4일	5년 이상 6년 미만	8일
3년 이상 4년 미만	6일	6년 이상	10일

Q3. 41조 연수가 뭘까?

흔히 41조 연수라 말하는 '교육공무원법 제41조 연수'는 학교 자율휴업일이나 방학 때 교사가 근무 장소 외 다른 장소에서 연수받을 수 있도록 보장해 주는 규정이야. 학생들에게 휴업일과 방학은 그냥 쉬는 날이지만, 교사는 원칙적으로 방학 중에도 정상 근무를 해야 하잖아? 그래서 이런 날에 교사가 꼭 학교에 출근하지 않아도 되는 근거가 바로 41조 연수인 거지. 공휴일은 원래 쉬는 날이라 별도의 신청이 필요 없지만, 자율휴업일이나 방학 기간에는 반드시 41조 연수를 신청해야 해. 그러면 41조 연수 신청 방법을 알아볼까?

❶ [나이스] [복무]-[개인근무상황관리]-[신청]에 들어간다.

❷ 근무상황에 [연수]-[교육공무원법제41조]를 선택한다.

❸ 기간은 근무 시간에 맞춰서 입력한다. (보통 8:30~16:30)

❹ 연락처에는 본인 번호를, 목적지에는 '자택'을 쓴다.

❺ 사유 또는 용무에 '교육과정 연구' 혹은 '연수'와 관련된 내용을 적는다.

❻ 승인요청을 누르고, 결재 경로를 교무부장님-교감 선생님-교장 선생님 순으로 설정한다.

❼ 상신을 누른 후, 승인이 완료되면 끝!

평소에 자주 사용하는 조퇴나 출장은 교감 선생님이 최종 결재자지만, 41조 연수는 학교장의 승인이 꼭 필요하니 교장 선생님을 최종 결재자로 지정해야 해. 이외 세부 사항은 학교마다 조금씩 다를 수 있으니 학교별 교원 복무 계획을 꼭 확인하고 신청해 봐!

방학 중 복무와 관련해 덧붙일 게 있는데, 방학 때 41조 연수를 신청하려면 교원 연수 계획서도 같이 내야 해. 이 계획서는 방학 중 학교 근무, 연가, 41조 연수 등을 모두 기록하는 표인데, 나이스에 입력한 41조 연수 근무 시간과 반드시 일치해야 승인해주시지.

또한, 방학 중에 해외를 간다면 연가를 쓰거나 41조 연수를 활용할 수 있어. 원칙적으로 단순 여행 목적이라면 연가를 쓰는 게 맞고, 이 경우에는 나이스 복무에 교장 선생님 결재만 받으면 되니 깔끔하지. 반면 41조 연수를 쓰려면 복무 결재뿐만 아니라 '국외 자율연수를 위한 공무 외 국외여행 계획서'를 별도로 제출해야 해. 왜냐면 41조 연수라는 게 본래 연수 참가나 학습 자료 수집처럼 교육적인 목적을 전제로 학교 외에서 근무하는 거니까. 단, 여행 일정에 주말이나 공휴일이 포함된다면 그날은 어차피 근무일이 아니니까 빼고, 실제 근무 일수에 해당하는 날만 연가나 41조 연수로 처리하면 돼.

Q4. 기안 · 과제카드 · 공람 · 결재 · 품의까지, 이게 다 뭐지?

신규 교사들이 발령받고 나서 가장 어려워하는 부분이 K-에듀파인이야. 나이스는 비교적 익숙하고 직관적인 편인데, K-에듀파인은 실습 나갈 때나 임용고시 공부할 때 한 번도 제대로 접해본 적이 없거든. 그런데도 막상 현장에 나오면 학교 업무를 하거나 예산을 집행할 때 반드시 알아야 해서 당황하는 경우가 많아. 사실 업무 쪽으로 깊게 들어가면 끝도 없지만, 여기서는 최소한 알아둬야 할 기본 용어들만 가볍게 정리해줄게.

기안

기안은 어떤 업무를 처리하기 위해 문서를 작성하는 걸 말해. 즉, 기안을 올린다는 건 문서 초안을 작성해 부장님이나 교장·교감 선생님 등 상위 결재권자에게 제출하고 승인을 요청하는 과정이지. 기안은 K-에듀파인에 들어가 [문서관리]-[기안] 메뉴에서 새로 작성할 수도 있고, [문서관리]-[문서함]-[문서등록대장]에서 원하는 문서를 골라 '본문복사'를 눌러 작성할 수도 있어. 특히 업무 인수인계를 받았거나 매년 반복되는 업무라면, 이전 선생님이 남겨둔 문서 형식을 찾아 복사해서 쓰면 훨씬 수월하게 작성할 수 있지.

과제카드

기안을 작성하려고 들어가 보면 결재정보의 제목 아래에 '과제카드'를 선택하는 란이 있을 거야. 과제카드란 학교 업무를 기능 및 목적별로 구분하기 편하게 관리하는 단위로, 책에서 색인에 해당하는 부분이지. 그런데 과제카드를 선택하려고 막상 돋보기를 클릭하면 아무것도 안 떠서 당황하거든? 그런데 처음에는 원래 없는 게 정상이야. 신규 교사에게는 아직 권한이 없거든. 그래서 행정실에 요청해 업무에 맡는 과제카드 권한을 받아야 해. 어떤 권한이 필요한지 잘 모르겠다면, '제가 올해 맡은 업무가 이거다"라고 알려드리면 그에 맞는 과제카드 권한을 활성화해주실 거야. 이후 해당 과제카드를 선택해서 입력하면 되는데, 어떤 걸 골라야 할지 헷갈린다면 이전 선생님이 올린 기안을 참고해서 똑같이 올리면 되지.

공람

공람은 내가 올린 기안이 결재까지 끝난 뒤, 관련된 사람들이 참고용으로 볼 수 있도록 공유하는 걸 말해. 필수는 아니라서 꼭 지정하지 않아도 되고, 공람자는 문서를 확인만 할 뿐 결재권은 없어. 참고로 K-에듀파인 상단에 뜨는 '공람' 메뉴에는 다른 선생님들이 너한테 공람해 둔 문서가 쌓이는데, 하루에도 수십 개씩 올라오니까 자주 확인해주는 게 좋아.

결재 & 대결

결재는 말 그대로 업무 관련 문서나 서류에 대해 상급자의 승인을 받는 걸 의미해. 예를 들어 나이스에서 조퇴나 출장을 신청하거나, K-에듀파인에서 기안을 올리면 결재권이 있는 상급자에게 결재받아야 하지. 결재라인은 업무의 종류에 따라 달라지고 학교마다 조금씩 차이가 있어서 처음엔 헷갈릴 수 있는데, 이럴 땐 [문서관리]-[문서함]-[문서등록대장]을 참고해 다른 선생님들이 어떻게 올리셨는지 보고 똑같이 따라 하면 돼. 사실 자주 하게 되는 업무나 지출 품의, 복무 관련 결재라인은 하다 보면 자연스럽게 외워지니까 너무 걱정하지 마!

혹시 결재가 꼭 필요한데 결재권자가 부재중이라면 '대결'로 올릴 수도 있어. '대결'이란 결재권자가 휴가나 출장으로 결재를 할 수 없을 때, 그 직무를 대리하는 분이 대신 결재하는 걸 의미해. 예를 들어 교감 선생님이 출장 중인데 조퇴 승인을 당일에 꼭 받아야 한다면, 그 결재권이 교무부장님 같은 분께 넘어가 있을 수 있지. 이때는 내가 직접 대결권자를 찾을 필요 없이 나이스에서 결재를 진행하다 보면 자동으로 대결권자가 뜨니까, 그대로 올리면 돼.

품의

품의는 K-에듀파인에서 물품 구입 등 예산 집행을 요청하는 결재 과정을 말해. 예를 들어 학급 운영비를 쓰거나 학습 준비물을 구입할 때는 학교 예산을 사용하는 일이니 반드시 상급자의 허락을 받아야 하는데, 그걸 두고 '품의를 올린다'고 표현하지. 품의는 K-에듀파인에 들어가 상단 왼쪽의 [업무관리]-[학교회계]-[사업담당]-[품의/정산]-[품의등록] 메뉴에서 진행할 수 있어. 또 [품의목록]을 열어보면 다른 선생님들이 올린 품의 내역을 다 볼 수 있는데, 그중에서 내가 필요한 것과 비슷한 형식이 있다면 '품의복사'를 눌러 복사한 후 내용을 수정하면 훨씬 편하게 쓸 수 있지.

품의를 등록할 때는 먼저 제목과 개요를 작성하고, 학교 예산 중 어느 항목을 쓸 건지 '예산선택'에서 체크해야 해. 그다음 아래 '품목내역'에 내가 구입하려는 물품 이름, 수량, 단가를 각각 입력한 뒤 결재 요청을 하면 되지. 결재는 기안과 동일한 방식으로 이뤄지지만, 예산 관련 업무는 행정실에서 처리하는 경우가 많아서 공람에 행정실 지출 담당 선생님을 지정해두는 게 좋아.

솔직히 품의는 처음 해보면 좀 복잡하고 막막하게 느껴질 수 있는데, 3월에 학급 운영비를 사용하면서 한두 번만 직접 해보면 금방 익숙해져. 그런데도 헷갈리거나 막히는 부분이 있으면 혼자 끙끙대지 말고 꼭 부장님이나 동료 선생님께 물어보길 추천해. 처음 발령 나면 모르는 게 많은 게 당연한 거고, 모르는 걸 편하게 물어볼 수 있는 게 신규 교사의 가장 큰 장점이니까!

자료집계 & 메모보고

업무를 하다 보면 학교별 건강 체력 교실 학생 명단을 제출하라거나 예산 사용 내역을 보내라는 공문이 올 때가 있어. 보통 [결재(긴급)]이나 [문서진행] 탭을 열어보면 이런 업무가 내 앞으로 와있는데, 처음엔 뭘 어떻게 제출해야 하는지 몰라서 당황하기 쉽지. 이때는 당황하지 말고 K-에듀파인의 [업무관리]-[자료집계]에 들어가 조사한 자료를 제출하면 돼. 제출하는 방법은 다음과 같아.

❶ [제출자료]-[제출요청자료]에 들어가 제출할 자료의 제목을 찾는다.

❷ '파일 추가' 버튼을 눌러 제출할 파일을 첨부한다.

❸ '접수 저장'을 누른다.

❹ [제출자료]-[제출대기자료]에서 내가 올린 첨부한 잘 등록됐는지 확인한다.

❺ 마지막으로 [내부결재]를 눌러 기안문을 작성한 후 결재를 올린다.

그런데 간혹 '자료집계'가 아니라 '메모보고'로 제출하라는 공문이 올 때도 있어. 메모 보고는 간단한 보고나 전달 사항을 문서로 남기는 기능으로, 내부결재 없이 바로 제출된다는 특징이 있지. 이때 절차는 다음과 같아.

❶ [제출자료]-[제출요청자료]에 들어가 제출할 자료의 제목을 찾는다.

❷ 첨부파일을 넣는 대신, 자료입력창에 직접 정보를 기재한다.

❸ '접수 저장'을 누른다.

❹ [제출자료]-[제출대기자료]에서 등록 여부를 확인한다.

❺ '메모보고'를 눌러 메모를 작성한 뒤, '보고'를 누르면 제출 완료!

EVPN (원격 업무 지원 시스템)

EVPN은 쉽게 말해 집에서도 학교 업무를 할 수 있게 해주는 시스템이야. 학교는 보안상 이유로 학교 전용 인터넷망만 사용하기 때문에 집에서는 나이스에 접속할 수 없는데, EVPN을 발급받으면 가능하지. 유효 기간은 최대 6개월이라 보통 방학 전에 신청해서 방학 동안 학교에 나오지 않고도 업무를 처리할 수 있어. 특히 학기 말 생활기록부 작성처럼 일이 몰릴 때는 퇴근 후나 주말에 집에서 작업할 수 있어서 정말 편리하지. EVPN 신청 시 최종 결재자는 교장 선생님이고, 중간 결재라인은 학교마다 조금씩 다르니 방학 전에 신청 공지가 나오면 꼭 확인해보길 바라.

Q5. 교사가 참석해야 하는 회의로는 어떤 게 있을까?

업무랑 수업 준비만 해도 바쁜데, 막상 교직 생활을 하다 보면 크고 작은 회의에 참석할 일이 꽤 많아. 학교마다 조금씩 다르고, 또 본인이 맡은 업무에 따라서도 달라지지만, 보통 어떤 회의가 있고 어느 정도 주기로 열리는지 알려줄게.

교무 회의

교무 회의는 한 달에 한 번 정도 전 교원이 참석하는 회의야. 학교 운영 전반에 걸친 전달 사항을 공유하는 자리로 부서별 전달 사항을 안내하는 게 핵심인데, 신규 교사 소개나 퇴임 인사, 시상 같은 이벤트도 함께 하기도 해. 또 전 교직원이 모일 일이 잘 없다 보니까 이때 연수를 같이 하거나, 서명받아야 하는 일들을 몰아서 처리하기도 하지. 끝날 때는 교감·교장 선생님 말씀으로 마무리되며, 웬만하면 1시간 안에 다 끝나는 편이야.

부장 회의 & 학년·부서별 회의

다음으로 부장 회의는 각 부서의 부장, 학년별 부장, 그리고 교감·교장 선생님이 모여서 하는 회의야. 보통 요일을 정해 주 1회 정도 운영되는데, 여기서 주요 사항을 논의하고, 논의된 내용은 부장님이 다시 학년이나 부서 회의 때 전달해 주셔. 동학년이나 부서 회의는 학기 초·말에 특히 많은데, 학기 초에는 학습 준비물이나 평가 계획 같은 걸 논의하고, 학기 말에는 반 배정이나 생활기록부 처리가 있어서 바쁘지. 또 큰 행사를 앞두고는 관련 부서가 집중적으로 회의를 하기도 해. 예를 들어 문예체 부서는 평소엔 자주 안 모이다가 운동회나 학예회를 앞두고는 준비해야 할 게 많다 보니 일주일에도 몇 번씩 모이지.

위원회

위원회는 다른 회의랑은 성격이 좀 달라. 규정에 근거해서 열리는 심의·의결 기구라서 법적 구속력이 있고, 모든 위원회는 회의록을 반드시 남겨야 해. 정기적으로는 학교운영위원회, 학업성적관리위원회 같은 게 있고, 비정기적으로는 학교폭력대책심의위원회나 징계위원회처럼 일이 생겼을 때 열리는 경우가 많아. 위원회는 본인이 맡은 업무에 따라 참석 여부가 달라서, 내가 위원으로 지정되지 않았다면 안 가도 돼. 그리고 혹시 갑자기 위원회 당일에 불가피한 사정으로 참석이 어려운 경우 동료 선생님께 부탁을 드리면 그 선생님께서 대신 참석해주시는 건 가능하니까 알아둬~

운영하기 위한 질문

학습 지도 관련 질문 5가지

생활 지도 관련 질문 5가지

그밖에 생각해 볼 질문 5가지

마지막 6장에서는 앞에서 다루지 않은 주제들 가운데, 임용고시 2차 면접을 준비하면서 혹은 발령 전후로 생각해보면 좋을 질문들을 모아봤어. 내가 학교 현장에서 직접 겪은 사례들을 바탕으로 각색한 질문들이라, 어쩌면 실제로 교직 현장에 나와 마주하게 될 수도 있을 거야. 하나하나 풀어보고 고민하면서, 교사로서 자신의 교직관을 정리하는 데 도움이 되길 바라!

학습 지도 관련 질문 5가지

Q1. 단원평가를 어떻게 운영할까?

나의 답변

현직 교사 Tip

단원평가는 수행평가와 달리 교사가 자율적으로 운영할 수 있어. 보통 수학은 거의 모든 학급에서 실시하지만, 사회·과학·영어는 교사 재량에 따라 보기도 하고 안 보기도 하지. 또 같은 사회 시험이라도 방식과 범위를 어떻게 정할지, 또 오답 노트를 쓰게 할지까지 교사가 결정해야 해.

운영 방법은 보통 일주일 전에 공지해서 준비할 시간을 주고 시험을 보게 하는데, 깜짝 평가가 아니라면 최소 3일 전에는 알려주는 게 좋아. 시험 문항 수는 10~20문제가 적당하고, 문제는 직접 내거나 혹은 인디스쿨이나 아이스크림의 자료를 수정·보완해서 내기도 해. 직접 만들면 시간은 많이 들지만, 내가 수업 시간에 강조한 내용 위주로 낼 수 있다는 장점이 있지.

한편, 사회나 과학처럼 암기할 내용이 많은 과목은 '반 오픈북 테스트'를 운영하기도 해. 완전 오픈북 형식은 아니고, 시험 전에 30분 정도 시간을 줘서 교과서나 배움 공책을 보며 중요한 내용을 주어진 한 장의 종이에 정리하게 한 뒤, 시험 시간에 그 종이를 참고해 풀 수 있도록 하는 거야. 대신, 문제는 그만큼 난도를 높여 내지. 이렇게 하면 학생들이 단순 암기를 넘어서 '배운 내용 중 중요한 게 무엇인지 스스로 정리하고 이해하는 공부'를 할 수 있어.

나는 초등학생들은 외우기 전에 먼저 이해하는 경험을 하길 바라는데, 특히 사회와 과학은 처음 배울 때 이해가 안 된 상태에서 억지로 외우게 하면 금방 까먹기 쉽거든. 반면, 처음에는 이해 중심으로 배우고 이후 중·고등학교에서 반복할 때 외워도 늦지 않다고 생각해. 예를 들어 과학에서 달의 위상을 배울 때, 달의 위치에 따라 모양과 남중 시각이 왜 달라지는지 이해하면 시간이 지나 잊어버리더라도 금방 떠올릴 수 있어. 하지만 이해하기 귀찮다고 통째로 외워버리면 오히려 금방 잊어버리지. 오픈북 방식에 대한 호불호는 있겠지만, 기회가 되면 한번 써보길!

Q2. 수업 시간에 발표는 어떻게 시킬까?

나의 답변

현직 교사 Tip

저학년은 서로 발표를 못 해서 안달이지만, 고학년은 항상 드는 몇 명만 손을 들고 다른 학생들은 소극적인 편이야. 그렇다고 손든 학생만 매번 시킬 수도 없고, 손을 들지 않은 학생을 기준 없이 무작정 지목하기도 부담스럽지. 그렇다면 어떻게 하면 모든 학생에게 발표 기회를 고루 주면서도 손을 든 학생들에게 더 많은 기회를 줄 수 있을까?

먼저 불특정 다수를 대상으로 발표시킬 때는 무작위로 뽑는 방식이 가장 좋아. 예를 들어 수학 익힘책 답을 확인할 때나 두더지 발표처럼 다수 학생의 의견이 필요한 경우가 있잖아? 이럴 땐 학기 초에 아이스크림 막대에 이름을 써두고 뽑아서 발표시키거나, 랜덤 뽑기 프로그램을 활용할 수 있어. 그러면 학생들은 언제 지목될지 몰라 긴장감을 유지하게 되고, 자연스럽게 수업 참여도도 높아지지.

반대로 몇 명의 답변만 필요할 때는, 손 든 학생에게 발표 우선권을 주되, 추가로 몇 명을 랜덤으로 뽑아 발표하게 하면 효과적이야. 예를 들어 서로 다른 학생의 의견을 물어보거나, 개인의 경험을 발표시킬 때 이와 같은 방식을 활용할 수 있지. 손 든 학생만 계속 시키다 보면 발표에 소극적인 학생들이 제대로 수업에 집중하고 있는 건지 잘 모를 때가 있거든? 그런데 이렇게 발표시키면 어떤 학생이 얼마만큼 수업에 집중하고 있는지 알아볼 수 있다는 장점이 있어.

마지막으로 학부모 공개 수업이나 임상 장학 때처럼 변수를 최소화해야 할 상황에서는 발표를 원하는 학생만 시키는 게 안정적이야. 하지만 막상 당일에 긴장해서 손을 드는 학생이 없을 수 있잖아? 그래서 많은 교사가 사전에 아이들과 협의한 후 주먹을 쥐고 손을 드는 학생만 발표시키는 방식을 쓰는데, 요즘은 너무 흔해서 식상할 수 있어. 나는 대신 미리 발표할 학생을 조사해 두고, 그 학생들의 이름이 적힌 막대만 따로 뽑아 발표하게 했어. 이렇게 하면 정말 무작위로 하는 것처럼 보여서 좋지만, 어느 학생에게 어떤 질문이 갈지 모르니 완전히 변수가 없진 않다는 단점이 있더라.

Q3. 수업이 일찍 끝나서 시간이 남았다면?

나의 답변

현직 교사 Tip

현장에서 수업해보면 저학년 학생들은 보통 시간이 부족하지만, 고학년은 오히려 시간이 남을 때가 많아. 쉬는 시간까지 몇 분 안 남았다면 그냥 수업을 조금 일찍 마치고 쉬는 시간을 늘려주거나, 알림장 쓰는 시간으로 활용해도 되지만, 간혹 10분 이상 남을 때도 있어. 그렇다고 다음 차시 수업을 이어가기에는 애매할 때, 무엇을 하면 좋을까?

먼저 학기 초에 학급 운영비나 예산으로 자투리 시간에 사용할 수 있는 교구를 미리 사두고 시간이 남을 때마다 활용할 수 있어. 저학년은 드로잉북이나 컬러링북, 고학년은 한자 쓰기나 필사 노트를 나눠주고 남는 시간이나 중간 놀이 시간에 하도록 할 수 있지. 다만 실제로 운영해보면 아이들 간 편차가 심해서, 꾸준히 하는 아이들은 열심히 하지만 그렇지 않은 아이들은 금세 흥미를 잃는 경우도 있어.

다음으로 수업과 연계된 영상이나 흥미를 유발할 수 있는 짧은 영상을 보여주는 방법도 있어. 나는 수업 준비할 때 남는 시간이 생기면 보여줄 영상을 함께 찾아두는데, 막상 수업 시간에 즉석에서 고르려다 보면 시간이 걸리고, 검수하지 못한 영상을 틀게 되는 경우도 있더라. 그래서 이때 활용할 수 있는 유튜브 채널을 미리 알아두고 시간 날 때 채널의 영상을 틀어주면 좋아. 나는 과학 시간에는 '과학드림'이나 '사물궁이 잡학지식,' 사회 시간에는 '지식해적단'이나 '지식채널e'를 자주 활용하는데, 재밌으면서도 유익한 영상들이라 추천해.

이외에도 초성 퀴즈, 캐치 마인드 그림 퀴즈 같은 활동을 준비하거나, 학급 특색 활동과 연결해 운영하는 것도 좋은 방법이야. 예를 들어 음악과 관련된 특색 활동을 한다면 남는 시간에 클래식 음악을 들려주거나, 학생들의 신청곡을 받아 틀어줄 수도 있지. 하지만 막상 현장에서는 독서나 숙제하게 하는 경우가 대부분이긴 해.

Q4. 독서록 시스템을 어떻게 운영할까?

나의 답변

현직 교사 Tip

학교마다 독서록 양식은 다르지만, 대부분 학교에서 독서록을 운영하고 있어. 그중에는 학기말에 독서록을 잘 쓴 학생들을 뽑아 상을 주는 학교도 있지. 그런데 막상 독서록을 검사하다 보면 학생들 간 편차가 엄청 심해. 특히 고학년으로 갈수록 두드러지는데, 평소 책 읽기를 좋아해서 성실하게 쓰는 학생도 있지만, 몇몇 학생은 저학년 권장 도서를 읽고 쓰거나, 심지어 전년도에 썼던 걸 그대로 재탕하기도 하거든. 그러다 보면 '과연 이 독서록 시스템을 어떻게 하면 유의미하게 운영할 수 있을까'라는 고민이 생기지.

나는 독서록을 매주 쓰라고 강요하지는 않아. 독서록이 과제처럼 느껴지는 순간, 오히려 독서에 대한 흥미가 떨어질 수 있거든. 차라리 매주 저학년 권장 도서를 읽고 형식적으로 쓰는 것보다는, 2~3주에 걸쳐서라도 학년에 맞는 수준 높은 책을 읽게 하는 게 교육적으로 더 효과적이라 생각해. 그래서 책의 난이도에 따라 독서록 작성 기간을 다르게 설정하여 운영하고 있지.

한편, 학교 도서관에서 책을 읽을 때 학습만화를 금지하거나 독서록을 쓴 후에 만화책을 읽게 해본 적도 있는데, 효과가 좋지는 않았어. 아이들이 만화책을 빨리 읽으려고 독서록을 대충 쓰거나 재탕하는 경우가 많았거든. 그래서 지금은 도서관에서 만화책은 자유롭게 읽되, 독서록으로는 쓸 수 없도록 제한하는 방식으로 운영하고 있어. 학습만화는 학교에서 대출을 제한하는 경우가 많다 보니 도서관 시간에는 자유롭게 읽도록 하고, 독서록은 집에서 다른 책을 읽고 써오는 걸 허용하는 거야.

Q5. 담임 교사로서 학생들의 문해력을 어떻게 향상할 수 있을까?

나의 답변

현직 교사 Tip

최근 초등학생 문해력 문제가 날이 갈수록 심각해지면서 교육계에서 큰 화두로 떠오르고 있어. 그 원인으로는 독서량 감소, 영상 콘텐츠 선호도 증가, 한자 교육의 부재 등이 지적되지. 실제로 수업하다 보면, 기본적인 어휘를 모르거나 쉬운 맞춤법을 틀리는 학생들이 많아 문해력 저하가 심각하다는 걸 실감하게 돼. 심지어 어려운 단어를 사용하면 그 의미를 스스로 찾아보려 하기보다 '왜 그렇게 어려운 단어를 쓰냐'고 따지는 경우도 많이 봤어.

국어에서 한자어가 차지하는 비중이 높은 만큼, 한자를 알면 단어의 뜻을 쉽게 유추하기가 쉬워. 그런데 요즘 아이들은 한자에 익숙하지 않다 보니 어휘력이 부족할 수밖에. 더군다나 예전에는 한자 문제집이나 마법 천자문 같은 만화책을 통해 자연스럽게 한자를 접할 기회가 많았는데, 요즘은 눈에 띄게 줄었어. 그래서 나는 고학년 학생들을 대상으로 '어휘 탐구 동아리'를 운영하고 있어. 학년 초에는 기본 한자를 익히고, 해당 한자가 활용된 사례를 찾아오는 과제를 내줘. 어느 정도 기본이 갖춰지면 주요 어휘나 사자성어를 주고 뜻을 찾아보거나 예문을 만들어보게 하지. 아래는 동아리 시간에 활용할 수 있는 두 가지 어휘 활동지 예시야.

고학년 고사성어

<table>
<tr><td>難</td><td>兄</td><td>難</td><td>弟</td><td>뜻:</td></tr>
<tr><td>어려울 난</td><td>형 형</td><td>어려울 난</td><td>아우 제</td><td>예문:</td></tr>
<tr><td>多</td><td>多</td><td>益</td><td>善</td><td>뜻:</td></tr>
<tr><td>많을 다</td><td>많을 다</td><td>더할 익</td><td>착할 선</td><td>예문:</td></tr>
<tr><td>博</td><td>學</td><td>多</td><td>識</td><td>뜻:</td></tr>
<tr><td>넓을 박</td><td>배울 학</td><td>많을 다</td><td>알 식</td><td>예문:</td></tr>
<tr><td>非</td><td>一</td><td>非</td><td>再</td><td>뜻:</td></tr>
<tr><td>아닐 비</td><td>한 일</td><td>아닐 비</td><td>다시 재</td><td>예문:</td></tr>
<tr><td>雪</td><td>上</td><td>加</td><td>霜</td><td>뜻:</td></tr>
<tr><td>눈 설</td><td>위 상</td><td>더할 가</td><td>서리 상</td><td>예문:</td></tr>
</table>

6학년 국어 교과 어휘 모음

초성	단어	뜻
ㅅㅈ		작품을 이루는 구체적인 재료나 제재
ㅂㅇ		어떤 대상을 다른 것에 빗대어 표현하는 방법
ㅇㅇㅂ		'같이, 처럼' 없이 직접 빗대는 비유법
ㅈㅇㅂ		'같이, 처럼' 등을 써서 비교하는 비유법
ㅇㅇㅎ		사람이 아닌 것을 사람처럼 표현하는 방법
ㅎㅎ		익살스럽게 웃음을 주면서도 교훈을 담는 표현
ㅅㅈ		이야기를 바라보는 서술의 관점
ㅁㅅ		대상을 구체적으로 그려내듯이 표현하는 것
ㅁㅁ		글의 앞뒤 흐름이나 상황 맥락
ㅎㅈ		시에서 말하는 사람(시적 자아)
ㅊㅈ		화자가 말을 건네는 대상
ㅇㅇ		시에서 느껴지는 리듬과 가락
ㅎ		시의 한 줄
ㅇ		시의 여러 행이 모여 이루는 덩어리
ㄱㄱㅈ ㅍㅎ		시각·청각·촉각 등 감각을 불러일으키는 표현
ㅈㅅ		글이나 시에 담긴 화자의 감정과 마음
ㅅㅁ		운율이 아닌 일상적인 문장으로 쓴 글
ㅇㅁ		일정한 리듬과 가락을 살려 쓴 글 (예: 시)
ㅅㅍ		자유롭게 생각이나 느낌을 표현한 글
ㅇㅅㅇ		소리를 흉내 낸 말 (예: '쾅', '딩동')
ㅇㅌㅇ		모양이나 움직임을 흉내 낸 말 (예: '살금살금')
ㄷㅎ		문장 이상의 단위로 이루어진 의사소통의 전체
ㄴㅅㅁ		주장과 근거로 독자를 설득하는 글
ㄴㅈ		논설문에서 말하고자 하는 중심 생각
ㄴㄱ		논지를 뒷받침하는 이유나 근거

또한, 맞춤법 및 띄어쓰기 지도도 꼭 필요해. 나는 학생들이 쓴 주제 글쓰기나 독서록, 배움공책에서 틀린 부분을 표시해주거나, 자주 틀리는 부분을 모아 따로 시험을 보게 하기도 해. 최근 받아쓰기가 학생들의 스트레스를 유발한다는 이유로 점차 학교 교육과정에서 사라지는 추세인데, 그러다 보니 잘못된 표기가 굳어져 버리는 경우가 많아. 그렇기 때문에 틀린 표기를 제때 바로잡아 주는 게 꼭 필요하고, 이런 교정은 하루라도 빨리 이뤄져야 해. 이외에도 문해력을 기를 수 있는 방법은 정말 다양하니까, 너만의 방식을 고안해보길 바라!

생활 지도 관련 질문 5가지

Q1. 학급 내에 교제하는 학생들이 생겼을 때, 담임 교사로서 어떻게 지도할까?

나의 답변

현직 교사 Tip

5~6학년 담임을 하다 보면 같은 반에서 1년에 꼭 한두 커플은 생겨. 고학년이 되면 점차 연애에 관심이 커지고 서로 좋아하는 마음 자체를 막을 수는 없지만, 혹시라도 사귀다가 헤어지면 담임 교사 입장에서 정말 곤란해. 모둠 활동이나 자리 편성할 때도 불편하고, 주변 아이들이 이를 두고 놀리면 수습하기 더 힘들어지거든. 그래서 학기 초에 '같은 반 친구끼리 연애 금지'라는 조항을 두기도 해봤지만, 규칙을 만든다고 해결되는 문제는 아니더라.

커플이 생기면 제일 먼저 해야 할 건 이를 놀림의 소재로 쓰지 않도록 지도하는 거야. 그렇다고 특정 학생을 지목해서 지도하기보다는, 학급 전체에 '개인 사생활을 놀림거리로 삼지 않는다'라는 규칙을 분명하게 정해 서로 존중하는 분위기를 만들어야 하지. 동시에 연애하는 아이들에게도 되도록 건수를 제공하지 말라고 지도하는 게 필요해, 손잡고 다니거나 하교할 때 가방 들어주는 등 공개적으로 너무 심하게 티를 내면 적당한 선에서 제지가 필요하지.

마찬가지로 사귀다가 헤어졌을 때도 그 상황이 놀림거리로 번지지 않도록 주의를 줘야 해, 이때도 당사자가 불편하지 않도록 교사가 대놓고 언급하기보다는 최대한 돌려서 말하는 게 중요해. 이에 필요할 때는 개별 상담을 통해 당사자의 의견을 확인한 후 일정 기간 원하는 대로 해주고, 시간이 흐르면서 자연스럽게 관계가 회복되도록 돕는 게 현실적으로 최선이더라.

Q2. 6학년 유담이의 꿈은 인터넷 방송 BJ로, 매일 5시간 이상 SNS를 한다. 이때 담임 교사로 유담이를 어떻게 지도할까?

나의 답변

현직 교사 Tip

요즘 아이들에게 가장 존경하는 인물이나 롤모델이 누구냐고 물어보면, 유튜브 BJ나 SNS의 유명 인플루언서를 꼽는 경우가 많아. 그만큼 아이들이 SNS에 많이 노출되어 있다 보니 자연스럽게 유튜버를 꿈꾸는 학생들도 늘어나고 있지. 하지만 SNS에는 유해한 콘텐츠도 많고, 중독의 우려도 크기 때문에 교사 입장에서는 걱정이 될 수밖에 없어.

유담이처럼 BJ를 꿈꾸는 학생이 있다면, 그 꿈을 부정하거나 억누르기보다는 학생의 관심과 열정을 존중하는 태도로 접근하는 게 좋아. 동시에, 그 꿈이 단순히 유행이나 일시적 호기심에서 비롯된 건지, 아니면 진지한 관심인지를 면담을 통해 파악해야 해. 만약 학생이 진지하게 관심을 보인다면, 직업의 긍정적인 측면과 아울러 그 과정에서 필요한 노력과 직업의 불안정성, 사회적 책임과 같은 현실적인 정보를 제공해 학생이 균형 잡힌 시각을 가질 수 있도록 도와줄 수 있어. 이때 유명 유튜버나 인플루언서가 직접 말한 현실적인 경험담을 접하도록 추천하는 것도 좋은 방법이야.

한편, 매일 5시간 이상 SNS를 하면 학업에 지장을 주고, 건강한 생활 습관을 무너뜨릴 수 있기 때문에 반드시 지도해야 해. 학생이 프로게이머를 꿈꾼다고 해서 온종일 게임만 하는 걸 장려할 수 없는 것처럼 말이지. 이런 경우 학부모와의 소통을 통해 가정에서도 적절한 생활 습관과 미디어 사용 지도가 함께 이뤄지도록 협력하는 게 필요해, 또 필요하다면 전문 상담 기관과 연계하여 학생이 건강하게 꿈을 키워갈 수 있도록 지원하는 게 담임 교사의 역할이라 볼 수 있지.

Q3. 학습 부진 아동에게 조금만 잘해도 교사가 칭찬해주는 것을 차별로 느끼는 학생이 있다면 어떻게 지도할까?

나의 답변

현직 교사 Tip

아이들은 차별에 엄청 민감한 편이야. 조금이라도 손해 본다고 느끼거나, 억울한 상황이 생기면 바로 교사에게 와서 따지지. 당연히 교사가 학생들을 차별해서는 안 되지만, 교사의 의도와 달리 학생들이 차별로 느끼는 경우가 종종 있어. 대표적으로 학습 부진 아동을 지도할 때 이런 말이 많이 나와. 예를 들어, 지난번 수학 시험에서 20점을 받던 아이가 이번에 60점으로 올랐을 때 교사가 크게 칭찬해줄 수 있지. 그런데 두 시험 모두 70점을 받은 학생 입장에서는, 본인이 둘 다 더 높은 점수를 받았음에도 칭찬을 그만큼 받지 못하니 차별이라고 느끼더라. 이외에도 체육 시간에 남녀 기준이 다르거나, 여학생들에게 어드밴티지를 줄 때도 차별이라고 해.

이런 상황이 워낙 자주 일어나서, 나는 새 학기 첫 시간에 꼭 '차이와 차별'에 대한 교육을 해. 칠판의 같은 높이에 포스트잇을 붙여두고, 반에서 키가 제일 작은 학생과 제일 큰 학생을 불러 '둘 중 먼저 포스트잇을 떼는 사람에게 상품을 주겠다'라고 말하지. 당연히 키 큰 학생은 쉽게 떼겠지만, 키가 작은 학생은 닿질 못해. 그런 다음, 아이들에게 '이 게임이 공정했을까'라고 물어보는 거야. 그러면 대부분 불공정하다고 대답해. 그때 '왜 포스트잇을 똑같은 높이에 붙였는데 불공정하다고 생각하니'라고 물으면, 결국 '개인마다 조건과 특성이 다르기 때문'이라는 답을 끌어낼 수 있어. 여기서부터 '차이와 차별은 다르다'는 걸 설명할 수 있지. 그리고 마지막에는 '각자의 특성과 잘하는 것이 다른 만큼, 선생님은 다른 친구와 비교하는 게 아니라 과거의 너를 기준으로 비교해서 발전하는 모습을 보이면 칭찬할 거야'라고 말하면, 이렇게 말하면 4학년 이상 아이들은 대부분 잘 이해하더라. 실제로 해보면 꽤 잘 먹히니까, 기회가 되면 꼭 활용해 봐!

Q4. 교실에 새가 날아들어 오거나 벌레가 나타났을 때 어떻게 대처해야 할까?

나의 답변

현직 교사 Tip

환기를 위해 복도나 교실 창문을 열어두면 종종 새나 벌이 들어오기도 하고, 학교 주변 환경에 따라 거미나 곤충이 나타나는 경우도 있어. 그 순간 교실은 금세 아수라장이 되고, 수습 전까지는 정상적인 수업 진행이 불가능해. 이는 저학년뿐만 아니라 고학년도 마찬가지고 처음 겪어보면 당황스러운데, 담임 교사로 손 놓고 있을 수만은 없지.

이런 상황에서 가장 중요한 건 아이들을 먼저 진정시키는 거야. 물론 쉽지는 않지만, 아이들이 소리 지른다고 해결되는 문제는 아니니까. 만약 말벌처럼 위험한 경우라면 학생들을 즉시 피신시키는 게 맞지만, 그 외의 경우에는 오히려 가만히 있는 게 덜 자극하는 방법이 될 수 있어. 동시에 가까운 창문을 열어 새나 벌이 스스로 나가도록 유도하면 좋고, 기어 다니는 곤충은 쓰레받기로 받아 교실 밖으로 안전하게 내보내면 돼. 이후에는 창문을 바로 닫고, 나중에 아이들이 하교한 뒤에는 음식물이나 분리수거 상태 등 곤충이 들어오게 된 원인을 점검하는 게 필요하지. 특히 여름철에는 분리수거를 제때 안 하면 날파리가 자주 꼬이곤 하니 주의해야 해. 또 만약 교실에 바퀴벌레가 나타났다면 행정실에 문의해 소독을 진행해야 확실히 대처할 수 있어.

한편, 곤충을 유난히 무서워해 교사가 직접 해결하지 못하는 경우도 있는데, 이럴 때는 주변 교사에게 도움을 요청하거나 일인일역을 미리 정해두는 것도 좋은 방법이야. 반에 곤충을 무서워하지 않거나 오히려 잡는 걸 좋아하는 학생이 한두 명씩 있기 마련인데, 그런 학생에게 '곤충 구조대'나 '세스코'와 같은 역할을 맡기면 갑작스러운 상황에서도 질서 있게 대처할 수 있지. 교실에서 일어나는 모든 상황을 담임 혼자 다 해결할 필요는 없으니까.

Q5. 교실에서 냉•난방으로 갈등이 발생할 때 해결 방안은?

나의 답변

현직 교사 Tip

여름에 선풍기와 에어컨을 켜면 더워서 온도를 내려달라는 학생이 있는가 하면, 춥다고 꺼 달라는 학생도 있어. 똑같이 겨울에도 난방을 켜면 춥다는 학생이 있는 반면, 건조하다며 꺼 달라는 학생이 있지. 이렇게 한 교실에서 상반되는 요구를 받으면 어느 쪽을 들어줘야 할지 난감해. 다수결로 정할 수는 있지만, 몸이 정말 안 좋거나 감기에 걸린 학생이 있을 수도 있으니까.

냉난방은 자리에 따라 체감이 크게 달라지므로, 한여름과 한겨울에는 고정석을 운영하면 효과적이야. 예를 들어 여름철에는 추위를 많이 타는 학생을 에어컨 바람이 거의 닿지 않는 자리로, 겨울철에는 난방을 틀어도 춥다고 하는 학생을 바람이 잘 나오는 자리로 배치하는 식이지. 하지만 모든 학생의 요구를 다 들어줄 수는 없다 보니 자리 배정에서 선호·비선호하는 자리가 생길 수밖에 없어. 이럴 때는 자리 우선 선택권을 학급 내 개인 보상으로 주거나 자리 경매를 활용하면 그나마 불만을 줄일 수 있지.

그런데 이보다 더 중요한 건 학부모님께 안내해 드리는 거야. 알림장에 '얇은 옷을 여러 겹 입혀 보내 주세요'라고 공지하면 개별 체감 온도에 맞춰 알맞은 복장을 하고 오게 할 수 있지, 특히 냉난방이 고장 나거나, 계절적 특성으로 온도가 지나치게 높거나 낮을 때는 반드시 알림장에 기록을 남겨야 해**(4-3장 Q8. 참고)**. 그래야 지도 의무를 다했다는 증거가 남아 민원을 예방할 수 있지. 냉난방 시설이 고장 났거나 중앙에서 통제한 상황에서 담임 교사가 손 쓸 수 있는 건 사실상 없거든.

또 하나, 주기적인 환기도 꼭 필요해. 냉난방기를 장시간 가동한 뒤에는 하교 후 창문을 열어 교실 공기를 환기해 주는 게 중요하지. 교실에 공기청정기가 있다면 함께 가동해주면 더 효과적이야. 단, 퇴근 전에는 반드시 창문을 닫고 공기청정기 끄는 거 잊지 말고!

그밖에 생각해 볼 질문 5가지

Q1. 학급 운영비로 무엇을 사면 좋을까?

나의 답변

현직 교사 Tip

담임 교사로 발령받으면 3월 초부터 학급 운영비를 쓸 수 있어. 보통 1년에 약 20만원 정도가 지원되는데, 학교마다 조금씩 차이가 있더라(중간 발령이면 이전 선생님께서 쓰고 남은 만큼 사용할 수 있어). 그러면 이 학급 운영비로 무엇을 사는 게 좋을까?

먼저 학급 운영에 필요한 기본 물품으로 라벨지, 도장, 물레방아 테이프, 기차 연필깎이, 메모홀더, 자석, 고무 자석판 등이 있어. 라벨지는 이름표 출력해서 붙일 때, 도장은 활동지나 독서록, 알림장 검사할 때 자주 쓰이고(단, 성적일람표에 찍을 때는 인감도장이 꼭 필요해), 테이프나 연필깎이도 교실에 한두 개 있으면 편하지. 또 고무 자석판이나 메모홀더는 게시판을 꾸밀 때 유용하게 활용할 수 있어. 다만, 이런 물품은 학습준비물실에 구비된 경우가 많으니, 먼저 확인해보고 없는 걸 구매하길 바라.

다음으로 교사 개인 물품으로는 프리젠터나 전자 호루라기, 카트를 추천해. 프리젠터는 PPT 수업할 때 쓰면 훨씬 편하고, 전자 호루라기는 체육수업이나 행사, 현장체험학습 때 꼭 필요하지. 카트는 당장은 필요 없더라도 2월에 학급을 옮기거나 사행 준비할 때 아주 요긴하게 쓰여. 또 교사용 마이크를 사는 선생님도 많은데, 교사용 마이크는 규정에 따라 학급 운영비 사용을 승인해주는 경우도 있고 아닌 학교도 있으니 미리 확인해봐야 해.

마지막으로 학생들을 위한 물품으로는 피구공, 보드게임, 간식 등을 구매할 수 있어. 피구공은 학교에도 있지만 반별로 하나씩 구비해두면 훨씬 편해서 꼭 추천해. 보드게임은 할리갈리, 우노 카드, 다빈치 코드, 오목판, 체스 등을 보통 구비해두는데, 학기 초 아이들에게 원하는 걸 직접 물어보고 고르는 게 가장 좋지. 간식은 학급 운영비로 사기도 하고, 다른 예산을 학년 단위로 묶어 쓰기도 하니, 이 부분은 동학년 선생님들과 꼭 협의해보길 바라.

Q2. 저학년 교사 vs. 고학년 교사, 나는 어디가 더 잘 맞을까?

나의 답변

현직 교사 Tip

같은 학교에 신규 교사가 두 명 이상 발령 나면 학년이나 업무 선택권을 주는 경우도 있어. 또 업무 분장 때 희망 학년을 써야 하는데, 이때 나는 저학년과 고학년 중 어디가 더 잘 맞을지 고민되지. 물론 실습 때 경험해 봤어도, 실습과 현장은 다르거든. 비록 내가 1학년 담임을 해본 적은 없지만, 2학년과 6학년 담임을 해보면서 느낀 장점을 각각 3가지씩 알려줄게.

저학년의 장점

❶ 아이들의 하교 시간이 빠르다

저학년 담임의 가장 큰 장점은 아이들의 하교 시간이 빠르다는 거야. 1~2학년은 4~5교시까지 있는 반면 6학년은 거의 매일 6교시까지 있지. 6교시 수업 끝내고 아이들을 보내면 퇴근까지 2시간 남짓 남는데, 그 시간 안에 업무와 수업 준비를 하려면 빠듯해. 물론 6학년은 그만큼 교과 시간이 있지만, 4교시 수업 후 하교와 두 교시 교과를 포함한 6교시 수업은 체감상 완전히 달라. 그래서 특히 육아를 병행하는 선생님들께서 주로 저학년을 선호하시지.

❷ 학습 격차가 비교적 작다

고학년은 누적된 학습 결손 때문에 학습 격차가 크지만, 저학년 학생들은 비교적 작은 편이야. 물론 저학년 학생들도 연산이나 쓰기 능력에서 차이를 보이긴 하지만, 수업 진행이 어려울 정도로 격차가 크진 않지. 또 점프업 프로그램이나 협력 교사 등 지원도 많아서 할만해.

❸ 잘못을 저질러도 이해가 된다

저학년은 말썽을 피워도 '아직 어리니까'하고 이해가 돼. 반면 고학년은 다 알면서 일부러 잘못된 행동을 할 때가 있어서 지도하다가 열불이 난 적이 한두 번이 아니지. 저학년에게는 느껴지지 않는 악의가 느껴진달까?

고학년의 장점

❶ 몸과 목이 덜 힘들다

고학년은 활동을 시키면 잠깐이나마 쉴 틈이 있어. 하지만 저학년을 가르칠 때는 알림장 쓸 때랑 급식 먹을 때, 영상 보여줄 때 정도 빼면 앉아 있을 틈조차 없지. 활동지를 풀게 하더라도 일일이 순회 지도하면서 하나부터 열까지 다 도와줘야 하고, 똑같은 말을 수도 없이 반복하다 보니 목도 금방 상해. 물론 고학년도 단체로 말을 안 들어 잡도리하다 보면 목이 나가긴 하지만, 그래도 고학년은 눈치가 있어서 어느 정도 알아듣는 편이야. 반면 저학년 아이들은 눈치를 줘도 해맑게 웃으면서 '선생님, 눈치가 뭐예요? 저 그런 거 받은 적 없어요!'라고 대답하는 순수한 영혼들이라 소리를 아무리 크게 내도 잘 통하지 않더라.

❷ 다양한 수업을 해볼 수 있다

고학년 대상으로는 수준 높은 수업을 시도할 수 있다는 것도 장점이야. 예를 들어 금융교육을 한다고 하면, 저학년 학생들은 일단 돈 계산부터 가르쳐야 하지만 고학년은 이런 제약 없이 바로 원하는 수업을 할 수 있지. 또 작품 활동에서 훨씬 높은 퀄리티를 기대할 수 있어서, 다양한 활동을 해보고 싶다면 고학년을 추천해.

❸ 학부모 부담이 상대적으로 덜하다

학부모 총회와 공개 수업, 학부모 상담 신청률만 봐도 평균적으로 저학년이 고학년보다 훨씬 많아. 특히 1학년은 거의 전원이 다 참석하셔서 학부모 총회나 공개 수업 날 1학년 교사는 복장부터 다르다는 말이 있을 정도지. 반면, 고학년 학부모님들은 이미 아이의 특성과 학교 운영을 잘 알고 계셔서 연락 빈도가 비교적 낮아. 물론, 학교마다 상황은 다르고 고학년에서 큰 사건이 터지면 연락할 일이 많아질 수 있어. 그래도 평균적으로 저학년보다 부담이 덜하지. 실제로 내가 2학년 담임을 했을 때 받았던 부탁 중 아직도 기억에 남는 사례로, '아이가 어제 머리를 너무 짧게 잘라서 학교 가기 싫어하네요. 선생님께서 등교하면 머리 예쁘게 잘랐다고 꼭 칭찬해 주세요'라는 메시지를 받은 적이 있었어. 하지만 고학년은 결석과 관련된 연락이 아닌 이상 학부모님께 메시지를 받는 경우가 거의 없어. 이를 통해 확실히 저학년은 학부모님과의 소통이 더 자주 이루어진다는 걸 실감할 수 있지.

이외에도 학년마다 특성이 뚜렷해. 1학년은 학교생활 적응 기간이 있고, 3~4학년은 생존수영이 있고, 6학년은 중학교 진학과 졸업식 준비가 있지. 이런 점들을 종합적으로 고려해서, 본인에게 가장 잘 맞는 학년이 어디일지 생각해 봐~

Q3. 교사로서 학교에서 스트레스를 받았을 때 어떤 방식으로 해소하면 좋을까?

나의 답변

현직 교사 Tip

최근 교권 침해 사례가 늘어나면서 '교사가 행복해야 학생이 행복할 수 있다'라는 명제에 기반해 교사의 스트레스 해소 방안을 모색하는 논의가 활발히 이뤄지고 있어. 실제 현장에서는 심리 치료, 마음 챙김 프로그램, 법률 및 행정 지원 등 다양한 제도가 시행되고 있지, 하지만 스트레스를 푸는 방법은 개인마다 다르기 때문에, 적어도 나만의 건전한 해소 방안을 하나 이상 갖추는 것이 중요해. 그래야 학생·학부모·교사로부터 받는 스트레스로부터 나를 지킬 수 있거든!

이런 문제를 답변할 때는 추상적으로 말하기보다, 평소 자신이 즐겨 하는 활동을 한두 가지 정해 최대한 구체적으로 설명하는 것이 좋아. 예를 들어 단순히 '운동한다'라고 답변하기보다는 '저는 주 3회 헬스장에서 웨이트 운동을 하며 스트레스를 풉니다'라고 말하는 편이 훨씬 설득력 있지. 또 산책하는 걸 좋아한다면, '저는 임용고시를 공부로 쌓인 스트레스를 집 근처 공원에서 산책하면서 풀곤 했습니다. 학교 현장에서도 힘든 일이 생기면 그 자리에서 바로 감정적으로 대처하기보다, 퇴근 후 산책하면서 마음을 가라앉히고 그 상황에서 제가 할 수 있는 최선을 고민하겠습니다'라 답하면 훨씬 더 구체적이고 신뢰감 있게 들려.

한편, 학교 현장에서 받은 스트레스는 동료 교사나 친구와 나누는 것만으로도 풀릴 수도 있어. 퇴근 후 맛있는 음식을 함께 먹으며 고민을 털어놓거나, 때로는 전화 통화를 하면서 예상치 못한 해결책이 나오기도 하지. 결국 중요한 건, 발령 전에 자신만의 해소 방안을 찾아두는 거야. 그래야 힘든 일이 생겼을 때 쉽게 무너지지 않고, 교직 생활을 오래도록 건강하게 이어갈 수 있을 테니까. 또, 결코 너는 혼자가 아니니 모든 부담을 혼자 다 짊어지려 하지 말고 주변 사람들과 나누며 풀어가길 바라!

Q4. 내가 교원학습공동체를 주도적으로 운영한다면 어떤 주제와 방식으로 운영할까?

나의 답변

현직 교사 Tip

교원학습공동체는 많은 수험생이 심층 면접에서 만능 답변으로 활용하는 소재야. 하지만 정작 교원학습공동체에 참가해서 어떤 걸 배우고 싶은지 구체적으로 생각해 본 경우는 드물지. 그래서 만약 내가 교원학습공동체를 직접 운영한다면 어떻게 운영하고 싶은지 구체적 방안을 논거로 활용한다면 답변이 훨씬 풍부해지고 차별화될 수 있어.

교원학습공동체는 교사들이 자발적으로 모여 전문성을 신장시키고 수업 개선을 위해 협력하는 모임인 만큼, 공통된 관심사를 중심으로 운영하면 좋아. 예를 들어, 저경력 교사끼리 모여 학급 운영과 관련된 각자의 경험을 공유할 수도 있고, 한 주에 한 권씩 책을 읽고 그 내용을 바탕으로 서로의 의견을 나누는 시간을 가질 수도 있지. 만약 매주 한 권씩 읽는 게 부담스럽다면, 돌아가면서 한 사람이 한 권씩 읽고 내용을 정리해 발표한 뒤, 토의 주제를 정해 토의하는 방식으로도 운영하는 것도 가능해!

또한, 교원학습공동체를 운영할 때, 주기적으로 성찰의 시간을 가지면 좋아. 매주 새로운 내용을 접하다 보면 금방 잊어버리거나 실제 수업에 적용할 시간이 부족할 수 있거든. 그래서 한 달에 한 번, 혹은 학기에 한 번 정도는 성찰의 시간을 마련해서 적용해 본 사례를 공유하고 피드백을 주고받는 과정을 가지면 더 효과적이야. 마치 수업에서 평가를 통해 환류하는 것처럼, 학습공동체도 주기적으로 성찰할 시간을 가지면 훨씬 유익한 시간으로 만들 수 있지.

Q5. 교원 연수가 단순히 형식적으로 끝나지 않고, 교사들에게 실질적인 도움이 되려면 교사로서 어떤 노력을 할 수 있을까?

나의 답변

현직 교사 Tip

교원학습공동체와 더불어 교원 연수도 심층 면접 답변으로 자주 활용하는 만능 소재야. 실제로 현장에서 교사는 매년 60시간의 법정의무연수로 들어야 하고, 이외에도 3년마다 이수해야 하는 학교 안전 교육이나 특정 업무 수행을 위한 연수 등 다양한 연수에 참여해야 해. 그런데 온라인 연수의 경우 단순히 시간을 채우는 데 그치거나, 바쁘면 화면만 켜두고 제대로 듣지 않는 경우도 종종 있지. 물론 그중에는 자발적으로 신청해서 듣는 연수나 실제로 도움이 되는 연수도 많지만, 결국 이러한 연수들이 실질적인 도움이 되려면 교사로서 추가적인 노력이 꼭 뒷받침되어야 해. 그러면 교사로서 어떤 노력을 할 수 있을까?

먼저, 연수 일지를 작성할 수 있어. 강의장에서는 분명히 기억났던 내용도 시간이 지나면 금방 까먹는 것처럼, 중요한 내용을 기록해두면서 들어야 기억에 오래 남아. 그리고 기록한 내용을 토대로 실제 수업에 적용해봐야 비로소 연수를 들은 의미가 생기지. 아무리 좋은 연수도 현장에 적용하지 않으면 그저 흘려들은 이야기로 끝나고 말거든. 다음으로, 연수 이후 동료 교사와 나눔과 성찰의 시간을 가질 수 있어. 같은 연수를 들어도 교사마다 느낀 점이나 적용 방식은 다르기 마련이라, 아이디어나 실천 사례를 공유하고 피드백을 주고받는 과정에서 훨씬 더 깊이 있는 배움이 이루어질 수 있어.

물론 실제 현장에서 모든 연수를 이렇게 적용하기는 다소 무리가 있지만, 면접 답변으로는 충분히 설득력 있는 논거가 될 수 있어. 결국 교원 연수가 유의미하게 운영되려면 교사 개인의 태도와 노력이 뒷받침되어야 하는데, 신규 교사가 적극적인 태도를 보인다면 면접관도 긍정적으로 봐주겠지?

교직에서 첫발을 내디딘 당신의 길 위에
아이들의 웃음소리가 늘 함께하길
진심으로 바랍니다.

- 교실 문을 두드리며 저자 일동 -

교실 문을 두드리며

2025년 10월 15일 1판 1쇄 인쇄
2025년 10월 25일 1판 1쇄 발행

저　　자　한영준, 이수현, 서다은, 김은별
발 행 인　박재린
발 행 처　나무미디어
주　　소　경기 성남시 분당구 정자일로 30
전　　화　031-712-9489
팩　　스　031-602-9489
E- mail　injae8005@hanmail.net
신고번호　제2016-000013호
정　　가　24.000원
I S B N　979-11-86756-41-6